经济法学前沿问题研究

JINGJI FAXUE
QIANYAN WENTI YANJIU

张学博 ◎ 著

中国政法大学出版社

2016·北京

图书在版编目（ＣＩＰ）数据

经济法学前沿问题研究/张学博著.—北京:中国政法大学出版社,2016.11

ISBN 978-7-5620-7082-5

Ⅰ.①经… Ⅱ.①张… Ⅲ.①经济法－法的理论－中国 Ⅳ.①D922.290.1

中国版本图书馆CIP数据核字(2016)第263469号

出 版 者　　中国政法大学出版社

地　　址　　北京市海淀区西土城路25号

邮寄地址　　北京100088信箱8034分箱　邮编100088

网　　址　　http://www.cuplpress.com（网络实名：中国政法大学出版社）

电　　话　　010-58908586(编辑部) 58908334(邮购部)

编辑邮箱　　zhengfadch@126.com

承　　印　　固安华明印业有限公司

开　　本　　880mm×1230mm　1/32

印　　张　　8.25

字　　数　　200千字

版　　次　　2016年11月第1版

印　　次　　2016年11月第1次印刷

定　　价　　36.00元

目 录
— CONTENTS —

第一部分

经济法总论前沿问题研究 ■

第一章

国际竞争视野下中国市场经济的法律保障

今天的中国处于一个十分关键的十字路口。一种观点认为中国现在的问题在于市场化不够彻底，另一种观点认为中国应该保持现有的半市场化半计划的经济模式，还有一种主张完全回到改革开放前的完全计划经济的观点。在这个历史关头，我国必须坚持党在十四大上确立的市场经济的改革目标，按照十六届三中全会的精神进一步完善市场经济，而不是维持现在的半市场半计划的经济，更不是重新回到完全的计划经济模式。只有通过法治的方略，才能有效地约束政府的权力，确立市场为主要配置方式的经济，才能最终完成中国的文明转型，中国也才有真正屹立于世界民族之林的希望。

商业文明的基础是市场经济，其前提就是一个广泛的市场中实现自由交换。另外一个就是这种文明必须依赖于理性的发展。具体说来就是马克思·韦伯所言的"勤奋的工作、有序的经济活动、节俭的生活以及储蓄的再投资"。其他的特征，如价值观念人本化、生产方式工业化、生活方式城市化、政治组织民主化、社会管理法治化、趋势全球化等特征都可以从交换方式的市场化和思维的理想化中衍生出来。

今天中国市场经济存在的问题主要也可能与此相关。五四运动以来的启蒙运动正是试图实现思维理性化的一种努力，但在列强环伺的情势下为救亡所压倒。直到今天，国民的思维很多还是一种非理性的方式。如"大跃进"运动、愚公移山的精神、不计成本地追求 GDP 增长等本质上均是非理性思维的表现。另外的一个问题即还没有形成一个自由竞争的全球的大市场，甚至是国内的市场。

一、国际竞争视野下中国市场经济存在的主要问题

在市场经济中，存在三方主体——消费者、生产者和政府。因而市场经济存在的主要问题也发生于这三者之间，一种是消费者与生产者之间，一种是政府与生产者之间。前者被称为"市场失灵"，后者被称为"政府失灵"。

（一）中国市场经济中的"市场失灵"

中国确立市场经济的目标是在十四大。经过二十年的发展，随着价格管制的放开以及全国大市场的逐步形成，市场在相当的领域中起到了配置资源的作用，中国的市场经济取得了骄人的成绩。但是直到中国加入世界贸易组织十年后的今天，欧盟和美国仍然不承认中国是一个市场经济的国家。不少学者认为这是一个政治问题，但我们反思自身，我们的市场机制真的在整个经济领域能够起到基础的配置性作用了吗？答案是否定的。虽然有相当的领域都实现了自由竞争，但是在大多数利润丰富的产业，能起决定性作用的还是政府，而非市场和企业本身。由于搞市场经济的时间比较短，基本上是"摸着石头过河"，市场本身也暴露出了相当的问题。从改革开放初期的劣质商品，到 2008 年的三鹿毒奶粉事件，都暴露出企业自身追求利润来伤害消费者的问题。大致概括起来，当前市场经济中市场失灵包括以下方面：

1. 不正当竞争与垄断问题

市场经济的基础在于充分有效的竞争，但市场经济中的经营主体为了追求利润，采取各种不正当竞争手段来获取相当于竞争对手的优势，从而获取利润。典型的不正当竞争行为就包括假冒他人注册商标、虚假广告、低于成本销售、串通招投标等。[1]这些行为似乎在今天我们的生活中随处可见，如大量的名人（如郭德纲、赵忠祥等）卷入的虚假广告[2]、司空见惯的招投标腐败行为、商业贿赂行为等等。大量的外企也被卷入了商业贿赂之中，如雅芳、西门子公司等。[3]

如果说不正当竞争行为还是危害程度比较低的话，那么无处不在的垄断行为已经使得消费者无法回避。每个人都会使用手机，就不得不看几大通信巨头的颜色行事，当你需要注销一个手机号时会遇到无数的霸王条款。每个人都需要使用银行服务，但五大国有银行基本上处于垄断性地位，消费者根本无法选择，只能接受银行无处不在的收费。其收费基本上贯穿于从办卡一直到注销的整个过程。每个人都需要乘坐火车，但你只有一个供货商，就是政企合一的铁路总公司。即便如此，一到逢年过节，还是一票难求。即便12306网站比月球还难以登上，铁路总公司仍然坚持不与任何机构合作。航空公司好像有很多，但"匡爷"出事[4]后，大家才发现原来航空公司的航线、航油、机票定价等都是控制在发改委的行政审批之下的。

从国际竞争的视野来看，提前实现文明转型的国家和资本

---

〔1〕　参见《中华人民共和国反不正当竞争法》第5～15条。

〔2〕　参见"名人代言虚假广告"，载正义网：http：// review. jcrb. com/mrxjgg/ index. htm，访问时间：2012年9月25日。

〔3〕　参见陶涛："雅芳涉嫌行贿在华官员"，载《中国青年报》2012年2月20日。

〔4〕　参见"匡爷传说：发改委小处长的大权力"，载《瞭望东方周刊》2010年7月6日。

必然要试图占据我们的市场，并实现相当程度的垄断。而由于我们没有相关领域的经验，我们在开放市场的过程中，相关方面缺乏有效的法律规制，使得相当领域已经为外国资本实现了一定程度的垄断。国际金融资本操纵中国的大豆、玉米、棉花、大米、小麦的产业链，从种子、生产、加工进行入股、并购到控制中国农产品的定价权、主导农副产品的生产和定价。外资控制农副产品，如猪肉、大豆油等，控制了中国最大的消费市场。[1]反观美国，其对于中国资本进入其国内市场是十分谨慎的，最近美国总统奥巴马甚至之间下令终止了中国企业对美国四家风电企业的收购，[2]其理由就是国家安全。

2. 外部负效应问题

所谓市场经济中的外部负效应问题，是指某一主体在生产和消费活动的过程中，对其它主体造成的损害。外部负效应实际上是生产和消费过程中的成本外部化，但生产或消费单位为追求更多利润或利差，会放任外部负效应的产生与漫延。[3]通俗地讲，市场经济的经营者为了追求利润，其经营行为对第三者产生了负面的影响。典型的例子是化工厂会排放污水到河流[4]中去，从而破坏了环境，对周边生活的人群都产生了负面的影响。

在目前的市场经济中，这种现象也是随处可见。2008年曝出的毒奶粉事件，就是一个典型的奶生产商无视消费者的生命

[1] 参见郎咸平：《产业链阴谋3：新帝国主义并购中国企业的真相》，东方出版社2010年版，第98页。

[2] 参见"白宫下令阻止中资公司收购美国四个风电项目"，载世界风力发电网：http://www.86wind.com/html/2012-09/fenglifadian-16344.htm，访问时间：2012年10月1日。

[3] 参见［美］保罗·萨缪尔森、威廉·诺德豪斯：《经济学》（第19版）（上册），萧琛等译，第453~461页，商务印书馆2012年。

[4] 参见［美］保罗·萨缪尔森、威廉·诺德豪斯：《经济学》（第19版）（上册），萧琛等译，第453~461页，商务印书馆2012年。

健康，在牛奶生产中加入过量三聚氰胺而导致多人生命健康的伤害的事例。2012年深陷"硼砂门"的全球最大面粉生产企业五得利集团[1]也再次激起了公众对于国内食品安全的担忧。除此之外，市场经济发展三十年来对于环境的破坏也是典型的外部负效应问题。如罗布泊的消失、水环境的严重恶化等等。

3. 分配不公

市场经济已经过三十余年的发展，中国的经济总量取得了惊人的发展，已经达到了世界第二的水平。按照世界银行的预测，到了2030年中国的经济总量可能会超过美国，成为世界第一。当前更重要的是收入分配不公问题。其中涉及腐败问题、公共资金的流失问题、不同行业不同领域的收入分配不公问题等等。比如垄断性行业与一般竞争性的行业之间存在着很大的收入差距。这些问题是制度原因造成的，是可以改变的；另外，由于体制不健全，现在在土地市场和资本市场上形成的收入，其分配可能存在很多问题，导致了不公平的分配。[2]根据中南财经大学统计学教授徐映梅女士的统计计算，中国1978年的基尼系数是0.2797，而到了2007年中国的基尼系数已经达到0.4520。根据国际上通用的基尼系数警戒线0.4[3]，我们的分配不公已经到了比较严重的程度。

从国际竞争视野来看，目前的分配不公也与国家对于国企、外企和民企实行不同的对待政策有关。对于国企外企都有相关的优惠政策，唯独对于民企不仅没有优惠政策，反而有歧视性

---

〔1〕　参见"五得利称硼砂事件震动中央，责成河北通报澄清"，载财经网：ht-tp://biz. cn. yahoo. com/ypen/20120925/1331759. html，访问时间：2012年9月26日。

〔2〕　参见王小鲁："解决分配不公比单纯涨工资更重要"，载《中国商报》2012年9月13日。

〔3〕　参见徐映梅、张学新："中国基尼系数警戒线的一个估计"，载《统计研究》2011年第1期，第80页。

政策。这样的政策，使得很多民企必须先在海外注册，再以外企的方式回国投资才能获得国民待遇。外企通过与国企的合作，对中国的市场经济进行掠夺式的投资，也是导致分配不公的重要原因。同样的人才在外企和民企干着同样的活，外企的人才收入却远高于民企的，这也是不合理的。

（二）中国市场经济中的"政府干预"

所谓"政府干预"问题也即宏观经济学中所讨论的"政府失灵"问题，简单地说是指政府与市场的关系处理失当问题。因为按亚当·斯密的观点，政府除了必要的外交与国防外，管得越少越好，不应当干预到经济中来，只是到了凯恩斯经济学时代，政府才存在干预市场经济的问题，也才存在所谓政府干预失当和政府失灵的问题。如果按照公共选择学派的观点，政府之所以会失灵，原因在于政府在实践中也会像一个经济人那样追求自身的利益，不断寻求自身利益的最大化，而非韦伯所说的模范的官僚。具体到中国的市场经济，主要体现为以下方面：

（1）政府过度进入到非公共产品领域并挤压了民营经济的空间。在20世纪末的国企改革浪潮中，大批国企被出售和改制，但这并不意味着政府对经济的控制被削弱了，相反，在随后的数年，尤其是在国际金融危机之后，政府和国企全面进入到经济的各个领域，几乎所有利润高昂的行业都充斥着政府和国企的影子。由于国企在融资、税收、政府关系等方面所拥有的强大优势，只要国企进入的领域，民营企业很难与之竞争。而中国政府对于经济的干涉有着深厚的历史传统，从汉朝武帝时代的桑弘羊主张盐铁专卖[1]就开始了。当时的盐铁专卖可以说是最早的国企。但商业文明的繁荣依赖于民间资本的活跃，

---

[1] 参见《史记·平准书》。

政府的与民争利会压抑民间资本的积极性。当前的房地产市场之所以如此火爆不能说与此无关。由于利润高昂的行业都为国企所控制，所以民营资本只能投资于已经市场化相对程度较高的房地产。

（2）政府不断追求预算最大化和自身利益最大化。正如穆勒所说："假若把权力授予一群称之为代表的人，如果可能的话，他们也会像其他任何人一样，运用他们手中的权力谋求自身的利益，而不是谋求社会的利益。"[1]通过对预算最大化和更多的选票的追求，政府可以获得支配权力的增大与支配领域的扩展，从而使政府的地位得到巩固与加强，政府官员的收入与地位也随着提高。[2]改革开放以来数次政府精简机构都重复着精简—膨胀—精简—膨胀的过程，就是一个典型的政府自身预算最大化的典型案例。

（3）行政垄断和审批程序过多。由于政府在供给公共产品时具有垄断性，其提供的公共产品缺乏竞争性，故而呈现出了无效率性。除此之外，处于追求自身利益的考虑，政府倾向于不断设置审批程序来扩展自身的权力。一个典型的案例就是我们的发改委，任何超过 2 亿元的投资项目都需经过发改委的批准。更生动的案例就是 2012 年 5 月 27 日国家发改委正式核准广东湛江钢铁基地项目动工建设，湛江市长王中丙在国家发改委门前难抑激动地亲吻批复文件。[3]

---

〔1〕 参见［美］丹尼斯·C. 穆勒：《公共选择理论》，社会科学文献出版社1999 年版，第 110 ~ 125 页。

〔2〕 参见赵刚："市场经济中政府干预的边界分析"，载《经济师》2010 年第8 期，第 31 页。

〔3〕 见凤凰网财经 5 月 29 日上午推出的财知道问答《吻增长》。宏观经济学者胡释之点评市长吻图时说道："这是稳增长带来的刺激盛宴，第一个吃到了当然感觉刺激啊，所以才会出现'吻增长'这一幕。"

（4）政府干预为寻租及腐败行为的产生提供了可能性。由于目前的政治和法律制度对于政府权力缺乏有效的约束，同时政府官员的法定工资相对较低，致使政府官员利用自身权力寻租的现象比较普遍。一方面官员权力很大且不受约束，另一方面诱惑又特别大，这就必然出现问题。

在这种情况下，大权在握的政府官员极有可能"受非法提供的金钱或其他报酬引诱，作出有利于提供报酬的人从而损害公众和公众利益的行为"。可见寻租因政府干预成了可能，且必然因这种过度干预、缺乏规范和监督而成为现实。其主要危害不仅在于使生产经营者提高经济效益的动力消失，而且还极易导致整个经济的资源被大量地耗费于寻租干预，增大经济中的交易费用。[1]

（5）政府决策的技术和信息能力不足。正确的政府决策依赖于有效的技术和充分的信息能力。政府对社会经济的干预，实际上是一个涉及面很广、错综复杂的决策过程（或者说是公共政府的制订和执行过程）。正确的决策必须以充分可靠的信息为依据。但由于这种信息是在无数分散的个体行为者之间发生和传递，政府很难完全占有，加之现代社会化市场经济干预的复杂性和多变性，增加了政府对信息的全面掌握和分析处理的难度。[2]此种情况很容易导致政府决策的失误，并必然对市场经济的运作产生难以挽回的负面影响。

---

〔1〕 见凤凰网财经5月29日上午推出的财知道问答《吻增长》。宏观经济学者胡释之点评市长吻图时说道："这是稳增长带来的刺激盛宴，第一个吃到了当然感觉刺激啊，所以才会出现'吻增长'这一幕。"

〔2〕 参见注释〔1〕。

二、中国市场经济的经济学和法学双重视角分析

（一）信息不对称

信息经济学是 20 世纪兴起的一个经济学流派。1921 年弗兰克·奈特《风险、不确定性和利润》的出版，使信息经济思想得以以较为完整的形式呈现在经济学的殿堂之中。20 世纪 60 年代，赫伯特·西蒙（H. A. Simon）、肯尼思·阿罗（K. Arrow）等一批欧美经济学家率先对传统经济学的充分（完全）信息假定提出质疑。其主要观点就是信息的不充分和不对称引起了市场失灵。[1]

前文所分析的中国市场经济的主要问题，从信息经济学的视角来看，就是信息不对称造成的问题。市场经济中存在的不正当竞争和垄断问题、外部负效应问题和分配不公问题，包括政府干预市场经济失灵的问题都可以在某种程度上通过信息不对称理论得到解释。

不正当竞争和垄断问题就是发生在经营者之间的信息不对称行为导致的。居于市场支配地位或者优势地位的一方，在对市场的信息掌握上，包括商品供求关系、市场环境、竞争对手信息等都处于优势地位，那么当居于市场支配地位或优势地位的一方滥用此地位来打击竞争对手时，就会发生垄断行为。比如我们的邮政公司、中国电信等处于优势地位的公司运用低于成本的价格打击竞争对手，将对手挤出市场，然后在利用其垄断地位提价。

外部负效应也是典型的信息不对称问题，只不过是发生在经营者与第三方之间。我们讲的食品安全问题就是一个典型的信息不对称问题。作为消费者的第三方无法识别食品中存在的

---

[1] 参见高红阳：“不对称信息经济学研究现状述评”，载《当代经济研究》2005 年第 10 期，第 23～24 页。

问题，而处于优势地位的生产者与经营者对相关信息处于绝对优势地位。正是因为普通消费者无法判断什么是地沟油，也无法判断作为经营者的餐厅是否使用了地沟油，生产者和经营者才敢于不断生产和使用地沟油来获取高额利润。三鹿毒奶粉事件爆发之初，三鹿集团不是采取公布真相的方式，而是采取公关手段试图封锁真实消息，这从另外一个角度证明了这是一个信息不对称问题。三鹿集团显然认为只要封锁了消息源头，事件自然会被平息。事实上，正是消息传播到了国外，无法控制，才最终导致了三鹿事件的爆发以及全国民众对于国产食品业的担忧和不信任。

分配不公问题同样是一个信息不对称问题。分配不公从源头上来讲取决于每个人的信息能力问题。有充足信息能力的人会寻找到更好的职业和取得财富的方法，而没有充足信息能力的人只能被动等待，依靠运气生活。有优势信息能力的人甚至会利用其信息优势来对信息能力差的人进行掠夺，比如说股票市场，散户就是典型的信息能力差的人，而大户和庄家就是典型的信息能力优势的人。外企和国企由于其信息获取能力比较强，对政策的影响能力强，因而在与民企竞争过程中处于优势地位，导致分配不公问题。

政府干预失败更是一个典型的信息不对称问题。人们常常假设政府是万能的，实际上政府对于市场经济信息的把握是十分不充足的。在古代，人们常常认为君主是无所不在、无所不能的，实际上君主的能力十分有限，完全依赖其臣子，因为他的信息能力是十分有限的。今天我们的统计数据常常出现各个单位不一致、地方汇总与中央统计不一致等问题，都说明信息的不准确和不对称会影响中央政府的判断。理性预期学派所讲的"上有政策下有对策"就是这个道理。中央政府以为自己很聪明，但实际上其信息和行为都完全依赖于地方政府，所以中央政府能做的实际上十分有限，很多干预往往会失败。其根本原因就在于信息不对称。越是大的国家就越是如此。所以真正完全的中央集权是不可能实现的。这也是钱穆在《历代中国政治之得失》中所提到的：中国古代同样是存在分权的，既在皇帝与宰相之间，也在中央与地方之间。因为君主没有足够的信息去了解到帝国的每个角落。虽然今天我们强调调研，但是上级不可能天天蹲在基层调研。

（二）法律资源稀缺

从经济学视角看待中国市场经济是一个信息不对称问题，而从法学视角思考中国市场经济则是一个法律资源稀缺的问题。这里的法律资源稀缺包括立法资源稀缺、执法资源稀缺。[1]

在具体的不同问题中又体现为不同方面。比如，在反不正当竞争和反垄断领域，目前的法律都是全国人大通过的，虽然我国《反垄断法》还有这样那样的问题，但最大的问题在于执法资源稀缺。我国《反垄断法》缺乏一个有效的执行机构来执行。按照目前的法律规定，反垄断委员会只是一个协调机构，其执行分别依赖于商务部、国家工商总局和国家发改委。几个部门分割执法必然导致低效率。所以目前《反垄断法》在司法中案例被适用得很少就是这个原因。

外部负效应问题则体现在各个方面。首先是立法资源稀缺，即法律本身缺乏。比如环境保护问题、碳关税问题、食品安全问题等，法律规则本身不是非常严谨。再者也存在执法资源稀缺问题，甚至比立法资源本身的问题要严重。由于中国处于社会转型时期，市场经济中的经营者为了牟利不择手段，所以执

---

〔1〕 这里的执法资源是广义上，既包括狭义的执法资源，也包括司法资源。

法资源也处于疲于奔命的状态。由于信息能力的不对称，执法资源本身也无法满足现在的执法需求。

至于分配不公则与法律资源稀缺无太大关联，因为这主要是一个经济与社会问题。但政府干预失灵与法律资源稀缺则有着显著关联，因为政府之所以干预失灵，就是因为政府与市场的关系处理失当，而政府与市场的关系则需要法律来进行规范。所以政府干预失灵的问题在我国主要是立法资源缺失的问题。在改革开放前三十年，政府对于自身与市场经济的关系思考的很少，基本停留在"不管黑猫还是白猫，只要抓住老鼠就是好猫"的阶段。只有到了市场经济发展到一定程度时，我们才会意识到市场经济就是政府转变自身职能，主要承担为社会提供公共产品的职能。凡是非公共产品的领域，政府都不应进入和参与，而只是扮演一个监管者的角色。而现在的问题则是需要提供公共产品的领域政府没有干预充分，如社会保障、医疗、粮食生产、住房、教育等领域，而非公共产品领域政府则全面进入并处于垄断地位，如采矿、金融、通信等很多领域。现在外资对于很多准公共产品领域的侵入很深，某种程度上也是法律资源缺失的原因。

三、建立诚信机制

信息不对称的问题，需要采取一定的机制来校正。有学者提出建立声誉机制来消除信息不对称的问题。如西南财经大学吴元元教授认为：由于自身的组织化特性，企业置身于长期博弈之中，使得未来交易机会与自身过去的行为紧密联系在一起，交易对手会根据企业过去有关行为的声誉来决定是否继续合作，即声誉影响未来的交易机会。[1]因为，相比较零碎化的个体会

---

〔1〕 参见吴元元："信息基础、声誉机制与执法优化"，载《中国社会科学》2012年第6期，第121页。

出现的"一锤子买卖",[1]组织化的企业更容易成为声誉的载体,因为组织化企业是一个追求可持续收入的"重复博弈"的主体。[2]

但是声誉机制发挥作用却依赖于严格的社会条件:第一是信息条件。即企业的信息能够及时进入消费者的信息结构。[3]第二是权力要件。即消费者获知企业不法行为后,能够以自己的消费选择使得企业得不偿失。[4]第三是时间要件。由于企业与消费者之间本身即长期博弈,所以这个要件不难满足。消费者可以选择用脚投票的方式来实现第二个要件,而真正难以满足的是第一个要件,即如何使得消费者能够迅速地了解关于企业的不法行为。从央视对于食品安全的调查结果来看,高达86.7%的被调查者认为解决食品安全问题应当"加大对违法企业曝光力度",高于选择"重典治乱"(82.1%)和"相关部门加强监管"(67.9%)。[5]所以,归根到底,关键在于建立一个面向所有经营主体的全方位的诚信档案机制。这个诚信机制不是单方面的企业信息披露制度,而是全方位的,由全社会联动、分级披露并传播反馈的网状机制,使得消费者能够最快时间内发现经营者的违法行为,从而在最短的时间内以用脚投票的方式发酵,使得违法者遭到严厉的打击。

这样的诚信机制需用以下结构:

首先,应该有一个有效的全国范围内统一权威的信息交流协

---

〔1〕 参见张维迎:《信息、信任与法律》,三联书店 2003 年版,第 43 页。

〔2〕 David M. Kreps, "Corporate Culture and Economic Theory", pp. 107, 111.

〔3〕 参见戚建刚:"向权力说真相:食品安全风险规制中的信息工具之运用",载《江淮论坛》2011 年第 5 期。

〔4〕 参见吴元元:"信息基础、声誉机制与执法优化",载《中国社会科学》2012 年第 6 期,第 123 页。

〔5〕 "食品安全在行动:中国政策论坛(下)",中央电视台《经济半小时》,http://jingji. cntv. cn/20110529/100073. shtml, 访问时间:2012 年 2 月 25 日。

调机构。类似于英国 1978 年的地方当局贸易标准协调机构。[1]
中国可考虑在国务院层面设立信息交流协调办公室来统一协调
全国各地的信息标准。

其次,消费者团体和产业部门团体广泛参与相关信息标准
的制定。要让真实的消费者理性参与到相关信息标准的制定中
来,使得各方保持良好沟通,形成互动机制。

再者,关于经营者信息的记录应该更大众化。今天的经济
是一个知识爆炸时代的经济,关于经营者的信息大多是专业性
的信息知识。过多的专业知识对于大众来说等于是没有披露。
很多情况下,企业面临多种违法可能:标签/包装不合格、成分
的实际含量超标、添加有毒物质等。这些行为的危害程度是不
同的,但如果媒体不加区分地以"不合格"加以披露,会使消
费者无法去探究具体的情形。[2]

最后,拓展信息流通渠道。今天对违法企业的信息仅仅发
布在相关职能部门的专业网站上,很少引起公众的注意。现代
社会的职业分工使得个人除了阅读与自己专业相关的网站外,
仅仅会关注少数的门户网站。这就导致即便经营者的违法信息
被置于相关专业网站上,也少有人会关注,除非其是专门的研
究者。因此,实际有效的方式可能是将信息发布在新浪、搜狐、
网易等门户网站的同时,将相关信息之间张贴到相关经营场所
外。这也是西方发达国家常用的做法。[3]

---

[1] David Jukes, "Regulation and Enforcement of Food Safety in the UK", *Food Policy*, Vol. 18, No. 2 (April 1993), p. 140.

[2] 参见吴元元:"信息基础、声誉机制与执法优化",载《中国社会科学》2012 年第 6 期,第 128 页。

[3] See Marian Garcia Martinez et al., "Co – regulation as a Possible Model for Food Safety Governance: Opportunities for Public Private Partnerships", p. 308.

四、市场经济的社会管理创新

在今天市场经济的快速发展中，法律资源的稀缺是一个各国都普遍存在的问题。从经济学的角度来说，法律资源的稀缺需要增加法律资源的供给来解决，因此增加法律资源的供给是一个必然的选择。但是仅仅依靠法律资源的供给可能仍然无法满足经济和社会的快速发展的需求，有必要进行社会管理创新，发挥社会组织的作用，通过整个社会的综合治理来解决市场经济中普遍存在的法律资源稀缺问题。

今天的社会治理之中，法律资源的稀缺（包括立法资源稀缺、执法资源的不负重荷、司法资源的稀缺等）已经是一个常态。所以第一个要做的就是对一些必须由法律规则加以解决的领域增加法律资源的供给，优化法律资源投放结构。比如政府与市场的关系问题是无法通过社会治理来解决的，因为社会治理的前提的法律为政府的行为确立一个边界，如果法律本身对于政府的行为没有确立一个清晰的边界，那么社会治理也就无从谈起，社会组织也不知道在哪些领域发挥作用。政府本身具有不断扩展自己的本能，如果不从法律规则上进行约束，甚至是宪法性的约束，很难通过社会来约束政府。所以在政府与市场的关系领域，或者说政府的权力边界领域，需要加大法律资源投入。具体说来，应该修改《国务院组织法》和《地方政府组织法》，对其本身（包括政府组成部门）权力进行细化，确立其可以做哪些事，剩下的事情就不可以做了。这个事情一旦完成，政府本身就无法随便设置行政审批制度，来为自己创造寻租机会。同时还应修改相关诉讼法，将抽象行政行为纳入到行政诉讼中来，形成有效制约。总之，在通过相关的法律资源投放和配套法律资源投放，解决对政府与市场经济的关系问题。

这个问题解决了，不论是国进民退问题、还是行政审批问题、政府寻租问题都自然解决了。

除此之外，对于市场经济中存在的最大问题——垄断，必须加大法律资源投入，确保市场竞争的有效进行。首先是立法资源。除了《反垄断法》之外，对于涉及国计民生的产业应该进行单行立法，加强保护，防止受到外国资本的控制，典型的就是粮食产业、金融业、通信业、自来水产业、矿产资源产业、民族品牌和文化遗产等。其次是执法资源的投入。目前市场经济中存在的最大垄断是国企垄断和外企垄断。由于这两股力量所拥有强大的影响力，致使《反垄断法》出台后形同虚设。《反垄断法》在成熟的市场经济国家是保持经济活力最重要的调节器，但在中国出台四年后却几乎没有发挥多大作用。因此有必要加大投入配套法律资源以及建设强有力的执法机构，对于市场经济中存在的垄断行为进行严厉打击。

确立了政府与市场经济的关系之后，有必要充分发挥社会组织和消费者的作用，加强社会管理创新，形成政府主导、社会协同、公众参与的社会管理创新格局。当今世界，任何一个国家单纯依靠政府都无法处理如此纷繁复杂的社会治理问题。市场经济的日新月异，加上中国所处的文明转型与国际竞争环境，使得我们必须充分发挥社会组织和消费者自身的作用，来参与到整个社会的管理中来。我们党的传统就是"从群众中来，到群众中去"。群众的智慧是无穷的。2005 年开始的浙江温岭市泽国镇参与式预算充分表明人民群众有能力管理好自身的事情。2007 年广州猎德村的拆迁也给人留下了深刻的印象。2007 年，为修建广州亚运会场馆，当地政府对猎德村进行拆迁，涉及3000 多户村民、60 多万平方米住宅。虽然是亚运会的"倒计时工程"，但政府没有蛮干，而是提出了让村民得实惠的一套方案，在各个环节都坚持公开透明公正，让村民作为主体介入拆迁过程，确保所有被拆迁人的合法权益。最终，猎德村实现了"和谐拆迁"。村民李伟时说："我们从'拆迁户'变成了'拆迁富'。"〔1〕2009 年，上海闵行区政府在处理"楼倒倒事件"中，通过让包括开发商（万科）、律师、业主在内的所有相关利益者参与到事件的处理，妥善地解决了一场很可能爆发的危机。〔2〕2011 年乌坎事件〔3〕中，广东省政府对于事件的解决思路，再次说明依靠维稳的思路解决群体性事件已经走不通了，必须依靠民众参与、民主法治的道路才可能从根本上解决问题。

目前的国际竞争，比的就是市场经济中竞争是否充分、法律规则是否完善、执法是否严格、政府与市场的关系是否定位准确。只有把政府与市场的关系通过高位阶的刚性法律加以规定，并严格执法，有效约束政府的权力，确保消费者有充分的信息渠道来对经营者的行为进行反馈，从社会管理创新的视角激发社会组织和公民参与，才能最终激发市场中的经营者不断进行技术创新，通过好的产品和服务来赢得市场。

---

〔1〕 "社会管理创新"，载互动百科：http://www.hudong.com/wiki/%E7%A4%BE%E4%BC%9A%E7%AE%A1%E7%90%86%E5%88%9B%E6%96%B0，访问时间：2012 年 9 月 30 日。

〔2〕 参见李雅云："社会管理应更多运用行政指导"，载《学习时报》2012 年 2 月 21 日。

〔3〕 参见庞胡瑞："广东乌坎事件舆情研究"，载人民网：http://yuqing.people.com.cn/GB/16788483.html，访问时间：2012 年 1 月 4 日。

― 第二章 ―
国家治理体系现代化与现代财政制度

国家治理体系现代化是在十八届三中全会决定中提出的核心命题，但是这个命题的背后是自 1840 年以来中国现代化转型的未竟之路。在如何实现国家治理体系的现代化的路径上，财政体制改革是事关改革的关键一环。正如熊彼特所言："现代国家的形成与国家财政的变化相伴而生。"[1]1215 年以来英国的现代化转型成功之路、美国 1789 年《宪法（修正案）》、法国 1789 年《人权宣言》和德国 1949 年《基本法》告诉我们，现代财政制度的建立对于国家治理的现代化至关重要。文章分以下几个部分展开，试图在借鉴发达国家现代财政制度经验的基础上，立足中国之现实国情，提出与国家治理体系现代化相匹配的现代财政制度之现实路径。第一部分是对英美德和民国财政历史和现代化历史进程的回顾，发现其关联所在，归纳其要点。第二部分则是分析中国财政制度与国家治理现代化所要求之现代财政制度之差距，即问题之所在。第三部分，则是从国家治理体系现代化视野提出建立现代财政制度之具体路径。

---

〔1〕［美］约瑟夫·熊彼特：《经济分析史》（第 1 卷），朱泱等译，商务印书馆 1991 年版，第 302 页。

一、国家治理体系现代化视野中的财政制度

（一）英国现代化转型中的财政制度

英国的现代化转型与财政制度改革有直接关联。1066年到19世纪后期，英国基本上完成了从封建社会向现代资本主义社会的转型。推动转型的原因错综复杂，难以条分缕析，但是毫无疑问，财政变革是促使转型发生的主导原因之一。[1]1660年~1799年这一百多年间，英国发生了一场深刻的财政革命，其内容涉及财政的收入、支出与管理诸环节。这些创新的财政制度构建了现代财政体系，促进了18世纪英国经济的繁荣和政治的稳定，在很大程度上推动了英国现代国家的形成。[2]

首先，税收常规化过程中税收官僚机构的兴起。威廉时代设立温切斯特国库，到财政署的设立，亨利八世建立"私室财政"，都铎王朝时期国库大臣和财政大臣权力的扩大，1667年国库委员会的树立，光荣革命后国库演化为财政部。[3]

其次，中央银行的创建与公债的正规化。18世纪财政革命中形成的许多财政工具，如公债、英格兰银行、股票市场等，被接受为重要的常设机制。再者，现代预算制度的确立。1660年查理二世对《大宪章》和《权利请愿书》等税权法令的承认到1782年《民生项目基本法案》，英国议会彻底实现了对征税权和预算支出的完全控制。[4]

---

〔1〕　参见沈汉、刘新成：《英国议会政治史》，南京大学出版社1991年版，第202页。

〔2〕　刘雪梅、张歌："1660~1799年英国财政革命所带来的划时代变化"，载《现代财经》2010年第7期，第31页。

〔3〕　参见于民：《坚守与改革——英国财政史专题研究（1066~19世纪中后期）》，中国社会科学出版社2012年版，第70~94页。

〔4〕　刘雪梅、张歌："1660~1799年英国财政革命所带来的划时代变化"，载《现代财经》2010年第7期，第35页。

1799 年前后，英国引进了另外一种直接税——所得税。学界通常认为其标志着财政革命的完成。

（二）美国现代化转型中的财政制度

1789 年 9 月，汉密尔顿就任财政部长后，着手制定了一系列财政经济法案，其核心部分是关于国债、征税、建立银行和鼓励制造业四个报告。[1]

汉密尔顿的财政改革在政治上产生了深远的影响。对于当时的美国而言，其财政改革仿效了英国的财政金融制度，建立了中央银行和国债制度，规范了征税制度，成了美国建国的基础。

但是美国真正走向现代化，与源于 1906 年的美国预算革命有着更为紧密的关联。因为预算是一种制度，它以复杂的技术、精确的数据告诉人们，他们的政府打算做什么、正在做什么，以及做了些什么，并界定了政府活动的范围，确立了政府与社会之间的界限，划定了公共领域与私人领域的边界。[2]而这正是现代化国家的核心特征。

（三）德国现代化转型中的财政制度

二次世界大战后的联邦德国，建立起所谓"社会市场经济"体制，并长期保持均衡稳定的增长，成为世界经济强国。所谓"社会市场经济"体制，就是注重社会政策目标的实现，强调要在国家完全不加干预的市场自由经济和高度集权的国家计划经济之间走所谓的"经济人道主义的第三条道路"，即以自由竞争

---

[1] 张少华："亚历山大·汉密尔顿的财政金融改革"，载《美国研究》1994年第 3 期，第 112 页。

[2] ［美］乔纳森·卡恩：《预算民主：美国的国家建设和公民权（1890～1928）》，叶丽娟等译，上海人民出版社 2008 年版，译序。

为基础，建立适当的国家总体调节，实现有效的社会保障。[1]

在 20 世纪 40 年代末到 60 年代中期，德国财政实行谨慎的收支平衡政策，即相对稳定的财政政策与相对灵活的货币调节政策相配合。从 60 年代中期到 80 年代初期由传统的收支平衡政策转入"总体调节"的财政政策时期。这时期在一定程度上引入了凯恩斯主义。从 1982 年至今，以科尔上台为标准，开始实行谨慎保守的紧缩政策。[2]

德国财政政策给我们最大的启示就是，不一定通过赤字财政才能刺激经济增长。一个稳定均衡的财政体制对于现代国家而言十分重要，同时滚动编制中长期财政计划对于现代国家而言也十分具有参考价值。

（四）民国现代化转型中的财政制度

1928 年 6 月，新任财政部长宋子文采取了"实省虚县"的财政分权策略，县（市）财政收入仰给于省，导致了县苛政繁兴，摊派横行。1935 年财政部长孔祥熙再次进行调整，采取"虚省实县"策略，但未见诸实施，其最大原因就在于各省囿于自身利益不予支持实施。无论是"实省虚县"还是"虚省实县"，改革思想属"均权"，但 1941 年财政收支系统改制，省级财政归中央，改革思想属"集权"。抗战胜利后，国民政府又尝试实行中央与地方"均权"的财政体制，1946 年恢复中央、省、县之三级制财政，将田赋交还地方，三级财政体制最终确立。[3]

---

〔1〕　傅志华："德国财政政策的发展变化及其特点"，载《经济研究参考》1993 年第 Z1 期，第 13 页。

〔2〕　傅志华："德国财政政策的发展变化及其特点"，载《经济研究参考》1993 年第 Z1 期，第 13～19 页。

〔3〕　马海涛、马金华："民国财政对当今公共财政体制建设的启示"，载《财政研究》2011 年第 6 期，第 81 页。

对 1928～1937 年国民党政府的财政制度的考察，可以发现，国民党政府在现代国家构建活动中取得了初步成果，尤其是 1937 年《修正预算法》的公布使得预算制度上升到了法律的高度。但是国民党政府的财政基础依赖于特殊税收，无法支持战争。对日战争和国共内战期间，国民党政府主要依赖于公债和借款以及通货膨胀。过度的通货膨胀最终导致其政权垮台。[1]民国政府一直在集权和分权之间摇摆不定。这种没有厘清的财政体制在几十年的民国政府统治中一直困扰着民国政府。整顿地方、集中中央财权贯彻其始终。始终无法建立现代财政制度，对于试图实现中国现代化转型的民国政府而言，无异于是釜底抽薪。

二、中国财政制度之问题

(一) 土地财政

财政部最新数据显示，2013 年全国国有土地使用权出让收入高达 41 250 亿元，这创出了土地市场有史以来的新高。《中国经济周刊》记者查阅财政部国有土地使用权出让收入数据发现，2008～2013 年，6 年间全国国有土地使用权出让收入已经高达 15.6 万亿元。[2]地方债务愈演愈烈，土地资源的有限，以及城市规划都不允许无限制的开发各类土地，这使得土地收入终有枯竭的一天。根据《中国经济周刊》和中国经济研究院联合发布的《23 个省份土地财政依赖度报告》，地方债务对于土地收入偿债依赖很高。参见下表：

---

〔1〕 刘守刚：《国家成长的财政逻辑——近现代中国财政转型与政治发展》，天津人民出版社 2009 年版，第 71～76 页。

〔2〕 来源于《中国财政年鉴（2008～2013）》。

表 2 - 1　我国 23 个省份土地财政依赖度排名

（数据截至 2012 年度）

省份	统计口径（承诺以土地出让收入为偿债来源的各级政府）	土地偿债规模（亿元）	土地偿债规模排名	土地偿债在政府负责偿还责任债务中占比	占比排名
浙江	省、市、县政府	2739.44	2	66.27%	1
天津	市政府	1401.85	10	64.56%	2
福建	省本级、8 个市本级、67 个县级政府	1065.09	11	57.13%	3
海南	省级、2 个市级、12 个县级政府	519.54	20	56.74%	4
重庆	市本级及 36 个区县政府	1659.81	8	50.89%	5
北京	市本级、14 区县政府	3601.27	1	50%~60%	6
江西	11 个市级、90 个县级政府	1022.06	12	46.72%	7
上海	市级和 16 个区县	2222.65	3	44.06%	8
湖北	13 个市级、72 个县级政府	1762.17	6	42.99%	9
四川	18 个市级、111 个县级政府	2125.65	4	40%	10
辽宁	13 个市级、49 个县级政府	1983.2	5	38.91%	11
广西	自治区、市、县	739.4	16	38.09%	12
山东	14 个市本级、81 个县本级政府	1437.34	9	37.84%	13
江苏	13 个市级、73 个县级			37.48%	14

省份	统计口径（承诺以土地出让收入为偿债来源的各级政府）	土地偿债规模（亿元）	土地偿债规模排名	土地偿债在政府负责偿还责任债务中占比	占比排名
安徽	16 个市级、78 个县级政府	901.99	14	36.21%	15
黑龙江	8 个市级、18 个县级政府	652.88	17	36.10%	16
湖南	14 个市级、96 个县级	942.42	13	30.87%	17
广东	19 个市级、63 个县级政府	1670.95	7	26.99%	18
陕西	10 个市级、32 个县级政府	631.86	18	26.73%	19
吉林	6 个市级、18 个县级政府	586.16	19	22.99%	20
甘肃	10 个市级、28 个县级政府	206.54	22	22.40%	21
河北	11 个市级、59 个县级政府	795.52	15	22.13%	22
山西	6 个市级、10 个县级	268.94	21	20.67%	23

注：江苏没有公布土地偿债规模数字；北京没有公布比例数字及可供测算的数据，表中数据为估值；四川测算占比的分母为"市县两级政府负有偿还责任债务余额"，其他省份测算的分母为"省市县三级政府负有偿还责任债务余额"。

制表：中国经济研究院。

在土地财政问题中，主要包括几个方面的问题：首先是从以物为本的城市化转向以人的城市化为价值导向的新型城镇化。

由于过去的城市化以经营城市为理念，对政府利益和开发商利益比较重视，相对忽视了农民和市民的利益诉求，导致了大量的社会矛盾，也没有从根本上改变现行城乡二元利益格局。其次，1994 年确立的行政主导下的税收分权，在强化了中央财政的同时，造成地方政府行为方式的改变，即以追求预算外的土地收入来发展地方经济，并通过 GDP 竞争来在政治竞争中获得更好的晋升。这两方面的问题造成土地财政引发的地方债务危机。

回顾历史，我们发现，几乎所有重大的社会变革都有着深刻的财政压力的背景：发生在中国古代宋明两朝中期的两次大变法，均肇始于财政长期亏空的积弊。[1]希克斯在 1969 年撰写的《经济史理论》中就提出："近代民族国家的兴起就是由于财政原因。16 世纪的西欧历史变革的主要原因就是财政压力，君主们需要支付大量金钱去支付战争费用。国家努力克服财政压力，一方面寻求向新财富征税，这导致了现代税收制度的建立。"[2]

（二）税制结构问题

中国的税收总量已经不低了，但是存在结构性问题。2013 年中国的财政收入将近 13 万亿元，相当于 GDP 的 22.7%。首先是非税比重比较高。比如 2013 年政府性基金达到 5.22 万亿，占财政收入的 40%。在政府性基金中，土地出让金达到 4.12 万亿，占比 85%。其次是间接税比重高，而直接税比重低。以增值税为代表的间接税占到税收比重为 70%。[3]间接税会体现在商品和服务流通价格中，造成贸易扭曲。同时直接税比重过低，

---

〔1〕　参见叶坦：《大变法》，三联书店 1996 年版；参见黄仁宇：《十六世纪明朝的财政和税收》，三联书店 2001 年版。

〔2〕　转引自何帆：《为中国市场经济立宪——当代中国的财政问题》，今日中国出版社 1998 年版第 36 页。

〔3〕　以上数据均来自于财政部网站。

主要体现在财产税和个人所得税比重较低，对于财政的再分配十分不利，导致基尼系数高涨，贫富差距越来越大。

（三）财政歧视性分配

财政歧视性分配主要体现为两个方面。一是城乡二元差距，二是体制内与体制外。在改革开放已逾三十年的今天，阻碍全面深化改革和市场经济体制完全确立的最大障碍就是城乡二元社会结构。从20世纪50年代确立这套城乡二元结构之后，财政的歧视性分配就成了这套二元体制的基石。从住房、教育、医疗资源到养老，都是全面向城市倾斜。那么在城市内部，社会又被区分为体制内和体制外。我们的所有资源，比如医疗、教育、养老等资源都是倾向于体制内。这种双轨制社会结构造成了社会的不公。

（四）财政分权

财政分权是目前学术界探讨的最为热烈的问题。学界普遍认为目前的具有中国特色的财政分权制度是造成土地财政等一系列问题的根本原因之一。但这个观点本身值得商榷。如朱镕基在清华大学校庆时所作的回应："我们制定了一个错误的政策，就是房地产的钱，都收给地方政府，而且不纳入预算，这不得了。这个钱就是搜刮民膏，所以把地价抬得那么高。这个绝对不是分税制的错误。地方没少收钱。"朱镕基的观点得到了很多人的认同。当然目前在1994年分税制改革基础上的分权制度，最大的问题是行政化、缺乏法治。主要表现为两个方面：一个是中央与地方的事权划分没有法律依据；其次是财政转移支付没有法律规则，使得"跑部钱进"现象十分严重。

三、现代财政制度之现实路径

（一）落实税收法定原则

《十八届三中全会决定》第八章"加强社会主义民主政治制

度建设"中第27条"推动人民代表大会制度与时俱进"中明确提出：落实税收法定原则。这一条抓住了建立现代财政制度的"牛鼻子"。因为现代财政制度的基础就是对公民财产权的有效保护。如果说《物权法》是对公民财产权的积极保护的话，那么税收法定原则则是对公民财产权的消极保护。某种意义上说，对财产权的消极保护比积极保护更加重要。因为这确立了公权力和私权利的边界。税收法定原则确立了一种理念，即现代国家的财政收入绝大部分应该以税收为来源，而税收只能通过全国人大及其常委会制定的狭义的法律来对纳税人进行课征。

落实税收法定原则这一点在《立法法（修正案）》中取得了重大突破。2014年12月召开的十二届全国人大常委会第十二次会议，第二次审议了《立法法（修正案草案）》。二审稿规定："税种、纳税人、征税对象、计税依据、税率和税收征收管理等税收基本制度"要制定法律，将税收的各项要素均纳入法律规定范围。但是，到了全国"两会"召开时，2015年3月8日，发放到全国人大代表和政协委员手中的《立法法（修正案）》三审稿，税收法定条款悄然生变，"纳税人、征税对象、计税依据、税率"四个重要的税收元素被删除，简化为"税种的开征、停征和税收征收管理的基本制度"要制定法律。3月9日，全国人大常委会法工委副主任郑淑娜回应称，二审稿的表述经专家论证不够科学，税种包括纳税人、征税对象、计税依据和税率这些基本要素。但这一回应未获认可。学界和不少全国"两会"代表认为，三审稿对税收法定原则的表述笼统空泛，不利于有效规范政府征税权力，不利于全面落实税收法定原则。3月11日，全国人大法律委员会召开全体会议。根据各代表团的审议意见，全国人大法律委员会拟将税种的设立、税率的确定写入《立法法（修正案）》，将该项表述修改为："税种的设立、税率的确定和税收征收管理等税收基本制度"要制定法律。[1]

税收法定的表述尽管没有达到二审稿的完整版本，但将税率法定列入法律范畴也将大大地约束行政机关增加税收的权力，这对于保护公民的财产权利不受任意侵犯有着十分重要的意义。而且按照中央要求，2020 年要全面落实税收法定原则，意味着全部税收都要被上升为法律，这意味着整个税收获得人民代议机关的同意，是迈向现代民主的重要特征。

（二）公开透明的预算制度

在 19 世纪末期，美国的经济逐步超越英国，成为世界头号强国。但美国在市政建设领域中的腐败和联邦政府对于地方政府的失控，也达到前所未有的程度。1906 年初创立的纽约市政研究局，引领了美国最早的市政预算改革运动。1921 年哈定总统签署《预算与会计法》，以行政预算为目标的全国性预算运动在美国取得彻底胜利。联邦政府通过预算的方式，重新构建了国家与公民之间的关系、国会与总统之间的关系，确立了对地方政府的权威；国会通过预算审批确立了自身的合法性。1910年，塔夫脱总统通过建立全国预算制度，进一步将行政首脑变成拨款程序的重要参与者。他的手段就是成立著名的塔夫脱委员会，聘请圈外专家和联邦行政官员合作，并选择纽约实证研究局专家克利夫兰来领导这个委员会。克利夫兰领导的塔夫脱委员会确立预算作为其改革方案的核心。在其最著名的报告《国家预算的必要性》中，委员会指出："完整的预算制度将会是联邦制及权力分立的宪法原则得以完整维护和政府得以满足

---

[1] 参见冯愚丁："立法法税收法定修订逆转背后：辩法四天"，载《南方周末》2015 年 3 月 19 日。

人民福利要求的有效手段。"〔1〕

《十八届三中全会决》定明确提出："加强人大预算决算审查监督、国有资产监督职能。"税收法定原则是对国家征税权的有效制约，也是对公民财产权的消极保护。但税收法定原则仅仅是管住了现代国家的收入，而公开透明的预算制度才能关注现代国家的支出。所以说征税权是涉及毁灭的权力，而预算权才是现代国家的核心权力。在我国的现实国情下，预算权的落实要通过强化人大的预算权来实现。通过人大的预算审批权、调整权和监督权的落实实现预算权从行政部门向立法机关的转移。2010 年开始的三公经费公开拉开了预算公开的冰山一角，但更全面、公开、透明的政府预算，只能通过人大的预算权的真正实现来落实。新《预算法》的修改，极大地约束了政府花钱的权力。现代财政国家的一个重要特征就是预算控制国家。下一步关键在于如何落实新《预算法》的内容。

（三）明确事权

目前普遍的看法是中央与地方事权没有法律界定。有必须通过法律形式对中央与地方的事权进行清晰的界定。适度加强中央事权和支出责任，关系全国统一市场规则和管理的事权一律应纳入中央事权，如基础养老保险、义务教育等。部分社会保障、跨区域重大项目建设维护等作为中央和地方共同事权，而区域性公共服务作为地方事权。

中央和地方按事权划分承担和分担支出责任。中央可以通过财政转移支付方式将部分事权支出责任委托地方承担。

---

〔1〕 参见拙文："预算改革：重构权力的金字塔"，载《中国税务报》2014 年 9 月 30 日。

这一部分的内容可能需要通过制定《财政基本法》来实现。[1]财政部长楼继伟在《人民日报》上发表署名文章《推进各级政府事权规范化、法律化》，文章对推进政府间事权规范化、法律化的必要性及基本思路展开论述。文章建议，在修订《预算法》的基础上，还应制定《财政基本法》《财政转移支付法》等实体法，围绕规范中央和地方财政管理，明确各级政府财政管理权限、各级财政收支范围、政府间转移支付等内容。[2]

（四）完善财政转移支付制度

目前财政转移支付领域的最大问题在于无法律规则：

首先，有必要通过全国人大制定财政转移支付法，解决无法可依的情况。

其次，完善一般性转移支付增长机制，重点增加革命老区、民族地区、边疆地区、贫困地区的转移支付。

再者，中央出台增支政策形成的地方财力缺口，原则上通过一般性转移支付调节。

最后，清理、整理、规范专项转移支付项目，逐步取消竞争性领域专项和地方资金配套，对保留专项进行甄别，属于地方事务的划入一般性转移支付。

在这个方面，2014 年底国务院也出台了规定进行规范，[3]但问题的真正解决仍然需要一部代表人民意愿的法律来进行规范。

---

〔1〕 杨志锦："财税法治：中国需要一部《财政基本法》"，载《21 世纪经济报道》2015 年 1 月 1 日。

〔2〕 楼继伟："推进各级政府事权规范化、法律化"，载《人民日报》2014 年 12 月 1 日。

〔3〕 参见国发〔2014〕71 号《国务院关于改革和完善中央对地方转移支付制度的意见》。

（五）完善中央与地方税制

完善地方税，提供直接税比重。

推进增值税改革，适当简化税率。逐步建立综合与分类相结合的个人所得税制。

调整消费税征收范围、环节、税率，把高能耗、高污染产品及部分高档消费品纳入。加快房地产税立法并适时推进改革，加快资源税改革，推动环境保护费改税。

加强对税收优惠政策的规范管理，统一全国税收优惠政策。此条在正在进行的税收征管法修改草案中引起了学术界争议。国家税务总局、财政部起草的《中华人民共和国税收征收管理法修订草案（征求意见稿）》（以下简称《征求意见稿》）中第3条是这样规定的："国家税收的基本制度由法律规定。"

税收的开征、停征以及减税、免税、退税、补税，依照法律的规定执行；全国人民代表大会及其常务委员会决定授权国务院规定的，依照国务院制定的行政法规的规定执行。

任何机关、单位和个人不得违反法律、行政法规的规定，擅自作出税收开征、停征以及减税、免税、退税、补税和其他同税收法律、行政法规相抵触的决定；除法律、行政法规和国务院规定外，任何单位不得突破国家统一税收制度规定税收优惠政策。

这个草案的第3款实质上与三中全会决定以及刚刚通过的《立法法》精神相违背。认为《立法法》通过就彻底解决了税收法定问题的观点可能是肤浅的。

四、结语：财政国家的觉醒

今年的两会，中国的人民代表大会的焦点问题无疑是财政税收问题。网络大数据显示十大两会热点问题中有两个是税法问题：一个是个人所得税改革问题，一个是环境税问题。而记者招待会中财政部长楼继伟关于燃油税的回答也引起了公众的强烈反响与质疑。《立法法》的修改牵动着无数人的心，在大量财税专业人士和人大代表共同努力下，税率法定经过了草案被删除又被再次写入的过程。大量网民要求清理各种不合理收费。预算报告成为反对票最高的工作报告，替代了长期成为反对票榜首的高法报告。这一切都意味着中国已经是一个名副其实的税收国家，并且朝着现代财政国家转型之中。

尽管《立法法》的修改不尽如人意，预算报告的反对票增加，地方政府债务的控制还有待观察，但对于预算和税收的关注已经成为"新常态"，财政和税收部门将不得不习惯在公众关注中工作。税收国家向财政国家的转型正在进行之中，民主与法治也必将伴随着财政国家的觉醒而生根发芽。

― 第三章 ―
历史视野中的宪政、分权与税收

一、作为分析框架的分权理论

（一）分权学说概述

尽管分权学说始终没有独自为一个有效稳定的政治制度提供一个足够的基础，但是作为一种政府理论，它的生命力在历史上一再得到了检验，尽管在检验中也显露了其弱点。"分权的纯粹学说也许可以这样表述：为了政治自由的建立和维护，关键是要将政府划分为立法、行政和司法三部门或三部分。组成这三个政府机构的人员一定要保持分离和不同，不允许任何个人同时是一个以上部门的成员。这样一来，每个部门将对其他部门都是一个制约，没有任何一群人将能够控制国家的全部机器。"[1]

"在几个世纪中，分权学说是主要的政制理论，它声称能够区分自由社会的制度结构和非自由社会的制度结构……在20世纪这一学说基本上被否定了，或者是作为建立一种有效的、适

---

[1] ［英］M. J. C. 维尔：《宪政与分权》，苏力译，三联书店1997年版，第12～13页。

合于现代情况的自由政府体系的规定，或者是作为进行政府体系的调查和描述提供有用语汇的一套概念。"[1]尽管在 20 世纪以来分权学说受到广泛的批判，但是学术界并没有提出什么新的像样的方案来替代分权学说这个重要的分析框架，因为老的问题仍然存在，旧的理论框架受到批判，但却没有新的分析工具。

"分权学说的历史提供了在西方国家的政治体系中这一思想的复杂演化以及它所扮演的和将继续扮演的角色的全景图。但同样重要的是，分权学说历史有助于我们更好地理解在今天讨论政府时仍然使用的一些概念，尽管当初引起这些概念的许多假设已经改变了。比如我们仍然讨论立法职能，或者立法机关和执行机关之间的关系，尽管我们赋予这些概念的含义与其先前时代的含义已经非常不同。"[2]

无论分权学说的前提和内容遭到了多少批判，分权学说也已经成了我们分析政府权力、政治制度的一个无法绕开的框架。

以中国为例，尽管三权分立的学说一直被视为是资产阶级的虚伪学说而被批判，但是权力的相互制约一直是中国社会主义国家制度理论中的重要环节，这一点在十七大报告中甚至得到了重点表述。十七大报告提出要建立健全决策权、执行权、监督权既相互制约又相互协调的权力结构和运行机制。[3]尽管随着现代政府的发展，各种权力之间的界限越来越模糊，而且经典的纯粹分权也从来没有被实践过，但是没有人会认为现代国家为了提高政府的效率就可以肆无忌惮地将权力变成单一、集中、混合的结构。现代国家和分权体制，不一定是三权分立，

---

〔1〕 [英] M. J. C. 维尔：《宪政与分权》，苏力译，三联书店 1997 年版，第 8～9 页。

〔2〕 [英] M. J. C. 维尔：《宪政与分权》，苏力译，三联书店 1997 年版，第 9 页。

〔3〕 2007 年 10 月 24 日《中国共产党第十七次全国代表大会报告》。

已经紧密地联系在一起。权力的相互制约受到了各种意识形态下的理论学说的一致同意。

（二）横向分权与纵向分权

所谓两种分权，一个就是横向分权，这是我们比较了解的。横向分权就是将国家最高、最后的权力一分为三：立法、行政、司法三种权力形态。三权分立所表明的是国家最后、最高的决策权，是一种权力形态分解为三个剖面。另一种分权就是纵向分权，即中央政府与地方政府的分权。所谓一个指向，就是不论两种分权的具体结构有什么差异，它们都指向限制权力的一个端点。

宪政的核心在于分权与制衡。[1]古典国家建构的合法性辩护进路几乎都是"君权神授"，但是现代社会的国家政治建构是一种理性建构。就是通过人为的设计、契约的安排，通过组织架构的分割，通过组织职责的划分，把国家理性化。在国家的科层建构里，从中央政府到地方政府，从高层组织到基层组织，一套组织架构的合理设计、权力分割和职责划分，将国家建构为一个合理的形态。所以国家究竟应该建立多少层级，这些层级究竟应当如何来履行自己的职责便成了关键问题。[2]这就是宪政的纵向分权制衡要解决的问题。

在 M. J. C. 维尔著，苏力译的《宪政与分权》这本书里所说的分权其实主要是一种横向分权，也就是传统意义上的三权分立。如前文所论述，传统意义上的分权理论作为宪政的基础，很大程度上与均衡理论和政府的控制有关。传统的分权理论基

----

〔1〕 刘剑文等：《中央与地方财政分权法律问题研究》，人民出版社 2009 年版，第 1 页。

〔2〕 任剑涛："宪政分权视野中的央地关系"，载《学海》2007 年第 1 期，第 56 页。

于建立有限政府的前提，更多地关注如何去控制政府的权力，而孟德斯鸠和洛克的理论正好将政府的权力一分为三，让其互相牵制和制约，从而起到控制政府和权力均衡的目的。

实际上早期启蒙思想家的分权理论所假想的国家仍然是古希腊哲学里面所讨论的城邦政治，而且在欧洲国家中普遍都是人口和土地不太庞大的国家，这都促使启蒙思想家的分权理论只能考虑到一种分权，那就是横向的政府权力之间的分权，或者说主要只关注横向的政府权力之间的关系。因为在英国法国这样的国家，中央与地方之间的关系即便存在分权的问题，也不会过多地引起思想家的注意。只有像美国和中国这样的人口和土地都达到一定规模的国家，才会存在真正意义上的纵向分权问题，也就是中央与地方的关系。这种分权与单一制和联邦制与否无关，而与国家大小、治理结构有关。

在一个美国和中国这样的大国，中央政府显然不可能直接去治理普通民众，因此必然需要一个韦伯所言的多层次的科层制官僚体系来治理整个国家。这样就必然存在多层级政府的问题，也就是至少存在三级以上的政府机构。由于多层次的政府之间必然存在各级地方政府自身的利益，那么中央与地方之间的纵向分权就变得不可避免了。

国家权力、政府权力会自我膨胀。从权力内部结构上将权力做有效分割，可以达到有效规范权力的目的。不把央地权力进行有效的划分，纵向权力的混乱就不可避免，也就会影响横向权力分割制衡的效果。因为一个权力结构不清晰的央地权力结构，从中央权力到地方权力都会陷入一种各自为政、争夺利益的状态。横向权力的分割制衡就会被这种政治紊乱所打破。[1]

---

〔1〕 任剑涛："宪政分权视野中的央地关系"，载《学海》2007 年第 1 期，第 58~59 页。

宪政的横向分权与纵向分权具有同等的重要性。现代政治成功地将国家的最高最后权力一分为三，即将国家权力划分立法权、行政权和司法权。立法权是建立规则，行政权是执行规则，司法权是裁决这个规则有没有依法执行。同时三种权力形态还具有交叠制衡的运作性质。两种分权结构，有一个共同指向：使国家行为、政府行为，作为配置日常资源、行使日常权力的巨无霸，能够被约束起来。

二、横向分权与税收

本书所讨论的税收问题与分权有着十分紧密的关系，而且与横向纵向两种分权都有关系。从横向分权来讲，税收涉及税法基本原则与分权的关系问题。从税收本身来说，按照税法基本原则应该税收法定，应该是一个立法权的问题，但实践操作中，存在着立法权与行政权冲突的问题。我国税收制度中，法定税收所占的比例很少，基本上是由行政法规等形式构成。

从税收的横向制定主体来看，这实际上是一个横向分权问题，即立法权受到行政权僭越的问题。横向的课税权主要包括税收立法权、税收征收权、税收司法权和税收违宪审查权。本书所讨论的税收问题主要是关注其作为一个税收立法权问题，而不是关注税收是如何被行政机关实现的。

由于税法是一种侵权性法律规范，它直接导致公民财产的减少，因此，法治国家一般对税收立法采取慎之又慎的态度，以增加纳税人的合作意识，减少对抗情绪，其中税收法定是一条普遍遵循的原则。所谓税收法定，从立法的角度而言，就是要求纳税人、课税对象、归属关系、纳税期限、纳税地点、税收等要素，只能由立法机关通过立法程序制定，不能由其他机关代行立法。从这个角度而言，税收法定主义主要是一条宪法性原则，它约束着立法机关的立法行为。[1]

从中国历史的视野来看，中国存在着君权与相权这样的制衡机制，但并非现代国家理论中的横向分权。因为君权也罢，相权也好，并非按照权力性质的一种划分。不仅如此，君权和相权的划分并非一种制度性的宪政意义下的分权，因为这种划分是否得到遵守取决于君主是否贤明和自觉。如果君主比较自觉，那么可能会像李世民那样受到丞相的一定限制，但是一旦君主感到约束太多，他可以随时突破这种约束。所以纵观中国的历史，君主比较强势的时候，君权就比较大，宰相比较强势的时候，君权就比较弱。因此这种分权带有很强的偶然性，没有一种刚性约束，与现代国家所遵循的宪政意义上的分权有着天壤之别。所以，一些学者主张中国古代就存在宪政与分权的观点实际上是非常荒谬的。

从严格的税收法定主义原则要求，税收应该完全由立法机关来通过立法程序进行，体现国家对于合法剥夺公民财产的谨慎。但是从我国税收的实践状况来看，基本上没有法律来直接制定税收条款，而主要是通过国务院制定的条例等来进行。其中一个最紧迫的问题就是授权立法问题。我国国务院制定广泛税收条例的直接依据是两个授权。其中一个是1984年《全国人大常委会关于授权国务院改革工商税制发布有关税收条例草案试行的决定》，另一个是1985年《全国人大常委会关于授权国务院可在经济体制改革和对外开放方面制定暂行规定或条例的决定》。2009年6月27日，十一届全国人大常委会第九次会议通过决定，废止了全国人大常委会1984年关于授权国务院改革工商税制发布有关税收条例草案试行的决定。

---

[1] 刘剑文、熊伟：《税法基础理论》，北京大学出版社2005年版，第39页。

而1985年的授权仍然有效。只要有这个授权存在，国务院仍然可以堂而皇之地声称根据经济体制改革和对外开放的需要制定关于税收的条款。但是这种有一定依据的违法的形势正在变化。一方面，随着经济体制改革和全面推进以及改革开放的深入，1985年授权立法的外部环境和前提正在逐步减少。1985年六届全国人大三次会议通过的决定称：为了保障经济体制改革和对外开放工作的顺利进行，决定授权国务院对于有关经济体制改革和对外开放方面的问题，必要时可根据宪法，在同有关法律和全国人大及其常委会有关决定的基本原则不抵触的前提下，制定暂行的规定或条例，颁布实施。经过实践检验，条件成熟时由全国人大或常委会制定法律。[1]另一方面，授权立法必须在授权中将授权对象、目的、范围、期限等予以明确。宽泛的空白式授权立法，在一个宪政国家，是会因违反宪政分权制约原则而导致无效的。从这个意义上讲，目前国务院所进行的税收方面的授权立法依然存在合法性问题。

三、纵向分权与税收

（一）中央与地方的纵向分权

宪政结构当中纵向分权与横向分权同等重要。但是两者相比较，纵向分权制衡也许更为重要一些，而不能够被忽略。因为，宪政的纵向分权，即国家的行政层级建制，其权力、权限、职能、作用的合理划分，一向为现代政治学家所忽略。同时，纵向分权的严肃性与实践策划也不为人们所重视。一个现代大型复杂国家，究竟应当选择一个什么样的具体的政治制度安排，从而将国家权力有效地控制起来，并使得权力在运行中从中央到

---

〔1〕 王露："专家呼吁税收立法权收归人大"，载财经网：http://www. caijing. com. cn/2009 - 07 - 01/110191911. html，访问时间：2009年7月1日。

地方都能积极互动，进而将整个大型复杂国家的纵向分权作为横向分权的有效补充，促进整个国家权力体系的高效运作？这个问题，可以说在中华民国时期也好，中华人民共和国时期也好，都没有得到高度严肃地对待和处理。[1]

因此，尽管在古代，也会存在中央政府与地方政府的关系，但是古代社会的中央与地方关系并非现代意义上的分权制衡。因为不论是古代西方国家的城邦政治，还是中国古代君主领导下的郡县制，尽管也通过多级政府来治理国家，但绝不能认为那个时候的国家就已经存在纵向分权制衡机制。现代国家的纵向分权制度是宪政制度下的通过理性的配置和分割权力，从而实现对于权力的有效制约，达到宪政所要求的分权制衡目标。

美国是一个典型的理性实现纵向分权的国家。美国开国领袖之一的麦迪逊忠实记录的美国制宪会议状况，反映了立意进行纵横两向分权的现代政治实况。"在美国的宾州首府费城，当年北美 13 州，各个州派出了代表，为筹建一个共同的国家，大家坐下来开会讨论。……这些记录形象地反映了美利坚合众国宪法制定过程中地方代表与形成中的中央（以制定中的联邦宪法为象征）进行利益博弈的过程。而最后形成的这部宪法，就是一部很好地解决了纵横两向分权制衡的联邦制宪法。"[2]美国立国之初形成的央地分权在两百余年来，促使了美国经济长期的繁荣。这对于我国来说，有着一定的借鉴意义。

（二）中国历史上的纵向分权

中国是一个地域广阔的大国，也是一个多民族的国家，自然

---

〔1〕 任剑涛："宪政分权视野中的央地关系"，载《学海》2007 年第 1 期，第 59～60 页。

〔2〕 ［美］麦迪逊：《辩论：美国制宪会议记录》，尹宣译，辽宁教育出版社 2003 年版，译者前言。

从古以来都无法避免这个分权的实践问题。由于政治统治的需要，自秦汉以来，一直都以不同的方式维持着一种多级政府的体制。这种体制主要以中央集权为根本特征，没有联邦制的分权概念。但由于种种原因，也一直有某种程度的中央和地方的分权，甚至形成了"皇权与绅权"共治的局面。[1]尽管缺少学术的自觉，但作为一个政治的实践理性问题，分权问题的讨论也时断时续地一直在中国社会中存在。秦代围绕以郡县制取代分封制这一政治制度变革的辩论，汉初贾谊、晁错有关"众建诸侯而少其力"的"削藩""治安之策"，只要稍微做一种学术语汇的转换，就可以发现其中隐含了纵向分权问题的辩论。近代自清末和民国初年开始，就一直有一些政治家和学者从类似的角度出发提出并主张地方自治，并付诸实践。[2]

但中国历史上，一直到新中国建立之前，应该说没有宪政意义上的纵向分权。因为这里所讨论的纵向分权必须是在理性和宪政框架下，通过法治的方式进行的分权构建。在民国的军阀时代，当时也有宪法，并且不少省份都提出了联省自治的口号，现在有学者认为那可以被认为是一种宪法之下的纵向分权。这是十分荒谬的。因为宪政意义下的分权的前提必须是国家统一，也就是必须在一个统一的现代民族国家前提下才可能实施宪政与分权。

在一个内部联系松散、政治上四分五裂、地方割据的社会中，也根本谈不上分权。只有在中央和地方之间已经建立起一种

---

〔1〕　吴晗等：《皇权与绅权》，天津人民出版社1988年版；瞿同祖：《清代地方政府》，范忠信、晏锋译，法律出版社2003年版。

〔2〕　转引自苏力："当代中国的中央与地方的分权"，载《中国社会科学》2004年第2期，第44页；参见丁旭光：《近代中国地方自治研究》，广州出版社1993年版；马小泉：《国家与社会：清末地方自治与宪政改革》，河南大学出版社2001年版。

比较紧密的政治关系之后，分权才可能作为一个政制的问题提出来。[1]正是在这个意义上，笔者才认为在中国共产党建立新中国之后，实现了鸦片战争以来无数人共同的理想——新中国成立之后，甚至是在中国共产党牢牢掌握政权之后，分权问题才被真正摆到桌面上来，成为一个问题。因为关于实现现代国家的民族认同，中国共产党不可能在刚刚夺取政权就立马实现。因此，在新中国成立之初，首先考虑的是集权，防止中国回到军阀割据、一片混乱的时代。黄仁宇先生在分析蒋介石为什么会在中国大陆失败的时候就分析过，蒋介石从来没有实现中国的真正统一，即便是在名义上归顺他的各路人马里，也是各自为战，并没有真正地服从中央。因而蒋介石真正实际控制的无非是黄埔的那一支人马，再加上内部派系林立，其失败便显得不可避免了。而反观中国共产党，一直通过党的纪律等方式实现内部统一，一直到了八大之后，毛泽东才在《论十大关系》里面提出了中央与地方的关系问题。而这时候中国已经实质统一，在宪法的框架下来讨论中央与地方的分权问题才具有实践意义。

毛泽东在《论十大关系》里的观点可以概括如下："第一，毛泽东分析讨论这一问题的基本前提是要巩固中央的统一领导，放权不能危及中央的领导权威。第二，在中央与地方分权的问题上……毛泽东对中央与地方的分权问题显然有宪法意识，但基本上拒绝了将其制度化。无论是强调'商量办事'，是强调'目前'，还是要求'每过一个时期就要总结经验'，都蕴含了至少在当时对制度化分权的否弃。第四，同样与上面几点相联系，毛泽东从经验出发，而不是从概念出发，寻求按照事务的类型（例如

---

[1] 参见薄贵利：《中央与地方关系研究》，吉林大学出版社 1991 年版；寇铁军：《中央与地方财政关系研究》，东北财经大学出版社 1996 年版。

工业、农业和商业）来发现分权的可能性（这一点与国外的分权的经验其实是一致的），并且试图将分权和协作概念延伸到各级政府以及各地政府之间。"〔1〕

随着改革开放的逐步推进，毛泽东当初的非制度化分权的思路已经逐步出现了问题，因为地方的事权更多，但财权更少，地方缺乏激励去调动他们的积极性。

"而且过去五十多年来已经积累的分权经验和实际形成的一些惯例和制度，制度具有保持预期稳定的优点，中国的制度转型将是一个比较长的时期……因此，可以而且必须进一步考虑如何从一种注重实践的眼光来总结五十多年来的政制经验，注意以制度化来保证和稳定中央与地方的分权，逐步使作为一种政制策略的两个积极性转化为中国政制制度的一个重要组成部分，两个积极性都得到制度化的保证。一方面是保证国家的统一，另一方面是为地方性秩序的形成发展创造可能性和激励因素。"〔2〕

实际上在改革开放之后，中央与地方的关系已经出现了变化，在制度化分权方面已经有了一定的进展，比如《立法法》的出台、《地方组织法》的出台以及分税制改革等等，包括最近的选举法的修改，从政治制度的角度来解读，这都是制度化地方分权的突破。"治大国如烹小鲜"，这些零碎的制度突破的背后，思路是明确的。在中国这样一个政治、经济发展高度不平衡的国家，要进行制度化分权的宪政配置是必须要小心谨慎的，一旦出错就会使问题十分严重。

（三）历史上中央与地方的税权关系

对46个发达国家和发展中国家1970～1989年间的数据研究

---

〔1〕　苏力："当代中国的中央与地方的分权"，载《中国社会科学》2004第2期，第47～48页。

〔2〕　苏力："当代中国的中央与地方的分权"，载《中国社会科学》2004第2期，第51页。

表明，财政分权对经济增长的影响为正效应。对中国 1978～2002 年的相关数据的实证分析，也得出了相同的结论。[1]因而有必要关注中国历史上的中央与地方的税权关系。税权是税收立法权、税收征管权以及税收政策制定权的总和，而税收立法权则是税权的核心。

中国几千年的历史上，固然有着中央与地方的关系，但是在中国古代，几乎无一例外地都实行中央高度集中统一行使税权的制度。尽管地方与中央时刻在进行着关于税权的博弈，试图获得合法的税权，但是除了在分裂时代，地方政府从未获得合法的独立的税权。以清朝为例，地方督抚虽然拥有一定的税收管理权，但是这些权利都是代表皇帝在行使，并不是他们自身所拥有的权力。其根源在于在现代的民族国家真正建立之前，在大一统的皇帝家国天下制度里，税权没有分开配置的空间，税权关系到皇帝家族的生命，只能牢牢地掌握在自己的手中。

以清朝为例，中央与地方的财税权经历了前期和后期两个大的阶段。"清朝前期的财税管理大权完全集中于中央，财税政策的制定，税收法令的解释，财税管理权限均集权于中央……这种关系以财权集归中央为特征，在咸丰朝以前长达二百余年的时期内，得到了有力的贯彻执行。清后期的财税属君主专制下的中央集权制财税，国家财税与地方财税是合而为一的，即中央一级制财税，不存在地方财税。但由于各省督抚由皇帝的特命全权大臣，而布政使直属督抚领导，与户部没有行政隶属关系，因此户部无法过问地方财政。"[2]

---

〔1〕 赵云旗：《中国分税制财政体制研究》，经济科学出版社 2005 年版，第 460 页。

〔2〕 黄天华：《中国税收制度史》，华东师范大学出版社 1999 年版，第 588～617 页。

　　由于改革开放前的很多资料和历史难以搜集和整理，本书将注意力主要集中在新中国成立后，甚至主要是改革开放后中央与地方税权配置的历史。事实上，从1980年财税改革以来，中央与地方政府间财政关系处于经常的调整之中。1980～1984年实行"划分收支、分级包干"体制，1985～1987年实行"划分税种、核定收支、分级包干"体制，1988年以来，我国实行了多种形式的财政包干体制，包括收入递增包干、定额补助等具体形式。[1]包干制在一定时期和条件下，对调动地方增收节支的积极性、促进地方经济和各项事业的发展，起到了积极作用，但也不可避免地带有某些局限。到了20世纪90年代初，中央财政与地方财政之间的关系已经完全变化，中央弱地方强的财政导致中央没有足够的财权来支持其改革和宏观调控，这种体制不可能长久，因而很快引发了1994年的分税制改革。

　　（四）当代中国纵向分权与税收

　　处于转型变革进程中的中国，其情况又非常特殊。尽管直至1994年实行分税制改革，中央实行的都是统收统支的财政体制，但是实际上中央与地方之间在财税权方面或明或暗的博弈从未终止过。即使是1994年开始实施的分税制改革，也并没有赋予地方政府法定的财税立法权，而只是授予了地方政府一定范围内的税收征收权和收益权，地方作为一级独立财政的地位还是没有被确定下来。但与此同时，地方政府的法外收费权却在迅速膨胀，致使其非税收入甚至超过了正常的税收，这种非正常的状态都影响到了中央与地方关系的规范化、制度化调整。目前，地方和部门的非法定权力及利益都有固化并尾大不掉的趋势，严重影响到了中央的政令畅通，中央的权威在遭受新的

---

　　〔1〕　项怀诚：《中国财政体制改革》，中国财政经济出版社1994年版，第23～34页。

考验。这种矛盾境况的形式尽管有各方面的原因，但1994年分税制改革并没有严格遵循宪政视野下财政分权的一般原则和价值取向，而采取了某种程度上的机会主义做法，不能不说是一个根本的成因。[1]

我国目前的税权的纵向分权是建立在1994年分税制改革基础上的。尽管1994年分税制改革的直接动力是为了有效化解国家紧迫的财政压力，但实际上这次改革同样含有中央与地方关系的制度创新功能，而且分税制改革与地方政府越权税收有着密切关联。

1994年，中国的分税制改革按照"存量不动，增量调整，逐步调整中央的宏观调控能力，建立合理的财政分配机制"的指导原则稳妥地推行，具体方法上采取了"三分一返一转移"的形式，即划分收入、划分支出、分设税务机构、实行税收返还和转移支付制度。[2]首先是按税种划分收入。将体现国家利益、具有宏观调控功能的税种划分为中央税，将与经济发展直接相关的主要税种划分为中央与地方共享税，将适合地方征管的税种划分为地方税，确保中央税收收入占较大比重。其次是依据现行事权划分中央与地方的支出范围。中央财政从收入增量中拿出部分资金，选择对地方财政收入影响比较直接的因素，重点用于解决财政运行中的主要矛盾，适度向民族地区倾斜。[3]

由于地方政府存在着招商引资，发展地方经济的政绩冲动，

---

〔1〕 贾康、阎坤：《中国财政：转轨与变革》，上海财经出版社2000年版，第165页。

〔2〕 孙开、彭健：《财政管理体制创新研究》，中国社会科学出版社2004年版，第124页。

〔3〕 朱丘祥：《分税与宪政——中央与地方财政分权的价值与逻辑》，知识产权出版社2008年版，第105～106页。

而且税收政策中的某些规定不明确和不具体，因此在实践操作中，容易发生偏差。税收被过多地用于保护地方利益，而损害了宏观经济利益。典型的方式有以下几种。在政策税收方面，比如民政福利企业税收规定中的"四残"标准不明确，"四残人员"难以确定，"四残"比例难计算，甚至发生了企业找来"四残人员"冒充生产人员凑足比例的现象。又如新产品税收，只是笼统地规定必须"在结构、性能、质材、技术特征等某一方面或几方面比老产品有显著改进和提高"的新产品标准，而缺乏严密的鉴定程序，有的产品往往经过外形上的改头换面使其也被认定为新产品而享受税收，在实践中操作空间很大。另外一种形式是设立经济开发区，区内实行种种税收优惠。[1]

分析其根源，就是在1994年的分税制改革以来确立的中央与地方分权制度里，地方的事权越来越大，而地方的税权却很小，在税权的核心税收立法权方面，地方更是没有，而在地方政府追求发展和政绩的推动下，不得不过分以税收措施来吸引资本，发展经济。简而言之，是当代中央与地方分权的不合理导致了地方政府越权税收。尽管地方政府越权税收只是税收中不规范的一个方面，但足够说明税收分权的纵向配置不当会对税收产生重要影响。

结　论

税收的横向分权主要是税收的立法权问题，而其核心从目前来看主要是授权立法问题。主要包括授权明确性问题和不得转授权两个问题。实际上在立法法中已经有了明确的规定，但是之所以没有被遵守，因为缺乏一个制度的纠错机制，从根本

---

〔1〕　卢启荣、许联友："对税收效益的思考"，载《财经论丛》1992年第3期，第72页。

上来说要通过司法审查制度，尤其是宪法审查制度来完善。税收的纵向分权实际上是中央与地方财政分权中的一个微小环节，但却牵一发而动全身。当代中央与地方财政分权博弈从新中国成立以来就一直在进行，改革开放之后更是反复起伏。如何能够在中央集权的财政法体系中打开一个缺口，实际上是一个选择和操作的问题。历史的经验证明财政分权对经济的发展甚至是政治改革有着积极的推动作用。毛泽东曾多次讲到美国这个国家，为什么两百年就发展得这么快，和其实行联邦制是有很大关联的。实际上共产党在建党初期曾多次设想建立一个联邦制共和国，直到新中国成立前才决定实行民族区域自治，采用单一制形式国家政制。之所以采用单一制，除了中国的历史外，我国的国情是根本因素，即中国是一个政治经济发展极其不平衡的大国，民族国家在当时尚未形成。而这个国情到了建国已逾六十年的今天，后半部分虽然可以说已经基本成立，即民族国家已经成型，但是民族和统一问题仍然没有彻底解决，前半部分仍然没有发生根本的改变，相比改革开放前甚至有愈演愈烈的趋势。这都导致今天我们在考虑制度化财政化分权时不得不担心这些问题。但是对于中国而言，中央与地方的税收分权，必须要从宪政层面予以约束，不论是对于中央政府，还是对于地方政府，都要形成刚性约束和稳定的预期。分税制已经实现二十多年了，其弊端已经日益浮现，突出表现为地方政府缺乏稳定的财源，变成卖地政府，现在到了该予以适当调整的时候。

第二部分

经济法分论前沿问题研究 ■

第四章

公司僵局制度研究

——指导案例 8 号评释

"指导案例 8 号"显示了最高人民法院对公司僵局的司法解散持有积极的态度,但这种司法介入需要明确的标准。《公司法》第 183 条对于公司僵局的司法解散规定中"公司经营管理发生严重困难"和"可能造成严重损失"缺乏清晰的操作标准。而 2008 年最高人民法院的司法解释不但僭越了立法权,也没有解决上述标准的问题。梳理从《公司法》到司法解释到指导案例 8 号的历程,对比纽约最高法院在公司僵局司法解散问题上的经验教训,提出《公司法》第 183 条有必要进行相关修改,并增加大股东或公司回购制度。

一、问题的提出

最高人民法院于 2012 年 4 月 9 日发布了第二批指导案例。其中指导案例 8 号:"林方清诉常熟市凯莱实业有限公司、戴小明公司解散纠纷案"涉及了公司法中的一个疑难理论问题——公司僵局。最高人民法院在本案中的判决理由如下:

首先,凯莱公司的经营管理已发生了严重困难。根据《公司法》第 183 条和《最高人民法院关于适用〈中华人民共和国公司法〉若干问题的规定（二）》（简称《公司法解释（二）》）第 1 条的规定，判断公司的经营管理是否出现严重困难，应当从公司的股东会、董事会或执行董事及监事会或监事的运行现状进行综合分析。"公司经营管理发生严重困难"的侧重点在于公司管理方面存有严重内部障碍，如股东会机制失灵、无法就公司的经营管理进行决策等，不应片面地理解为公司资金缺乏、严重亏损等经营性困难。本案中，凯莱公司仅有戴小明与林方清两名股东，两人各占 50% 的股份，凯莱公司章程规定"股东会的决议须经代表二分之一以上表决权的股东通过"，且各方当事人一致认可该"二分之一以上"不包括本数。因此，只要两名股东的意见存有分歧、互不配合，就无法形成有效表决，显然影响公司的运营。凯莱公司已持续 4 年未召开股东会，无法形成有效股东会决议，也就无法通过股东会决议的方式管理公司，股东会机制已经失灵。执行董事戴小明作为互有矛盾的两名股东之一，其管理公司的行为，已无法贯彻股东会的决议。林方清作为公司监事不能正常行使监事职权，无法发挥监督作用。由于凯莱公司的内部机制已无法正常运行、无法对公司的经营作出决策，即使尚未处于亏损状况，也不能改变该公司的经营管理已发生严重困难的事实。

其次，由于凯莱公司的内部运营机制早已失灵，林方清的股东权、监事权长期处于无法行使的状态，其投资凯莱公司的目的无法实现，利益受到重大损失，且凯莱公司的僵局通过其他途径长期亦无法解决。《公司法解释（二）》第 5 条明确规定了"当事人不能协商一致使公司存续的，人民法院应当及时判决"。本案中，林方清在提起公司解散诉讼之前，已通过其他途径试图化解与戴小明之间的矛盾，服装城管委会也曾组织双方当事人调解，但双方仍不能达成一致意见。两审法院也基于慎用司法手段强制解散公司的考虑，积极进行调解，但均未成功。

此外，林方清持有凯莱公司 50% 的股份，也符合公司法关于提起公司解散诉讼的股东须持有公司 10% 以上股份的条件。

综上所述，凯莱公司已符合《公司法》及《公司法解释（二）》所规定的股东提起解散公司之诉的条件。二审法院从充分保护股东合法权益、合理规范公司治理结构、促进市场经济健康有序发展的角度出发，依法作出了上述判决。[1]

最高人民法院关在本案例指导中的介入主要涉及以下几个问题：

（1）司法是否应该介入公司僵局？

（2）对于《公司法》第 183 条"公司经营发生严重困难"如何理解和界定的问题？

（3）股东提起解散公司之诉的程序如何操作？

基于以上问题，本书将立足于公司僵局理论和实践，比较国内外对于公司僵局理论的探讨，对于最高人民法院关于公司僵局的案例分析进行评析，并提出自己的观点。

二、司法是否应该介入公司僵局

（一）国外对于公司僵局的处理经验

1. 公司僵局的定义

根据《布莱克法律辞典》的定义，公司僵局是指公司的活动被一个或者多个股东或董事的派系所停滞的状态，因为他们反对公司政策的某个重大方面。[2]《麦尔廉－韦伯斯特法律词

---

[1]　最高人民法院："指导案例 8 号——林方清诉常熟市凯莱实业有限公司、戴小明公司解散纠纷案"，载人民法院网：http://www.court.gov.cn/spyw/ywdy/alzd/201206/t20120628_177561.htm，访问时间：2013 年 4 月 3 日。

[2]　See Bryan A. Garner, "Editor – in – Chief", *Black Law Dictionary*, St. Paul, Minn, West Group, 1999, p. 404.

典》则将其界定为："由于股东投票中，拥有同等权力的一些股东之间或股东派别之间意见相左、毫不妥协，而产生的公司董事不能行使职能的停滞状态。"[1]公司僵局通常包括两种形式：一种是董事会僵局，一种是股东会僵局。前者如《美国标准公司法》规定的"在管理公司事务中，董事陷入僵局，股东又无法打破此僵局，公司因此正在或可能遭受不可挽回的损失，或者因此致使公司的业务和事务已无法根据股东的利益要求而进行下去"。[2]后者如《纽约商业公司法》规定的"股东间如此分立以至于无法形成选举董事的决议，因为存在内部纷争并且两个或更多的分立派别的股东间分歧严重到公司解散对股东有利，因为股东之间如此分立，以至于他们无法在包括至少连续两次年度会议的期间内，选出继任者以代替已任期届满或在选出其继任者后将期满的董事"。[3]但实践中股东会僵局并不局限于在董事选举中的僵局。此处指导案例 8 号中的股东会僵局就并非是董事选举的问题。

2. 公司僵局的原因

在美国，公司僵局绝大部分产生在闭锁公司（又称"封闭公司"或者"不公开招股公司"）中。闭锁公司的特征主要是：①如果某人想出售其股份，那么不存在外部市场；② 所有股东或大多数股东都参与公司的管理；③股份的自由转移受到严格限制。[4]建立在资本基础上的公司决策机制，即股份多数原则

---

〔1〕 *Merriam - Webster's Dictionary of Law*, Published under License with M erriam - Webster Incorporated, Spring Land, Mass, 1996, p. 122.

〔2〕 Edward P. Welch & Andrew J. Turezyn, *Folk on the Delaware General Corporation Law: Fundamentals* (*1996 Edition*) *Little*, Brown and Company, Boston NewYork Toronto L ondon, 1996, p. 475.

〔3〕 http:// www. delcode. state. de. us/ title8/ cool/ sc07/ index. htm# top of page.

〔4〕 参见 ［美］罗伯特·W. 汉密尔顿：《公司法概要》，李存捧译，中国社会科学出版社 1998 年版，第 11 页。

给公司僵局形成了制度土壤。在董事选举等事项上均需要公司过半数表决权股份通过，甚至要求更高的 2/3，给表决权均等情况下的公司僵局提供了土壤。正如指导案例 8 号中的双方当事人，戴小明和林方清都拥有公司 50% 的股份，双方意义冲突导致无法召开股东会，林方清无法行使其公司监事权，成为典型的股东会僵局。由于两个人的公司是基于人合性而建立，所以双方中的任何一方想要退出公司，对方都享有优先权，所以一旦双方的信任破裂，除非一方愿意将股份转让给对方，否则将陷入无法通过自身途径解决的僵局。

3. 公司僵局司法介入的前提

（1）英美法关于公司僵局司法介入的理论基础。英美法系国家公司契约理论认为："公司是由一个明示和默示的交易组成的网络或称作合同的联结体。"[1] "期待利益落空理论"主张："股东可以基于一定的缔约环境或情事而成立公司，也可以因缔约环境或情事发生重大变更而解散公司，只能在特定的事由发生导致其期待利益落空时，才可以请求解散公司。股东在加入公司时，享有一种期待权，其有权期待公司的人格及特定的经营特征保持一种持续性，如果公司的人格及特定经营特征发生根本变化，而导致公司的投资政策、股东之间的信任关系等发生重大变更，导致股东的期待利益落空，就有必要赋予股东解散公司的权利。"[2]

"在公司僵局状态中，通常存在着一方股东对其他股东事实上的强制和严重的不公平，原管理公司的少数股东控制着公司

---

〔1〕　［加］布莱恩·R．柴芬斯：《公司法：理论、结构和运作》，林华伟、魏旻译，法律出版社 2001 年版，第 32 页。

〔2〕　鲍为民："美国法上的公司僵局处理制度及其启示"，载《法商研究》2005 年第 3 期，第 132 页。

的经营和财产，事实上剥夺了其他股东的任何权利，不允许解散等于允许控制股东对其他股东权利的侵犯和对公司财产的非法占有。"[1]

（2）美国法关于公司僵局司法介入的前提条件。由于最高人民法院指导案例 8 号中涉及的是股东会僵局，而且在中国司法实践中公司僵局的主要类型是股东会僵局，所以这里主要分析股东会僵局的司法介入的前提条件。《美国标准公司法》对于判断是否形成选举董事的股东会僵局给出了一个客观标准："无法在包括至少连续两次年度会议的期间内，选出继任者以代替已任期届满或在选出其继任者后将期满的董事。"[2]加利福尼亚的法令对解散理由的规定则更广泛，在《美国标准公司法》模式上增添了几项理由，最引人注目的两条是：只要证明控制方已经犯有"持续不断地不公平地对待小股东"的罪行或"清算对保护某一特定数量的股东或不满的股东的权利或利益确定是必需的"。

再加上美国是一个判例法国家，所以对于公司僵局的范围愈来愈呈现出宽泛解释的趋势。

4. 最高人民法院的态度

指导案例 8 号所呈现的最高人民法院对于股东会僵局司法介入的态度是积极的，但是从该判决书可以看出最高人民法院认为司法介入并非无原则的全盘介入，而是需要以下几个前提：

（1）公司的经营管理发生严重困难。这是最高人民法院认为应该司法介入的前提性条件。

（2）公司的内部经营机制失灵，导致股东之一的林方清投资凯莱公司的目的落空。因为林方清投资凯莱公司的目的除了

---

〔1〕 赵旭东主编：《公司法学》，高等教育出版社 2003 年版，第 449 页。

〔2〕 http://www.delcode.state.de.us/title8/cool/sc07/index.htm# top of page.

盈利外，还希望获得共同经营管理公司的权力，这是最高人民法院认为应该司法介入的实质性条件，即股东权被实质性侵犯，处于弱势的股东所期待的利益受到实质性侵犯，这实际上借鉴了英美法上的期待利益落空理论。

（3）内部救济用尽。指导案例 8 号案件中，林方清已经与公司执行董事戴小明尽量协商未果，并邀请服装城管委会进行协调仍然未果。这是最高人民法院认为应该司法介入的程序性条件。

（4）提起公司解散诉讼的股东须持有公司 10% 以上股份的条件。这是最高人民法院认为的司法介入的形式要件，也是公司法对于公司解散诉讼股东本身资质的要求。

三、《公司法》第 183 条"公司经营发生严重困难"及"可能造成重大损失"如何理解和界定？

我国新《公司法》第 183 条规定："公司经营管理发生严重困难，继续存续会使股东利益受到重大损失，通过其他途径不能解决的，持有公司全部股东表决权 10% 以上的股东，可以请求人民法院解散公司。"

（一）《公司法》第 183 条存在的两大问题

（1）"持有表决权 10% 以上的股东"的表决权比例，是否适用于所有两类公司？如果适用，又是否合理？众所周知，有限责任公司和股份有限公司的人合性是完全不一样的，因此，公司僵局的触发点就可能完全不一样。两类公司股东诉讼请求解散公司的触发点应有不同的持股比例比较合理。

（2）"经营管理发生严重困难"和"重大损失"的判断标准是什么？新《公司法》没有对"严重困难"和"重大损失"规定一个衡量标准，势必会使得司法实践缺乏可操作性，弹性也过大。[1]在实践操作中，第二个问题可能是最为普遍的问题。

（二）最高法院对于"经营管理发生严重困难"和"重大损失"的界定演进

1. 司法解释路径

最高人民法院对于《公司法》第183条的"经营管理发生严重困难"和"重大损失"如何界定问题，首先考虑的是司法解释路径。《最高人民法院关于适用〈中华人民共和国公司法〉若干问题的规定（二）》中对此问题进行了一定细化，具体表达如下：

公司持续2年以上无法召开股东会或者股东大会，公司经营管理发生严重困难的；股东表决时无法达到法定或者公司章程规定的比例，持续2年以上不能作出有效的股东会或者股东大会决议，公司经营管理发生严重困难的；公司董事长期冲突，且无法通过股东会或者股东大会解决，公司经营管理发生严重困难的；经营管理发生其他严重困难，公司继续存续会使股东利益受到重大损失的情形。[2]从最高人民法院对于《公司法》第183条关于公司僵局中的规定的解释来看，最高人民法院在2008年时对于"经营管理发生严重困难"和"重大损失"的理解来看，大致包括以下内容：

（1）"经营管理发生严重困难"与可能发生"重大损失"并非同时要求具备的要件。因为司法解释对于发起公司解散诉讼的前提条件是具备以上表述条件之一。在前三项条件中均无

---

〔1〕 万国华、原俊婧："论破解公司僵局之路径选择及其对公司治理的影响"，载《河北法学》2007年第4期，第124页。

〔2〕 2008年5月12日《最高人民法院关于适用〈中华人民共和国公司法〉若干问题的规定（二）》第1条。

提及可能造成股东利益重大损失的情形。所以可以判断此时最高人民法院认为：只要造成了经营管理发生严重困难的条件，具备形式要件的股东即可发起公司解散的诉讼。

（2）最高人民法院对于"经营管理发生严重困难"的界定采取了列举加兜底的方式。在前三款列举了三种情形，包括表决僵局、无法召开股东会僵局和董事僵局。但同时规定了兜底条款。除了以上三种情形外，其余情形需同时具备可能会使股东利益受到重大损失的条件。

2. 2008 年最高人民法院司法解释存在的问题

那么从以上对最高人民法院 2008 年关于《公司法》第 183 条的司法解释的分析来看，最高人民法院 2008 年关于《公司法》第 183 条的司法解释存在明显的法律瑕疵和漏洞。

（1）2008 年最高人民法院的司法解释与《公司法》本身相违背《公司法》第 183 条对于公司解散的条件规定包括以下四个：公司经营管理发生严重困难，继续存续会使股东利益受到重大损失，通过其他途径不能解决的，持有公司全部股东表决权 10% 以上的股东。从文义理解，这四个条件并非或然关系，而是要求同时具备的条件。公司经营管理发生严重困难是前提条件，公司存续会使股东利益受到重大损失是实质条件，通过其他途径不能解决是程序要件，而持有公司 10% 以上股东则是形式要件。

但是最高人民法院 2008 年关于《公司法》第 183 条的解释，显然与此精神相违背。其违背了《公司法》第 183 条关于公司僵局时可以发起公司解散诉讼的四项要件同时具备的精神，采取了或然的四项具体标准来对可以发起公司解散的条件进行了细化和解释。但是这样的解释显然违反了成文法国家的法律解释的原则，僭越了立法权。因为在我国这样立法体制下，最高人民法院作为司法机关，制定司法解释只能就在法律在司法实践中遇到的疑难问题和不清晰问题进行解释。司法解释权不能突破立法机关的本义。而立法者的本义首先是通过文义来推断。所以最高人民法院 2008 年关于公司法的司法解释无论出于何种善意，毫无疑问都是僭越了立法权。

（2）2008 年最高人民法院的司法解释仍然没有解决《公司法》本身存在的漏洞。即便 2008 年最高人民法院的司法解释僭越了立法权，也没有解决《公司法》第 183 条本身的法律漏洞。2008 年最高人民法院司法解释采取了列举加兜底条款规定的方式来对提起公司解散诉讼的条件进行规定，意味着其中的兜底条款"经营管理发生其他严重困难，公司继续存续会使股东利益受到重大损失的情形"仍然面临着如何理解和如何适用的问题。司法解释的目的本来是对法律适用中遇到的疑难问题进行释疑，但 2008 年最高人民法院关于《公司法》第 183 条的司法解释不仅没有解决"经营管理严重困难"如何理解和适用的问题，反而在"经营管理严重困难"和"可能造成重大损失"两项条件的关系的解释上与《公司法》第 183 条的精神相违背。

这意味着，在 2008 年最高人民法院对《公司法》第 183 条作出司法解释之后，关于"经营管理严重困难"和"可能造成重大损失"如何理解和适用的问题，均未得到清晰的解释，反而造成了司法实践中究竟是按照《公司法》对于两个条件采取同时必要的观点，还是按照司法解释中所采取的或然性观点的问题。

3. 指导案例 8 号的正本清源

（1）指导案例 8 号纠正了 2008 年最高人民法院司法解释对《公司法》的违背。指导案例 8 号首先对 2008 年最高人民法院关于《公司法》第 183 条的司法解释进行了纠正。前文已经提到 2008 年最高人民法院的司法解释造成了一个问题，即将"经营管理严重困难"与"可能造成重大损失"两个条件相分离，而《公司法》第 183 条中两个条件对于发起公司解散诉讼来说是缺一不可的。从我国的法律解释制度来说，司法解释不能违反立法者的本义，因此 2008 年最高人民法院的司法解释僭越了立法权，在这点上其应该是无效的。由于我国没有宪法审查机制和对司法解释的审查机制，最高人民法院司法解释的问题无法通过其他机关来纠正。那么指导案例 8 号可以被认为是最高法院对于 2008 年自身行为的主动纠偏。因为在指导案例 8 号判决书中，对于判决理由的陈述清楚的将"凯莱公司的经营困难"和"造成林方清对于投资公司的目的落空"并列为司法介入的前提条件，这说明最高人民法院认识到"林方清期待利益落空"才是司法介入已经公司解散之诉发起的实质性条件，"凯莱公司的经营困难"仅仅是前提性条件之一，而非 2008 年司法解释中所理解的单独成立就足以发起公司解散之诉。通过指导案例的形式来纠正司法解释中存在的问题，这是最高人民法院的首次尝试。

（2）指导案例 8 号界定了如何适用"经营管理严重困难"。指导案例 8 号相比 2008 年最高人民法院司法解释的第二个进步就是尝试对如何理解和适用"经营管理严重困难"提出了可以操作的标准，并且初步取得了成功。最高人民法院在指导案例 8 号中认为：判断公司的经营管理是否出现严重困难，应当从公司的股东会、董事会或执行董事及监事会或监事的运行现状进行综合分析。"公司经营管理发生严重困难"的侧重点在于公司管理方面存有严重内部障碍，如股东会机制失灵、无法就公司的经营管理进行决策等，不应片面理解为公司资金缺乏、严重亏损等经营性困难。

指导案例 8 号抛弃了 2008 年司法解释中所采取的列举加兜

底的理解方式，而是采取了统一的概括加重点的理解与适用方式。2008 年司法解释一方面列举了三种具体的公司僵局的情形，同时又规定了"其他经营困难"，这使得各级司法机关在遇到具体的公司僵局时，除了列举的三种情形外，仍然显得无所适从。而指导案例 8 号则不再采取列举的方式，而是采取了统一的操作性标准，即"从公司的股东会、董事会或执行董事及监事会或监事的运行现状进行综合分析"，并且给出了分析的重点在于"公司管理方面存有严重内部障碍，如股东会机制失灵、无法就公司的经营管理进行决策等"。这就给各级法院在适用《公司法》第 183 条解决公司僵局时给出了比较统一的标准，有比较明确的分析方向，便于司法实践，相比 2008 年的司法解释，有较大进步。

（3）指导案例 8 号借鉴了"期待利益落空理论"。指导案例 8 号所体现的第三个亮点就是关于如何理解适用"可能造成股东利益重大损失"的问题。无论是 2005 年《公司法》第 183 条，还是 2008 年最高人民法院关于《公司法》第 183 条的司法解释，对于如何理解适用"可能造成股东利益重大损失"始终没有给予明确的界定标准，而指导案例 8 号首次尝试给出了界定标准。

在本案中，最高人民法院认为：由于凯莱公司的内部运营机制早已失灵，林方清的股东权、监事权长期处于无法行使的状态，其投资凯莱公司的目的无法实现，利益受到了重大损失。从判决理由可以看出，"林方清的股东权、监事权长期处于无法行使的状态，其投资凯莱公司的目的无法实现"是"股东利益受到重大损失"的界定标准。其关键点又在于"其投资凯莱公司的目的无法实现"，这与英美法中股东"期待利益落空理论"不谋而合。按照"期待利益落空理论"，当股东受到其他股东长期不公正压迫，导致其投资公司的人格利益受到侵犯，就应该允许其发起解散公司的权利。

指导案例 8 号的判决理由，可以推断出最高人民法院尝试借鉴英美法中的"期待利益落空理论"，对《公司法》第 183 条中"可能造成股东利益重大损失"条款进行了解释，尽管这一标准在实践中还需要进一步检验，但至少可以看出最高人民法院在尝试运用指导案例的形式，并借鉴英美法中的理论来借鉴大陆法本身所存在的法律漏洞。

四、股东提起解散公司之诉的程序如何操作

（一）英美法对于公司解散之诉的经验及缺陷

1. 传统英美法对司法解散的规定

纽约《商业公司法》第 11 条规定：除了在州检察官[1]或者公司董事会[2]的建议下可以批准强制解散之外，可以在所有具有投票权的多数的股东通过一项公司解散的决议后批准公司解散。[3]

这样的条款使得小股东的利益无法得到保障，但是美国法院主动采取了司法解散的方式来纠正大股东和董事们滥用自己权利的行为，从而保障小股东的权利。自 1963 年以来，纽约上诉法院的四个案例涉及了司法解散的问题。这四个案例均主张小股东在受到大股东严重侵犯利益的时候可以诉诸司法解散。[4]

---

［1］ N. Y. Bus. CORP. LAW § 1102 (McKinney 1963).

［2］ N. Y. Bus. CORP. LAW § 1101 (a) (McKinney 1963).

［3］ N. Y. Bus. CORP. LAW § 1103 (a) (McKinney 1963).

［4］ See, e. g., Gilbert v. Hamilton, 29 N. Y. 2d 842, 277 N. E. 2d 787, 327 N. Y. S. 2d 855 (1971), aff'g 35 App. Div. 2d 715, 715, 315 N. Y. S. 2d 92, 93 (1st Dep't 1970); Nelldn v. H. J. R. Realty Corp., 25 N. Y. 2d 543, 549 ~ 550, 255 N. E. 2d 713, 718, 307 N. Y. S. 2d 454, 459 (1969); Kruger v. Gerth, 16 N. Y. 2d 802, 210 N. E. 2d 355, 263 N. Y. S. 2d 1 (1965).

第一个司法解散的案例是"雷博特案件"。[1]在这个案件中，小股东们要求董事们宣布公司解散，并宣称董事和公司控制人贪污公司资产，仅仅考虑公司控制人的利益并试图强迫小股东们将自己的利益出卖给控制层。[2]法院最后同意采取司法解散的方式作为法律解散的一种替代救济方式。[3]但是法院强调：司法解散的方式必须在善良、公正并且充分考虑大股东和小股东多方利益的情形下作出。如果大股东被证明的确违背了对小股东的信托义务，且不适合继续行使法律和公司赋予的单一管理权时，那么司法解散就可以介入。[4]

第二个案例是"克古尔案件"。[5]在这个案件中，持有公司46%股权的小股东基于公司净利润低于大股东的薪酬和奖金的事实，要求解散公司。[6]但是令人吃惊的是，这次上诉法院却站在大股东一边，拒绝发布司法解散的命令。法院认为这个案件与"雷博特案件"不同，没有证据表明大股东伤害公司股票价值并试图强迫小股东以较低价格出售公司股份。[7]

第三个案例是"尼尔康案例"。[8]本案中的原告是合作公寓建筑公司的4/9股份的股东。在股东协议中股东的承租人可以以低于市场价的价格承租合作公寓。[9]尽管所有股东都可以从这个协议中获利，但是原告搬出了公寓，使得大股东成了唯

---

〔1〕 13 N. Y. 2d 313, 196 N. E. 2d 540, 247 N. Y. S. 2d 102 (1963).

〔2〕 13 N. Y. 2d at 315～316, 196 N. E. 2d at 542, 247 N. Y. S. 2d at 104.

〔3〕 13 N. Y. 2d . at 315, 196 N. E. 2d at 541, 247 N. Y. S. 2d at 104.

〔4〕 13 N. Y. 2d at 317, 196 N. E. 2d at 543, 247 N. Y. S. 2d at 105.

〔5〕 22 App. Div. 2d 916, 255 N. Y. S. 2d 498 (2d Dep't 1964), aff'd mem. , 16 N. Y. 2d 802, 210 N. E. 2d 355, 263 N. Y. S. 2d 1 (1965).

〔6〕 22 App. Div. 2d at 916, 255 N. Y. S. 2d at 500.

〔7〕 22 App. Div. 2d at 917, 255 N. Y. S. 2d at 501.

〔8〕 25 N. Y. 2d 543, 255 N. E. 2d 713, 307 N. Y. S. 2d 454 (1969).

〔9〕 25 N. Y. 2d at 546, 255 N. E. 2d at 714 –315, 307 N. Y. S. 2d at 456.

一的受益者。结果使得价值超过 35 万美元的公寓获得的利润却微乎其微。[1]法院最后拒绝了原告对公司解散的申请。法院认为：与"雷博特案件"不同，并无证据表明大股东出于个人利益错误地转移了公司的资产和所得。[2]与"克古尔案件"一样，没有证据表明大股东贪污公司资产，侵犯小股东利益从而违背了对小股东的信托义务。[3]

第四个案例是"汉密尔顿案例"。[4]在这个案例中，法院认为原告有足够的理由申请公司解散。大股东的错误管理使得公司的运行仅仅符合大股东的利益而伤害了小股东的利益。尽管没有证据表明贪污已经发生或者大股东试图排斥小股东，[5]但法院仍然支持了原告的行为。

从这四个案例来看，尽管"雷博特标准"可作为先例，但是"克古尔案例"和"尼尔康案例"说明：只有当有证明表明贪污或者公司资产被转移时小股东的主张才会被支持。所以在1979 年之前，通过司法判例对于小股东司法解散的救济仍然是非常有限的。

2. 纽约《商业公司法》1104 条款

《商业公司法》第 1104 条款也规定："基于公司僵局和分歧可以强制性解散。"[6]具体说来，包括以下条件：需要具有 1/2以上投票权的股东提出；董事们严重分歧以至于股东会无法召开、股东分歧以至于无法选举董事或者股东们的严重分歧以至

---

[1]　25 N. Y. 2d. at 550～551, 255 N. E. 2d at 717～718, 307 N. Y. S. 2d at 460.

[2]　25 N. Y. 2d. at 548, 255 N. E. 2d at 715～716, 307 N. Y. S. 2d at 457～458.

[3]　25 N. Y. 2d, 255 N. F. 2d at 716, 307 N. Y. S. 2d at 458.

[4]　35 App. Div. 2d 715, 315 N. Y. S. 2d 92 (1st Dep't 1970).

[5]　35 App. Div. 2d at 716, 315 N. Y. S. 2d at 94.

[6]　N. Y. Bus. CORP. LAW § 1104 (McKinney 1963).

于解散有利于所有股东的利益。[1]第1104条款进一步规定：如果公司章程规定董事会或者股东会行动要求绝对多数表决权，那么申请公司解散的表决权份额要求则降到1/3。[2]最后，如果连续两个年度当董事任职期限届满股东们都无法选出董事们的继承者，那么任何股东均可以提出公司解散申请。[3]

1979年纽约在《商业公司法》中增加了1104 - a，为那些受到大股东压迫的小股东提供了解脱的途径。[4]其中第1104 - a条款规定：一个公司20%以上的股东如果受到董事或者公司控制者的压迫，可以申请司法解散。[5]

这项新的法律对于小股东发起司法解散确立了相关标准，大致可以区分为事实标准和主观标准两个方面：

（1）事实标准。首先，小股东要证明董事们和其他公司控制者存在针对小股东的非法、欺骗或压迫的行为。其次，小股东要证明公司财产被董事、经理或者其他公司控制者掠夺、浪费或者转移。[6]最后，仅仅限于封闭公司，那些可以在场外交易的股权者除外。[7]

（2）主观标准。首先，公司解散是否是申请者获得其投资公平回报的唯一途径。其次，公司解散是否是保护任何重要的股东或申请者所必需的。[8]

---

〔1〕 see, e. g. , In re Sheridan Constr. Corp. , 22 App. Div. 2d 390, 392~393, 256 N. Y. S. 2d 210, 211~212 (4th Dep't), aff'd, 16 N. Y. 2d 680, 209 N. E. 2d 290, 261 N. Y. S. 2d 300 (1965).

〔2〕 N. Y. Bus. CoRP. LAW § § 1104 - b.

〔3〕 N. Y. Bus. CoRP. LAW § § 1104 - c.

〔4〕 N. Y. Bus. CoRP. LAW § § 1104 - a & 1118 (MeKinney Supp. 1981~1982).

〔5〕 N. Y. Bus. CoRP. LAW § § 1104 - a.

〔6〕 N. Y. Bus. CORP. LAW § § I 1104 - a (a) (2).

〔7〕 N. Y. Bus. CORP. LAW § § I 1104 - a (a).

〔8〕 N. Y. Bus. CORP. LAW § § 1104 - a (b) (2).

3. 纽约《商业公司法》1118 条款

纽约《商业公司法》第 1104 条款对于保护小股东的权利提供了合法通道，但是也存在着小股东滥用这种权利的可能。如果小股东滥用这种权利，将其作为与大股东谈判的筹码，可能会影响整个公司或者大股东的利益。

出于这种考虑，纽约的立法者对纽约《商业公司法》第 1104 条款增加了制衡条款：第 1118 条款。第 1118 条款规定：一旦根据纽约《商业公司法》第 1104 条款宣布了公司解散程序，任何非申请股东或者公司本身可以选择以公平价格回购申请者所拥有的股份。[1]这项选择权的行使期间是申请人发起申请的 90 日之内或者法院基于审慎所允许的期限内。[2]

第 1118 条款赋予了公司对抗小股东滥用司法解散的权利，但是法院仍然主观上倾向于站在小股东立场上。[3]

4. 合理期待落空理论

尽管纽约《商业公司法》第 1104 条款规定了小股东发起公司司法解散的标准，但是对于如何定义大股东或公司控制人的压迫行为却让法院感到困惑。[4]在这种情形下，许多学者提出了合理期待落空理论。比如，一个投资者希望成为公司的积极参与者为公司控制者所阻碍可能构成公司解散的正当理由。[5]

正如奥尼尔教授所言，封闭公司中高度个人化的股东关系

〔1〕　N. Y. Bus. CORP. LAW § 1118（a）（McKinney Supp. 1981～1982）.

〔2〕　N. Y. Bus. CORP. LAW § 1118（a）（McKinney Supp. 1981～1982）.

〔3〕　See Schaeftler, "1979 Survey of New York Law – Corporations", 31 SYRACUSE L. REV. 129, 137（1980）.

〔4〕　See Comment, "Oppression of Minority shareholders：A Proposed Model and Suggested Remedies", 47 Miss. L. J. 476, 477（1976）.

〔5〕　See Afterman, "Statutory Protection for Oppressed Minority Shareholders：A Model for Reform", 55 VA. L. Rev. 1043, 1063～1064（1969）.

意味着：一旦公司控制者让小股东的合理期望落空时，公司解散就是合理的。[1]他进一步认为：所有股东的合理期待构成了一个封闭公司的股东持有者之间争端的最可靠的指导者。[2]在瑞托普案件[3]中，纽约最高法院首先运用了合理期望落空理论来解释了纽约《商业公司法》第1104条款。在这个案例中，申请人与其他两个股东一起各自持有两个医药公司的1/3的股份。他期望成为公司的管理者，并且基于这种期望结束了他已经从事了25年的工作，并将家庭从佛罗里达迁到了纽约。[4]但是公司协议并没有明确雇用的期限，只是让申请者成了公司中的管理者。[5]一年之后，公司的其他两名股东联合起来将申请者从公司的管理层和会计的位置上解除职务，停止发放薪水。公司也不支付股息，使得申请者丧失了获得投资回报的机会。尽管如此，公司控制者并不认为申请者的权利受到了侵害，因为他们认为申请者仍然是公司1/3股份的持有者。[6]

法院最后参考了奥尼尔教授关于大股东压迫行为的合理期待落空理论。并进一步指出封闭公司股东和合伙中合伙人的相似性。[7]法院认为：封闭公司的小股东通常期望参与公司的管理，并预计可以从投资中获得回报，包括通过被公司雇佣获得薪金的方式。尽管这可能在法律和公司章程中没有相关规定，

---

〔1〕 See O'Neal, "Close Corporations: Existing Legislation and Recommended Reform", 33 Bus. LAW. 886 (1978).

〔2〕 See O'Neal, "Close Corporations: Existing Legislation and Recommended Reform", 33 Bus. LAW. 886 (1978).

〔3〕 107 Misc. 2d 25, 433 N. Y. S. 2d 359 (Sup. Ct. N. Y. County 1980).

〔4〕 107 Misc. 2d at 27, 433 N. Y. S. 2d at 361 – 362.

〔5〕 107 Misc. 2d at 27, 433 N. Y. S. 2d at. 362.

〔6〕 107 Misc. 2d at 26, 433 N. Y. S. 2d at 361.

〔7〕 107 Misc. at 32 ~ 33, 433 N. Y. S. 2d at 364.

却构成了当事人在决定是否存在压迫行为的谈判中的基础。[1]

"瑞托普案件"确立了关于压迫行为的几个观点。首先，压迫行为与欺骗行为、非法行为并非同义词，而可以通过定义为难以忍受的、残酷的或者残忍的行为。[2]其次，压迫行为不应局限于基于申请者作为股东角色的行为，而应根据"保护申请者的权利和利益"，包括受到折磨的股东的原始期待的所有方面。[3]

通过"托普瑞案件"等对于压迫行为的解释，运用合理预期标准，法院建立了对于小股东权利的救济制度，但也带来了解散诉讼增加的压力。

5. 纽约《商业公司法》第 1104 条款的缺陷

首先，关于压迫行为的定义。第 1104 条款追随了《标准公司法》97 (a) (2) 条款，当公司董事和控制者非法、欺骗或有压迫行为时，可以将公司解散。[4]但是到目前为止，没有法律试图对压迫行为进行标准界定。"瑞托普案件"等判例并没有对于压迫行为进行准确清晰的界定。缺乏准确的法律标准可能会带来大量的公司解散诉讼。

其次，对于申请者的资质要求问题。纽约《公司法》对于申请者要求满足合起来拥有公司 20% 的股份。[5]毫无疑问，法律本身出于防止过多公司解散诉讼的目的设置了这个资质要求。但是这个要求本身的合理性值得质疑，因为那些拥有公司 5%、10%、15% 股份的小股东受到大股东压迫、欺骗时，其权益也应该受到法律的保护。

---

〔1〕　107 Misc. 2d at 33 ~ 34, 433 N. Y. S. 2d at 365.

〔2〕　107 Misc. 2d at 34, 433 N. Y. S. 2d at 365.

〔3〕　107 Misc. 2d at 28, 433 N. Y. S. 2d at 362.

〔4〕　ABA – ALI MODEL Bus. CORP. ACT § 97 (a) (2) (1979).

〔5〕　N. Y. Bus. CORP. LAW § 1104 – a (a) (McKinney Supp. 1981 ~ 1982).

最后，申请者有过错时的问题。第 1104 条款的一个漏洞在于对于那些有过错的申请者的地位无法律规定，比如那些因为过错而被赶出公司的人。法律没有对这些人与那些无过错寻求法律救济的小股东进行区分。在目前案例中似乎认为申请人的过错并不影响其运用 1104 条款寻求救济。[1]

6. 纽约《商业公司法》第 1118 条款的缺陷

首先，回购权的平衡问题。法律在赋予公司大股东或者公司控制者回购权的同时，可能对于保护小股东的权利不利。因为权利的平衡永远达不到一个理想的状态，为了平衡小股东可能滥用解散诉讼权利而设置的回购权也可能为大股东所滥用，使之成为大股东与小股东谈判的筹码，压迫小股东的工具。

其次，回购价格问题。根据第 1118 条款，申请者的股份可以被大股东或者公司控制者回购，回购价格是申请者提起申请之前的合理价格。[2]这样，法律就没有一个机制来对申请者在提起申请到受到股份公平回报之间的时间段的资本价值进行补偿。[3]

最后，购买能力问题。一旦公司决定进行回购，申请者可能面临一种风险，即：一旦其股份被确定价值，公司财务上却没有能力履行购买。

（二）中美法院对于公司僵局的司法解散之比较

对比指导案例 8 号和美国法院对于公司僵局的历程，可以看出以下几点：

首先，中国更强调客观标准，美国法院主要强调主观标准。

---

[1] See Exadaktilos v. Cinnaminson Realty Co. , 167 N. J. Super. 141, 400 A. 2d 554 (1979), aff'd, 173 N. J. Super. 559, 414 A. 2d 994 (1980).

[2] N. Y. Bus. CORP. LAw § 1118 (b) (McKinney Supp. 1981~1982).

[3] Fleischer v. Gift Pax, Inc. , 79 App. Div. 2d 636, 433 N. Y. S. 2d 614 (2d Dep't 1980).

在针对公司僵局的司法解散程序的启动问题上，中国《公司法》第183条和指导案例8号的基础还是看"公司经营是否遭到严重困难"和是否可能"重大损失"两个客观标准。美国《公司法》虽然也强调存在大股东欺骗、压迫小股东的行为，但其着眼点更强调大股东是否违反了对小股东的信托义务，或者公司是否违反了股东的合理期待，包括公司解散是否是唯一的救济途径等主观标准。

其次，指导案例8号充分借鉴了美国法上的主观标准。从某种程度上讲，中美法律针对公司僵局问题都体现了主客观相统一的标准。尽管中国《公司法》第183条是完全的客观标准，但是到了指导案例8号，在如何理解"公司经营是否遭到严重困难"的问题上，充分借鉴了美国法中"合理期待落空"理论，当林永清的合理期望无法实现的时候，即被视为公司法的"公司经营遇到严重困难"。在美国法中，对于如何理解大股东或者公司控制者的"压迫行为"同样是采取了主客观相统一的标准。从第1104条款中的关于大股东或公司控制者的"欺骗、压迫"行为到"瑞托普案件"中对于"压迫行为"按照"期待利益落空理论"进行解释，正是客观标准与主观标准的融合。

最后，中美法院对于公司解散中的客观标准秉持扩大解释的原则。指导案例8号关于公司僵局的一个暗示就是对于"公司经营是否遭到严重困难"秉持开放性态度，不局限于公司资金缺乏、严重亏损等经营性困难等传统意义上对"公司经营严重困难"的理解。股东之间严重分歧、小股东合理期待落空等机制或者主观性问题都可以被视为是"公司经营严重困难"。纽约法院对于"压迫行为"的不断扩充性判例，也正是对于第1104条款本身的模糊性不断进行开放性解释，从而加强对于小股东权利的保护力度。

（三）指导案例 8 号不足之处

（1）对于提起公司解散诉讼的资质要求。按照《公司法》第 183 条规定，必须达到公司 10% 及以上的股东才可能提起公司解散诉讼。这个 10% 的资质要求意味着无法达到 10% 股份的小股东无法获得司法解散的救济途径。由于我国是一个成文法国家，指导案例从权力根源上无法突破法律规定，这也造成了对于小股东权利司法救济机制的缺陷。

（2）指导案例 8 号回避了最高人民法院 2008 年司法解释的缺点。最高人民法院 2008 年关于公司法的司法解释不仅僭越了立法权，而且并没有解决"公司经营遭到严重困难"和"可能造成严重损失"如何理解和适用的问题。这是一个明显存在错误的司法解释。而指导案例 8 号不仅没有明确对其加以否定，反而将最高人民法院 2008 年关于《公司法》的司法解释作为指导案例 8 号的判例依据，这是不可取的。

（3）指导案例 8 号缺乏对公司控制者的制度考虑。从纽约最高法院关于公司僵局司法解散的判例来看，1979 年《纽约商业公司法》第 1104 条款的修改伴随着第 1118 条款的设计。对于小股东权利的保护也必须充分考虑到大股东权利的保护。一旦制度设计了小股东的权利救济机制，小股东也可能滥用此种救济途径，因此设置相应的权利平衡机制是必然选择。第 1118 条款的设计正好为大股东制衡小股东滥用诉讼提供了制度路径。而我国目前的《公司法》及指导案例 8 号显然缺乏此种考虑，可能带来潜在的小股东滥用诉讼权利的现象发生。

五、结论和建议

指导案例 8 号是第二批指导案例中的经典案例。这个案例纠正了 2008 年最高人民法院关于《公司法》司法解释中的谬误，并且充分借鉴了美国《公司法》中"合理期待落空理论"来对《公司法》183条中"公司经营遇到严重困难"进行理解和适用。采用了主客观相统一的标准界定这一法律模糊问题，与纽约最高法院运用"合理期待落空理论"解释《纽约商业公司法》第1104条款有异曲同工之妙。

指导案例8号总体上是十分成功的案例，但也表明其回避了2008年最高人民法院关于《公司法》司法解释中的谬误问题，反而将2008年最高人民法院的司法解释作为指导案例8号的解释依据，这是不符合逻辑的。但限于我国的成文法体系已经指导案例在目前司法体制改革中的起步阶段，对于指导案例8号不应苛责过多。但指导案例8号反映出我国的公司僵局问题仍然存在着比较大的缺陷，故提出以下建议：

首先，对于《公司法》第183条关于提起公司解散的股东份额的限制应该取消。尽管出于防止诉讼爆炸的考虑，为提起公司解散的股东设置一定的门槛符合司法实践部门的需求，但是这对于小股东权利的保护是不公平的。对于低于10%股权的小股东，他们毫无疑问也应该拥有提起司法解散诉讼的权利。

其次，增加设置大股东或者公司控制者的回购制度。这一制度具有两个功能。首先，大股东面临潜在的小股东诉讼滥用，有必要从法律制度上予以相互平衡对抗的权利设置，毕竟大股东更大程度上代表了公司的利益。设置这个制度可以保证公司的平稳运行。其次，《公司法》第183条设置10%的诉讼门槛主要目的是防止小股东权利滥用，但这种设置不符合法律公平的原则。而采取设置公司回购制度的方式可以变相起到对抗小股东诉讼权利滥用的功能。法律就是权利的相互平衡。

最后，对于纽约《公司法》所表现出的第1118条款中回购制度的缺陷，如回购价格、回购能力等问题有必要统筹考虑。

设置回购制度也可能带来矫枉过正的问题。因为小股东可能因为害怕股权被回购而屈服于大股东或者公司控制者的压迫。所以在回购价格和回购能力等配套制度上应该有有利于小股东权利保护的制度设计，如资本的时间价值、担保金制度等。

— 第五章 —
国际运输业反垄断豁免制度研究

—— 兼评彼得·卡斯坦森反垄断豁免理论

在市场经济发展过程中，《反垄断法》被称为美国对于全世界的一个贡献，因为《反垄断法》开创了国家采用法律的形式对市场经济中的垄断行为予以规制的先河。自 1890 年《谢尔曼法》诞生以来，在反垄断法领域诞生了很多理论和实践问题，反垄断豁免权就是其中很有特色的一个问题。一些机构和组织，如工人联合协会、国际航空公司联盟、国际航运协会等主张其拥有反垄断豁免权，因为他们认为在一定范围内保持他们的垄断更有利于公众福利的增长。在中国 2008 年的《反垄断法》中，第 7、15、28、55、56 条规定了反垄断豁免权。但是对于国际运输，在实践中究竟是否给予其反垄断豁免权仍然存在很大争议，那么参考美国对于国际运输反垄断豁免权的研究，具有十足的理论价值和实践意义。2011 年威斯康星法学院教授彼得·卡斯坦森在《俄勒冈法律评论》发表了《用激进的商业审查取代运输反垄断豁免权》一文，在学术界引起了极大反响。

一、中国国际运输反垄断豁免制度现存问题

中国目前的国际运输反垄断豁免问题，主要涉及国际航运

和国际航空反垄断豁免两个部分。由于两个问题带有相似性，本书一起加以讨论。

（一）中国航运反垄断豁免问题

1. 中国国际航运现状

中国是贸易大国，外贸额全球第三，货运量全球第一，且以每年20%的速度增长，同时，据来自交通部门的数据，我国外贸货运中93%是通过海上运输完成的。由于巨大的外贸货运量和我国航运企业的发展，我国也算航运大国。但是，在我国国际海运市场中，境外航运企业占据了85%的市场，仅马士基公司一家就占据30%的份额，超过中远、中外运、中海等国内三大航运公司的总和。〔1〕在深圳地区则高达90%以上，处于高度垄断地位。国际航运组织或巨头随意收取THC及其他费用行为的本质，显然是利用其垄断地位，破坏中国海运市场秩序和获取超额利润。事实上，中国广大货主之所以有80%以上出口FOB、进口CIF贸易的现象，重要的一个原因也是由于国际航运组织及航运巨头凭借其垄断势力频繁炒作运价，货主为避免承担大幅的运价波动而不愿意作为托运人。例如，远东班轮公会一直垄断中国至欧洲的航线，他们抬高中国到欧洲的运价，使之一度上升到1500美元/20呎标箱，而欧洲到中国的反向同期运价只要200美元/20呎标箱。〔2〕

2. 反垄断豁免问题

我国现行法律法规对国际海运业垄断的规制并不明确，在是否给予反垄断豁免问题上有很大争议。反垄断豁免，也称反垄断

〔1〕 东泓："中国货主运输成本不断增加"，载《国际商报》2007年10月8日。

〔2〕 郭玉娟："加入WTO与中国海运业发展的法律环境"，载《中国海商法协会通讯》2000年第4期，第4页。

适用除外，是法律承认、容忍和保护某些特定行业或领域中的垄断状态或行为。这种被豁免的垄断不具有危害性和可责难性，是一种合法的垄断。[1]对于班轮公会而言，《1974年班轮公会行动守则公约》是明文承认其垄断性质的。而我国是该公约的成员国，从恪守公约的角度看，应当给予班轮公会反垄断豁免。但是，该公约也对班轮公会做了许多限制，对其反垄断豁免权利并无明文规定，其许多行动内容授权成员国根据主权自行规制。2002年1月1日实施的《中华人民共和国国际海运条例》（以下简称《海运条例》）第22条规定，国际海运中班轮公会协议、运营协议、运价协议应当自签订之日起向国务院交通主管部门备案。一般的理解是，这事实上给予了国际海运业的反垄断豁免待遇。但是，《海运条例》第五章又规定，对于班轮公会或联营体可能影响到公平竞争的行为或情况，有权予以调查并予以处罚，这又似乎并不承认豁免。2008年8月1日生效的《中华人民共和国反垄断法》（以下简称《反垄断法》）对于国际海运业垄断的规制无明确规定。根据该法，我国是否给予国际海运业反垄断豁免，需要考虑的因素是：①班轮公会及海运联盟关于运力运价的垄断协议是否属于《反垄断法》第15条规定的情形，特别是该条第1款的第6项"为保障对外贸易和对外经济合作中的正当利益"及第7项"法律和国务院规定的其他情形"；②判断班轮公会及海运联盟是否处于市场支配地位，其行为如收取THC是否属于滥用这一支配地位；③是否应对国际海运业中经营者集中进行禁止。[2]

　　由于《海运条例》具有不明确性，根据后法和上位法优先

---

〔1〕　种明钊：《竞争法》，法律出版社1997年版，第290页。

〔2〕　林国忠、张强："欧盟《合并规则》及其对我国合并控制立法的启示"，载《南开经济研究》1998年第1期，第61～67页。

的原则，关键取决于《反垄断法》是否给予国际海运业反垄断豁免。目前，我国许多航运界人士和专家仍呼吁应当按照目前大多数国家的做法，明确《反垄断法》给予国际海运业反垄断豁免，以促进我国航运业的发展。[1]但广大的外贸货主及货主协会则认为不应当给予国际海运业反垄断豁免。2007年9月，全球货主论坛第二届会议及亚洲货主协会、东盟货主协会联合会第30次会议发表的联合声明认为，按照欧盟做法取消国际班轮组织的反垄断豁免权是重中之重。[2]

（二）中国航空反垄断豁免问题

1. 中国航空市场现状

由于我国航空运输市场到现在为止，仍然属于一个相对管制的市场，在国内市场，80%的空域被限制、机场服务的限制、订座系统的限制、航线网络的限制、航班时刻的限制、航材的限制、航空油料的限制等，这导致航空运输仍然处于一个不充分竞争的市场中。在国际航线市场中，我国采取的态度是逐步分期开放我国的航空运输市场，如在2004年7月与美国签署的《中美航空协定》规定，中美航线上各自飞行的航班数量6年内从每周54班分阶段增加到每周249班。到2006年，美方航空公司已将配额用完，并希望中国进一步开放航权，而我国航空公司还有很多航权没有动用，并不希望增加新航权。2007年5月的第二次美中战略经济对话同意，2011年两国航空货运市场将过渡到全面开放，2007年至2012年美国至中国东部地区的客运运力将在2004年协议的基础上逐年增加各方每周共70班，中国

---

〔1〕 "我国航运业需要反垄断豁免"，载中国海事服务网：http://www.cnss.com. cn/cm s/fea tures/roo t/07/0701/070104/070104X0808071，访问时间：2009年3月9日。

〔2〕 东泓："中国货主运输成本不断增加"，载《国际商报》，2007年10月8日。

中部地区至美国的直达航空运输市场完全开放。在规定的配额使用完毕后，美国航空公司就借助航空联盟的形式逐步向我国市场渗透。[1]

2. 反垄断豁免问题

我国《反垄断法》对于航空联盟的豁免问题缺乏相关明确界定。首先，反垄断法对于航空领域相关市场和市场支配地位均缺乏细化的规定。2009 年 5 月 24 日，国务院反垄断委员会发布了《关于相关市场界定的指南》，规定界定相关市场的依据是进行替代性分析，包括需求替代性和供给替代性，界定相关市场上的方法主要是"假定垄断者测试"方法。这个指南的出台思路基本上是借鉴了美国和欧盟的市场界定方法，但仍然缺乏详细可操作性的规定。而关于市场支配地位，如果套用《反垄断法》的通用性规定，则目前的三大航空公司都是占有市场支配地位。因此有必要专门针对航空业制定特别的市场支配地位标准。

其次，对航空行业缺乏专门的反垄断豁免条款。参考美国欧盟的经验，航空行业不仅是市场经济中的行业，而且具有公共运输职能，带有准公共产品职能，所以其标准应该有相应专门反垄断豁免条款。

最后，无合理的补救措施标准。各国在授予航空联盟反垄断豁免时，通常会要求航空联盟成员实施一定的补救措施，各国由于分析的方法不同、考虑的基础不一样，就必然会产生不同的结果。欧盟在要求航空联盟放弃枢纽机场的起降时刻时，通常会要求占据市场支配地位的联盟成员减少起降时刻到 45%，同时从整个联盟航线网络的角度来防止航空联盟减少或者消除

---

[1]　郑少霖："航空联盟反垄断法律制度研究"，武汉大学 2010 年博士学位论文，第 133 页。

竞争，要求的补救措施更为具体。[1]

二、美国运输业现行反垄断豁免制度及理论

（一）美国运输业的法定豁免

美国运输业的法定豁免包括六种形式，具体包括船舶法案、铁路豁免、机动车运输协定、城际公交合并、国际航空器协议和机场拥挤。

1. 轮船法案

轮船法案豁免了那些创造并实施了海洋船舶公会的协议。这些协议实质上是就专门航线在竞争者之间联合定价的卡特尔。这是现存最早的法定豁免，源自于第一次世界大战。联邦海运委员会确立了相关规则和治理相关事务的机构。海运公司必须向消费者收取关税和基于专门合同的价格。[2]历史上看，轮船公会基于成员之间的协议确立价目表。今天，轮船公司必须公布其自身或者公会的价目表，但他们也与轮船主达成关于价目表之外其他内容的秘密协议。[3]更大范围的轮船公司和海运终端操作员之间的协议经联邦海运委员会批准后也拥有反垄断豁免权。[4]轮船公会对任何想加入的成员都是开放的。2006年，欧盟在深思熟虑之后，终止了轮船公会的反垄断豁免权。[5]这

---

〔1〕 郑少霖："航空联盟反垄断法律制度研究"，武汉大学 2010 年博士学位论文，第 143 页。

〔2〕 See 46 U. S. C. § 40501（2006）.

〔3〕 See 46 U. S. C. § 40502.

〔4〕 See 46 U. S. C. 40301（establishing the list of agreements）；id. § 40303（establishing the content requirements）；id. § 40304（establishing that agreements come into effect forty – five days after filing）. All such agreements are exempt from antitrust law. Id. § 40305（a）.

〔5〕 See Council Regulation 4056/86, 1986 O. J.（L 378）（EC）, available at http://eurlex. europa. eu/LexUriServ/LexUriServ. do? uri = CELEX：31986R4056：EN：HTM.

一举动减少了仅仅来自于美国《反垄断法》豁免的卡特尔所得。在2010年夏天，媒体报道欧盟和美国当局正在调查普遍货物航线的价格限定问题。[1]

2. 铁路豁免权

铁路豁免法案，取代了州际贸易委员会和瑞德法案，[2]授权路面交通委员会作为唯一的管理者来审查和批准铁路合并。他通常在授权的同时批准对这些合并施加以限制性条款。[3]除此之外，路面交通委员会还可以批准合伙协议来授予铁路豁免权。[4]路面交通委员会的实质性标准实际上是放松管制，包括鼓励竞争，甚至考虑一种多元化的价值，包括充足收入标准。[5]这项法案也修改了当铁路进行价格限定时阴谋索赔的证据标准。[6]法案主张要构成阴谋，必须有直接的证据。

3. 机动车运输集体协议

机动车运输集体协议可以确立运输家具的标准、一般规则、全程运价、联合费率、运输层级等。[7]如果获得路面交通委员会的批准，就可以在竞争者间限定价格。但法案允许卡车公司与轮船运输者签订协议，并实施集体协议之外的价格。事实上，多数卡车公司会给予一个折扣。路面交通委员会出于公共利益标准考虑，通常会授予这些协议反垄断豁免权。[8]但是，所有

─────────────

〔1〕 See John W. Miller, "U. S. , EU Scrutinize Container Shipping Rates", WALL ST. J. , June 1, 2010, at B3.

〔2〕 Ch. 491, 62 Stat. 472 (1948) 〔codified as amended at 49 U. S. C. § 10706 (2006)〕.

〔3〕 49 U. S. C. § 10501 (b) (2) (2006).

〔4〕 49 U. S. C. § 10501 (b) (2006).

〔5〕 49 U. S. C. § 11324 (2006).

〔6〕 49 U. S. C. § 10706 (a) (3) (B) (ii) (2006).

〔7〕 49 U. S. C. § 13703 (f).

〔8〕 49 U. S. C. § 13703 (a) (6).

这些协议最多能持续 5 年，除非路面交通委员会重新批准协议。[1]路面交通委员会可以自己或者根据第三方申请，对以上活动进行重审并要求其修改或终止。[2]

4. 城际汽车合并或并购

这个条款授权路面交通委员会垄断的司法权来审查城际汽车公司商业方面的合并、并购、租赁或其他形式的控制权转移。批准的标准是公共利益，具体包括足够的运输、对被收购公司的成本和对其工人的影响等因素。[3]法令清晰地排除了反垄断法以及其他州、市的立法的适用。[4]

5. 国际航空运输协议豁免

在促使航空运输业从管制性服务向竞争性服务转型的过程中，美国国会认可了交通部长批准的两项反垄断豁免权。[5]第一项是关于国际航空旅游的合作协议。[6]第二项是当影响航空服务的撞击事件发生时的互相援助协议。[7]反垄断豁免必须经交通部长作一项独立的判断认为是公共利益所必需，且在必需的范围内才存在。[8]所以，这种豁免权也必须定期受到重新审查。

(二) 美国支持现行反垄断豁免权的理论

1. 卡特尔和垄断利润

联合竞争，不论是通过船舶公会、铁路、卡车或城际交通

---

[1] 49 U. S. C. § 13703 (c).

[2] 49 U. S. C. § 13907 (d) (2).

[3] 49 U. S. C. § 14303.

[4] 49 U. S. C. § 14303 (f).

[5] See Peter C. Carstensen, "Replacing Antitrust Exemptions for Transportation Industries: The Potential for a 'Robust Business Review Clearance'", p. 1067.

[6] 49 U. S. C. § 41309 (b).

[7] 49 U. S. C. § 42111.

[8] 49 U. S. C. § 41308 (b).

管理局，抑或国际航空委员会，仍然提供了温和的卡特尔利润。竞争性敏感信息和基本利率环境的交换可能偏离了竞争性价格，这使得行业成员的价格能够在某种程度上高于完全竞争状态下的水平。[1]许多外在观察者认为这是那些公司保持豁免权和联合集体行动的最原始动力。[2]

2. 当代运输合作受益于合法的集体行动

另一个豁免权被坚持的理由是豁免权可能会提高效率。即便豁免权传统上仅仅是为保护卡特尔和垄断行为，改变着的市场条件和技术会也会从根本上改变豁免权的功能。豁免权可能会产生两种经济上更有效率的行为。[3]

（1）合法合资企业。豁免权可能会为越来越多的合资企业去提供服务。这样的合资将会影响那些事实上或者潜在的竞争者，而协议则会影响价格、商业分配和成员限制。这样的协议可能会包括横向价格固定、消费者分配和拒绝消费者抵制。所有这些行为在旧反垄断案例法中都是违法的。但是最近的案例[4]重申了在"美国政府诉艾德斯顿钢铁公司案例"[5]中的辅助性限制分析。在"艾德斯顿案件"中，合资需遵循理性规则，具体又包括四项标准：是否有一个合法的合资或交易；为实现合法目标是否存在机会风险或对当事人产生限制；当事人限制是

〔1〕　Cf. United States v. Container Corp. of Am. , 393 U. S. 333, 336～337 (1969).

〔2〕　See Peter C. Carstensen, "Replacing Antitrust Exemptions for Transportation In-dustries: The Potential for a 'Robust Business Review Clearance'", p. 1071.

〔3〕　See Peter C. Carstensen, "Replacing Antitrust Exemptions for Transportation In-dustries: The Potential for a 'Robust Business Review Clearance'", p. 1071.

〔4〕　See, e. g. , Am. Needle, Inc. v. Nat'l Football League, 130 S. Ct. 2201 (2010); Texaco Inc. v. Dagher, 547 U. S. 1 (2006); Nw. Wholesale Stationers, Inc. v. Pac. Stationary & Printing, Co. , 472 U. S. 284 (1985); Broad. Music, Inc. v. CBS, Inc. , 441 U. S. 1 (1979).

〔5〕　85 F. 271 (6th Cir. 1898), aff'd, 175 U. S. 211 (1899).

否有助于实现合资的合法目的；是否有实现合资目的的限制更少的方法。[1]

那么检验一项行为是否符合是辅助性的，可以从以上前三项标准来分析。受限制的主体首先应是一个合法的交易或合资。其次是面临机会风险和需求去定义参与者的角色。再者限制对实现目的发生了作用。[2]

（2）运输网的标准环境。豁免权支持者的第二项理由就是集体协议会产生市场便利。通常认为这种便利就是标准环境。市场便利具体包括集装箱尺寸、集装箱服务项下合同条款、交换轨道车条款、特许经营旅行社以及其它市场便利所需要的类似活动等。[3]铁路轨道标准化就是交通业的网络本质影响的典型案例。没有标准化，汽车将无法从一条道路转换到另一条道路，设备生产商为了满足不同的标准会产生很多不经济因素。[4]随着多式联运的发展，为了市场操作的效率，有必要在多种标准上达成一致。这涉及运输货物中的物理成分、合同和其他交易成分。[5]

通过《标准发展组织进步法》，美国国会决定了标准背景需要与普通卡特尔行为不同的对待。[6]法案要求机构采取一个开

---

〔1〕 See, e. g. , United States v. VISA U. S. A. , Inc. , 344 F. 3d 229 (2d Cir. 2003）; Gen. Leaseways, Inc. v. Nat'l Truck Leasing Ass'n, 744 F. 2d 588 (7th Cir. 1984）.

〔2〕 See Peter C. Carstensen, "Replacing Antitrust Exemptions for Transportation Industries: The Potential for a 'Robust Business Review Clearance'", p. 1073.

〔3〕 See Chase v. Nw. Airlines Corp. , 49 F. Supp. 2d 553 (E. D. Mich. 1999）.

〔4〕 Colleen A. Dunlavy, "Politics and Industrialization: Early Railroads in the United States and Prussia", 198 (1994）.

〔5〕 See Kawasaki Kisen Kaisha Ltd. v. Regal – Beloit Corp. , 130 S. Ct. 2433 (2010）(holding the ocean shipping contract to preempt the railroad liability rules）.

〔6〕 Pub. L. No. 108～237, 118 Stat. 661〔codified as amended at 15 U. S. C. §§ 4301～4305 (2006）〕. For a discussion of the Act and its justification, see ABA MONOGRAPH, supra note 1, at 263～276.

放的政策，所有参与者基于共同的意愿达成决定。这说明确立标准的程序会不经过司法程序颠覆或排除竞争。[1]

三、彼得·卡斯坦森对美国现行反垄断豁免制度的质疑

（一）彼得·卡斯坦森对美国现行反垄断豁免制度的实证研究

1. 联邦海运委员会

联邦海运委员会批准了数量最多的豁免权，大致有220个。其中6个涉及传统的船舶公会，另外36个是关于费率协议的。这些协议根据参与主体的不同而不同。一些协议的目标是关于竞争者之间的合作定价和其他实践[2]的，但另一些协议则是关于共享便利、船舶以及合作服务的。[3]协议的主流模式是涉及分配计划，对其它公司船只的使用权或者船舶公司之间在不同目的地之间航线的合作等。通过这些行为，共享船舶的使用，从而满足更大的需求并提高了效率。如果是仅仅合作航线则更像是分配市场。[4]

---

〔1〕　See Allied Tube & Conduit Corp. v. Indian Head, Inc., 486 U. S. 492 (1988); Am. Soc'y of Mech. Eng'rs, Inc. v. Hydrolevel Corp., 456 U. S. 556 (1982).

〔2〕　See Fed. Mar. Comm'n v. City of Los Angeles, California, 607 F. Supp. 2d 192 (D. D. C. 2009). Others involve conduct that would appear blatantly illegal. Compare The Credit Agreement, FMC Agreement No. 202 – 011353 – 028 (Fed. Mar. Comm'n June 8, 1999) (on file with author) ("The purpose of the Agreement is to enable the parties to develop and implement uniform credit rules, practices, procedures and policies in the trade."), with Catalano, Inc. v. Target Sales, Inc., 446 U. S. 643 (1980).

〔3〕　See, e. g., NYK/WWL/NSCSA Cooperative Working Agreement, FMC No. 203 – 011584 – 006 (Fed. Mar. Comm'n Jan. 24, 2006).

〔4〕　See Peter C. Carstensen, "Replacing Antitrust Exemptions for Transportation Industries: The Potential for a 'Robust Business Review Clearance'", p. 1078.

数据显示联邦海运委员会批准了 150 个船舶共享协议。[1]这些协议通常是在相同航线上的不同公司对船舶空间共享的承诺。另外的 27 个协议则涉及更大的合作或其他形式的服务或设备合作。[2]协议所没有披露的是航线中的竞争被协议影响的范围和程度。一个显著的例子就是许多船舶设置了头等舱。[3]通过设置这些可交换的舱位，船舶实现了真正的效率提高。

从 2000 年到 2009 年的时间里的 80% 的协议都涉及初步的合资。这一点也不奇怪，因为 1998 年的法律修正案不再鼓励传统类型的卡特尔。[4]同时，大量的协商性协议通过船舶和附属服务的豁免权，使得行业领袖们仍然关注来自卡特尔合作的利润。在一个温和竞争的市场上，当供给与需求大致相当时，大量的购买者就会获得很大的谈判砝码。[5]事实上，超过 80% 的货物都在船舶公会制度之外的私人合同中装运。[6]

从效率和提升竞争的视角来看有几个因素是很麻烦的。首先，美国法律否认联邦海运委员会有权力去审查和限制那些提起申请的协议。这使得船舶公司会最大化的开发市场和实现卡

---

〔1〕 See, e. g., Grand Alliance/Zim Transpacific Vessel Sharing Agreement, FMC Agreement No. 012063 – 001 (Fed. Mar. Comm'n Apr. 15, 2009).

〔2〕 See, e. g., Maersk Line/CMA CGM Coop. Working Agreement, FMC Agreement No. 012055 (Fed. Mar. Comm'n Oct. 31, 2008).

〔3〕 See, e. g., Consol Chassis Mgmt & Pool Agreement, FMC Agreement No. 011962 (Fed. Mar. Comm'n June 30, 2006).

〔4〕 See Ocean Shipping Reform Act of 1998, Pub. L. No. 105 – 258, 112 Stat. 1902 (1998) [codified as amended at 46 U. S. C. app. § § 1701 – 1719 (2006)].

〔5〕 See Peter C. Carstensen, "Buyer Cartels Versus Buying Groups: Legal Distinctions, Competitive Realities, andAntitrust Policy", 1 WM. & MARY BUS. L. REV. 1 (2010); Peter C. Carstensen, Buyer Power, Competition Policy, and Antitrust: The Competitive Effects of Discrimination Among Suppliers, 53 ANTITRUST BULL. 271 (2008).

〔6〕 FED. MAR. COMM'N, THE IMPACT OF THE OCEAN SHIPPING REFORM ACT OF 1998, at 2 (2001), available at http://www.fmc.gov/assets/1/Page/OSRA_Study.pdf.

特尔化，即便很多业务已经超出了船舶公会的范围之外。其次，协商协议和其他合作会有利于对激进的价格和服务竞争的自愿避免。有数据显示，如果市场更富于竞争，价格并不会像船舶商估计的那样下降那么多。[1]最后，当船舶和终端设备的固定投资增加后，进入的障碍会使得合作变得容易，因为进入的风险增加了。这也许部分解释了为什么尽管 2009 年对集装箱服务的需求下降了，但 2010 年的价格却并没有显著下降反而有所提高。[2]

2. 路面交通委员会

尽管路面交通委员会负责批准的交通行业包括铁路、城际汽车和卡车，但限于篇幅，这里仅仅以铁路为例展开说明路面交通委员会的运作。尽管路面交通委员会已经批准了大量的铁路合并，但大规模的合并都发生在十年之前。原因在于路面交通委员会在 2001 年修改了合并政策，它倾向于一种更加富有竞争的分析政策。[3]在这样的政策之下，自 2000 年以来，仅仅有 5 个比较小规模的铁路合并被批准。[4]

自 2000 年以来，道路交通委员会没有机会去审查和批准主要道路的短线销售。但它被迫考虑了对"纸面障碍"[5]的政

---

〔1〕　ABAMONOGRAPH, supra note 1, at 182～183.

〔2〕　John W. Miller, U. S. , EU Scrutinize Container Shipping Rates, WALL ST. J. , June 1, 2010, at B3.

〔3〕　Railroad Acquisition, Control, Merger, Consolidation Project, Trackage Rights, and Lease Procedures, 49 C. F. R. § 1180. 1 (2010).

〔4〕　Canadian Pac. Ry. Co. , STB Fin. Docket No. 35081, 2008 WL 4415850 (Surface Transp. Bd. Sept. 30, 2008); Norfolk S. Corp. , STB Fin. 34839, 2007 WL 482682 (Surface Transp. Bd. Feb. 15, 2007); Canadian Nat'l Ry. Co. , STB Fin. Docket No. 34424, 2004 WL 761305 (Surface Transp. Bd. Apr. 9, 2004); CSX Corp. , STB Fin. Docket No. 33388, 2001 WL 92978 (Surface Transp. Bd. Feb. 2, 2001).

〔5〕　所谓纸面障碍，是指销售者要求购买方或租赁人的操作人不得将路线提供给与短线相连接的其他线路。

策。实际上，自1998年道路交通委员会就开始重新考虑这项政策，但当时没有成功。[1]为了回应发货人需要更多自由选择运输货物的搬运器的需求，道路交通委员会在2007年决定接受新的规则。[2]从竞争性政策视角来看，2007年决定最引人注意的就是不明确的承认：道路交通委员会不再询问和审查包含在铁路线销售或租赁中的纸面障碍条款。[3]

但是道路交通委员会拒绝放松现存的协议，即便许多协议已经存在超过15年或20年了。委员会决定未来的交易必须披露类似的限制。[4]除此之外，道路交通委员会批准了那些声称有负面影响的承运人现存障碍的披露。但是委员会并不要求所有现存的障碍条款都应该披露给机构，也不意味着委员会认为这次障碍条款都是内在不合理的。相反，委员会认为，由于主要的线路保持着所有权和控制权，对于线路的购买者和租赁者的使用限制并不会对于竞争有负面的影响。但这样的分析忽视了一个事实：铁路线路应当服务于公共利益，而且所有权常常受制于管理权。[5]

道路交通委员会拒绝采取一项通用政策来对现存纸面障碍的使用进行限制是很麻烦的。如果委员会对这些障碍加以时间限制或者对现存的过多障碍确认为非法，那么那些短线线路便会在与那些长期存在的障碍条款谈判时处于更加有利的地位。

---

〔1〕 See Review of Rail Access and Competition Issues, 3 S. T. B. 92 (1998).

〔2〕 Review of Rail Access and Competition Issues, STB Ex Parte No. 575 (Surface Transp. Bd. Oct. 29, 2007), available at http://www. stb. dot. gov/decisions/readingroom. nsf /WebDecisionID/36758? OpenDocument.

〔3〕 See Peter C. Carstensen, "Replacing Antitrust Exemptions for Transportation Industries: The Potential for a 'Robust Business Review Clearance'", p. 1081.

〔4〕 See 49 C. F. R. § 1150. 43 (h) (2010).

〔5〕 See, e. g., Northern Plains Railroad, Inc. —Lease Exemption—Soo Line Railroad Company, 75 Fed. Reg. 47, 678 (Aug. 6, 2010).

纸面障碍的案例是一个典型的机构行为和反垄断豁免权导致对于市场支配地位的公司的过分保护的案例。由于道路交通委员会不能审查持续存在的反竞争限制的合法性，导致了这些问题。[1]

3. 交通部

交通部批准了大量的与国际编码共享和联盟相关的反垄断豁免权申请书。[2]编码共享创造了一种简便的通票制度，以便于旅客可以用一张票从一个地方到另一个地方。联盟安排则意味着两个或更多的航线之间关于服务和飞行路线包括利润分配等在内的更多的合作。两种联盟都是初步合资，只不过联盟是比通票更具整体性的合作。[3]

交通部共记录了 57 个编码共享申请。[4]在这 57 个中间，其中一个涉及所有编码分享国际安排并确立了与行为相关的基本规则。[5]在另外 56 个编码分享建议中，交通部批准了 51 个。有一个退回了申请。[6]这个申请试图获得美国航空公司和德国汉莎航空公司的编码共享，以便利用美国航空公司的服务以实现从巴林到加德满都直达。但最后，不知何种原因，当事人退

〔1〕　See Peter C. Carstensen, "Replacing Antitrust Exemptions for Transportation Industries: The Potential for a 'Robust Business Review Clearance'", p. 1083.

〔2〕　See, e. g., 49U. S. C. § 41714 (2006) (authorizing the secretary to reassign landing slots at congested airports to new entrants); 14 C. F. R. § § 93. 25 –. 32 (2010).

〔3〕　See Peter C. Carstensen, "Replacing Antitrust Exemptions for Transportation Industries: The Potential for a 'Robust Business Review Clearance'", p. 1088.

〔4〕　See, e. g., Joint Application of Gojet Airlines, LLC, Docket DOT – OST – 2009 – 0131 (Dep't of Transp. May 27, 2009) (on file with author); Application of Eurowings Luftverkehrs AG, Docket DOT – OST – 2009 – 0106 (Dep't of Transp. May 5, 2009).

〔5〕　Application of Eurowings Luftverkehrs AG, Docket DOT – OST – 2009 – 0106 (Dep't of Transp. May 5, 2009).

〔6〕　Joint Application of United Air Lines, Inc. and Deutsche Lufthansa, A. G., Docket OST 96 – 1717 – 1 (Dep't of Transp. Sept. 18, 1996).

回了申请。[1]

只有一项申请被明确否决。这项申请涉及美国通勤航空公司和另外一个外国航空公司之间的国际航空邮件服务的编码共享。由于主要的美国航空公司都表示反对，交通部只好否决了这项申请，理由是这个申请不使用大飞机。[2]

在航空联盟方面，交通部共收到23项申请。[3]尽管面临来自于反垄断委员会的反对，交通部最终批准了其中的17项申请，其中一些是有限制性条件的。2项申请被明确退回。其中一项被退回的理由是：可能会造成负面的竞争性后果。[4]美国英国航线联盟的批准说明了交通部在竞争性政策和保护性政策之间的一种紧张关系。司法部曾经批评过处于市场的支配地位的一些城市之间的航线联盟。但司法部并非反对合资本身。这个案例也说明现行美国制度更偏向于航空公司的利益而非保护市场竞争。

从以上对于美国现行反垄断豁免制度的实证分析，我们可以发现以下几点：首先，大多数被批准的反垄断豁免权对于市场竞争本身存在着影响，并没有像申请者初期预计的那样通过适当的垄断降低了消费者需支付的价格。因而从这个意义上讲，这些反垄断豁免权成立的所谓公共利益的根据是大打折扣的。

---

〔1〕 See Peter C. Carstensen, "Replacing Antitrust Exemptions for Transportation Industries: The Potential for a 'Robust Business Review Clearance'", p. 1088.

〔2〕 Application of TIE Aviation, Inc., Order 2000 – 9 – 20, 2000 WL 1505123 (Dep't of Transp. Sept. 20, 2000) (preliminary order); Application of TIE Aviation, Inc., Order 2000 – 11 – 13, 2000 WL 34227552 (Dep't of Transp. Nov. 17, 2000) (final order).

〔3〕 See, e. g., Joint Application of Air Canada, Order 2009 – 4 – 5 (Dep't of Transp. Apr. 7, 2009) (on file with author) (show cause order).

〔4〕 See Joint Application of Am. Airlines, Inc., OST – 00 – 7088 – 27 (Dep't of Transp. May30, 2001) (on file with author) (providing negative comments by opposing parties).

其次，专业机构在长期来看，在各种利益的平衡过程中，会不自然地倾向于在市场中处于垄断地位的公司和联盟，而非偏向于广大消费者的利益。一个潜在的原因是专业机构经常与这些公司和联盟接触，对其了解也越多，而机构的决策在很大程度上缘于其对信息的掌握。对信息掌握得越多，越有可能对其行为表示理解和赞同。对于专业机构的这种倾向，也是后文中建议不能由专业机构最终裁决的重要原因。

（二）彼得·卡斯坦森对美国现行反垄断豁免制度支持者的回应

1. 关于第一项理由：卡特尔行为

三大交通部门所作出的数以百计的决策中很少有明显的卡特尔行为。而且在过去的时间里明显的卡特尔申请也逐渐减少。道路交通委员会和联邦海运委员会面临着数量最多的卡特尔申请。这些申请反映了长时期存在于行业中的费率、路线和服务管制等实践问题。[1]

欧盟对轮船公会的价格协议的反垄断豁免权的反对表明它认为：这些协议并不支持任何合法的公共利益。与道路交通委员会不同，联邦海运委员会有明确的立场认为：旧式的轮船公会的协议并不符合公共利益。但即便如此，法律不改变，联邦海运委员会也不可能有所作为。美国法律要求海运委员会接受所有符合格式的申请，并且仅能在十分困难的证据情形下挑战这些申请。[2]

持续的在法律上对于轮船公会价格联合以及信息共享协议

---

〔1〕 See Peter C. Carstensen, "Replacing Antitrust Exemptions for Transportation Industries: The Potential for a 'Robust Business Review Clearance'", p. 1091.

〔2〕 See Peter C. Carstensen, "Replacing Antitrust Exemptions for Transportation Industries: The Potential for a 'Robust Business Review Clearance'", p. 1091.

的支持可能阻碍海运运输服务中的竞争。特别是轮船公会会更宽泛地理解价格协议从而对小船舶有直接负面影响。小船舶被迫同意价格安排以及公会确立的相关条款，毫无谈判的余地。这些考虑是道路交通委员会决定终止所有费率委员会的反垄断豁免权的核心原因。[1]

显而易见，正有大量而且重叠的合资协议在被联邦海运委员会和交通部审查。没有一个系统表明这些不同的实体是相互关联的，也没有清晰的结论表明这些协议是有助于还是阻碍竞争。理论上三个部门均应关注这些风险。事实上，道路交通委员会和交通部都表现出了对于可替代服务提供者中风险的关注。但没有记录表明海运委员会对类似问题表现出明显关注。[2]

从实际情况来看，这个理由是支撑现行美国反垄断豁免制度的最大动力之一，尽管这个动力更可能是阻碍竞争，并且实质上与《美国反垄断法》的初衷是相悖的。但通过这种简单的卡特尔协议，加入这些垄断组织的成员可以获得温和的卡特尔利润。只要这种反垄断豁免存在一天，这种不需要投入成本的垄断利润就可以长期存在。但是，正如欧盟取消轮船公会的豁免权所持有的观点一样，这些协议所支持的垄断豁免是与公共利益和市场竞争精神相互违背的。

2. 关于第二项理由：合法合资

在航海和航空服务领域，主流地位的协议是涉及两个或以上的公司联合提供合作服务的合资协议。这些协议对当事人施加包括在市场分配、价格体系和明确或模糊的拒绝竞争者加入

---

〔1〕 See Peter C. Carstensen, "Replacing Antitrust Exemptions for Transportation Industries: The Potential for a 'Robust Business Review Clearance'", p. 1092.

〔2〕 Rebecca Dye, Fed. Mar. Comm'r, Address at the Global Liner Shipping Conference (Apr. 2, 2009), available at http://www.fmc.gov/news/default.aspx? CategoryId = 3&Archive = y&ArticleId = 996.

等限制条款。因此这实际上是一种横向限制竞争，但这些协议附属于集体公司。正如在交通部和道路交通委员会案例中讨论的那样，这些机构会关注限制的范围和正当性，并确保这些限制的限度从而仅限于便利交易的合法目的。[1]

在标准的反垄断合并审查中，有两个因素可能会导致对于这些限制的偏好。第一，一些案例中的合并可能会符合公共利益，这些公共利益超过了反竞争效果。如果道路交通委员会有权力去审查和控制价格和服务的话，这样的观点是有说服力的。比如在一些银行合并案件中，第一项审查就是审查合并是否有助于实现公共利益的目标。[2]如果存在除了合并外其它的实现公共利益的方式，则这种理由就无法成立。[3]

除此之外，对于申请合并的当事人而言存在一种程序上的优势。当事人仅仅需要面临一个单一的政策决定者。法律给了道路交通委员会垄断的权威，从而排除了政府干预和来自反垄断委员会的直接挑战。相反，那些电力和天然气方面的合并必须面临联邦能源管理委员会、联邦贸易委员会、司法部、行业委员会等系列的机构。[4]因此，道路交通委员会的批准就对于其他类似的机构而言创造了法律上的障碍。相比来说，银行合并就复杂很多，事前审查是必需的，而且司法部有 30 天的时间

---

〔1〕　See Vessel Capacity and Equipment Availability in the United States Export and Import Liner Trade, Fact Finding Investigation No. 26 (Fed. Mar. Comm'n Mar. 17, 2010) (order of investigation), available at http://www. fmc. gov/userfiles/pages/file/FactfindingOrder26. pdf.

〔2〕　See United States v. Third Nat'l Bank in Nashville, 390 U. S. 171 (1968).

〔3〕　See Peter C. Carstensen, "Replacing Antitrust Exemptions for Transportation Industries: The Potential for a 'Robust Business Review Clearance'", p. 1093.

〔4〕　See Richard Pierce, "Mergers in the Electric Power Industry", in *Competition Policy and Merger Analysis in Deregulated and Newly Competitive Indusries*, Peter C. Carstensen & Susan Beth Farmer (eds.), 2008.

来挑战这个合并。[1]

对于机构审批的总体描绘表明：许多合资包含了不必要的、过度的限制或者导致了对于市场中交通服务的非必要的限制措施。最显著的一个案例就是道路交通委员会没有成功的努力去控制纸面障碍的适用，这动摇了铁路去管制化的基本目标。这应该提醒所有的管理部门注意来自费率机构的竞争性伤害。[2]

现在交通领域的最大问题都是竞争机制被伤害，而管理部门则是通过了过多的合资公司。首先是这些公司的合并是否真的会如预期那样符合公共利益，这缺乏实证依据。其次是要实现期望的公共利益是否仅仅有合并这种唯一的方式。如果有其他替代性的方式，那么合资这种方式就不应该作为首选。再者，目前这种反垄断豁免制度的程序设计十分有利于豁免权的获得，这对于垄断者十分便利。

3. 关于第三项理由：标准环境

所有三种机构批准的反垄断豁免权协议的目标在于：仅仅通过施加不同种交通公司的服务标准来规制竞争。道路交通委员会就认识到它仅仅是能够命令标准形式的适用。这些标准将为费率委员会提供的行业自我规制的替代者。标准环境是传统意义上的《反垄断法》最难以接受的，因为这些协议很难与纯粹的卡特尔竞争限制相区别。[3]但是通过《反垄断法》获得标准环境以及机构控制标准的联合可能会消除对于反垄断豁免权

---

〔1〕 12 U. S. C. § 1828 (c) (6). See generally ABA SECTION OF ANTITRUST LAW, BANKMERGERS AND ACQUISITIONS HANDBOOK (2007).

〔2〕 See Peter C. Carstensen, "Replacing Antitrust Exemptions for Transportation Industries: The Potential for a 'Robust Business Review Clearance'", p. 1095.

〔3〕 Fashion Originators' Guild of Am., Inc. v. Fed. Trade Comm'n, 312 U. S. 457 (1941).

的需要。[1]

如果从实证上讲，目前的反垄断豁免制度唯一站得住脚的支撑理由可能就是对于标准环境的推动。垄断性的联盟和合资自然会推动标准环境的前进，而标准环境的进步自然会在一定程度上降低行业内各主体的交易成本，某种程度上符合公共利益。但是这种理由并不足以证明联盟和合资才是推动标准环境的唯一抑或最有效率的组织，因此不能从根本上证明联盟等的豁免权的合理性。

4. 一些延伸性结论

相对而言，很少有标准环境协议会有麻烦，因为它们反映了竞争者之间限制他们自身竞争的集体协议。因为这些协议需要机构的审查批准，而这些协议会轻易地基于官方机构的要求转化为符合要求的格式。[2]

当然，这并非认为机构没有任何功能。首先，这些机构提供了一个确立如何治理超出了反垄断法的市场方面的规则的平台。其次，这些机构确立了重要的报告制度，从而可以获得必要的信息来评估交通提供者提供的服务。再者，这些机构提供了持续的视角、监督和观察，这都超出了传统的司法部门的权威之外。所以，问题不在于机构是否应该被排除在外，而是单独的机构审查是否能够保证反垄断豁免权。[3]

---

[1] See Peter C. Carstensen, "Replacing Antitrust Exemptions for Transportation Industries: The Potential for a 'Robust Business Review Clearance'", p. 1095.

[2] See Peter C. Carstensen, "Replacing Antitrust Exemptions for Transportation Industries: The Potential for a 'Robust Business Review Clearance'", p. 1096.

[3] See Peter C. Carstensen, "Replacing Antitrust Exemptions for Transportation Industries: The Potential for a 'Robust Business Review Clearance'", p. 1096.

四、彼得·卡斯坦森提出的替代性方案：激进的商业审查制度

（一）制度渊源

尽管现行的反垄断商业审查程序提供了一种永久性的程序，但需要定期的审查和重新批准。道路交通委员会和交通部都可以提供一个 5 年的反垄断豁免权，但 5 年之后必须更新。定期的复审可以对特殊限制的必要性进行重新考虑并允许第三方有机会发布意见并挑战任何协议中的持续性。[1]

最有趣的一个豁免权法令的案例是《小企业管理法》。此法令授予了合资企业研发的反垄断豁免权，前提是律师协会批准。[2]另一个重要的案例是 1982 年的《出口贸易公司法》。[3]在这个法案里，涉及美国企业的合资如果能使商业部和司法部相信他们的计划不会违反《反垄断法》，那么就会获得反垄断豁免。[4]

（二）建议

首先，交通领域所有的反垄断豁免都应该可以被废止的。其次，涉及合资和其他合法交易的交通实体都应该提交相关申请，并由相应的机构基于公共利益标准进行审查和批准。再者，凡可能涉及潜在反垄断责任的主体均应可请求相关管理机构和司法部的商业审查程序。这个程序开始于相关管理机构的

---

〔1〕 See Peter C. Carstensen, "Replacing Antitrust Exemptions for Transportation Industries: The Potential for a 'Robust Business Review Clearance'", p. 1098.

〔2〕 15 U. S. C. § 638 (d) (2006). For a brief description, see ABA SECTION OF ANTITRUST LAW, MONOGRAPH NO. 24, FEDERAL STATUTORY EXEMPTIONS FROM ANTITRUST LAW 46 (2007).

〔3〕 15 U. S. C. § § 4001 ~4020.

〔4〕 15 U. S. C. § §4013 (a), which results in antitrust immunity, id. § 4016 (a).

审查并根据申请提出建议。在此基础上，司法部将审查其建议的竞争性特征并寻求修改。[1]如果审查之后没有发现这项合资和建议会制造严重的竞争性风险，交通部会签发一份有效期为 5 年的可以被撤销的授权书。在此期间，当事人将获得反垄断豁免权。而且这个授权是可以到期更新并重新授权的。但是交通部可以在任何时候因个人或公共申请而撤销此项授权。[2]

总之，新的商业审查程序意味着临时性的反垄断豁免权，但这种豁免权将可以经常性的更新或重新考虑。而且，被授权的行为必须与《反垄断法》的实质精神相一致。卡特尔行为，除非是标准环境，否则将不会被授权。

新建议下的豁免权系统对合并审查也有相应规定。新建议将授权司法部在批准后的 30 日内有权发动诉讼来挑战这项合并。[3]30 天的法律限制到期后，合并将不得被挑战，除非垄断发生了结构性变化。[4]

（三）新的商业审查程序的特点

1. 司法部和专业机构的相对角色

新的建议给了司法部对授权的最后裁决权，即司法审查权。这种角色是合理的，司法部可以向专业机构表达它的观点。专业机构也可以将其观点影响到决定中去，就像在航空编码安排和联盟中那样。

〔1〕 See *DOJ Antitrust Division Business Review Procedure*, 28 C. F. R. § 50. 6 (10)(2010).

〔2〕 See Peter C. Carstensen, "Replacing Antitrust Exemptions for Transportation Industries: The Potential for a 'Robust Business Review Clearance'", p. 1100.

〔3〕 See 12 U. S. C. § 1828 (c) (6) (2006).

〔4〕 See Peter C. Carstensen, "Replacing Antitrust Exemptions for Transportation Industries: The Potential for a 'Robust Business Review Clearance'", p. 1101.

从提高竞争的视角来看，给予专业机构最终决定权可能是不符合提高生产率的。从交通部、联邦交通委员会、联邦海运委员会和道路交通委员会的决定来看，它们并未采取非常有效的措施来提高竞争。更坏的是，法庭在复审这些机构的决定时也没有足够严格。[1]因为专业机构在某种程度上更倾向于行业需求，而非市场竞争。

2. 可撤销程序的可能性与基础

如果审查是公平而且富有思考的，那么授权被撤销的可能性就很小。只有存在重大且无法预期的行业或企业变化时才会发生撤销。事实上，定期每5年的审查也降低了中期进行挑战的激励，除非一些非常规的环境的变化发生。[2]

3. 交通管理机构的必要性

通常认为司法部不是一个管理机构。最高人民法院曾发布了关于管理机构和反垄断机构关系的两个决定。[3]交通服务的本质，不论是运输还是顾客都要求一个机构来实施不同的法律和规则。这个机构则被定位于提供监督并收集必需的数据。证券交易委员会和期货交易委员会就是最早的为市场提供便利的专业性机构。三个交通业机构也应该成为类似的提供公共服务的机构。目前摆在三个交通业机构面前的问题是合三为一，还是均独立于交通部之外，单独行使，这都需要进一步研究。

---

[1] See Peter C. Carstensen, "Replacing Antitrust Exemptions for Transportation Industries: The Potential for a 'Robust Business Review Clearance'", p. 1104.

[2] See Peter C. Carstensen, "Replacing Antitrust Exemptions for Transportation Industries: The Potential for a 'Robust Business Review Clearance'", p. 115.

[3] Credit Suisse Secs. (USA) LLC v. Billing, 551 U. S. 264 (2007).

五、彼得·卡斯坦森反垄断豁免理论对中国运输业反垄断豁免制度的启示

彼得·卡斯坦森对美国现行的运输业反垄断豁免制度进行了深入反思，通过考察三个专门机构对反垄断豁免的审批制度，得出了一个结论：美国运输业现行体制导致了几个方面的不适应。首先，现行的司法部审查仅仅适用于一些新的申请。其次，不同的机构审批涉及不同的有效期。道路交通委员会能给予 5 年的反垄断豁免权，但是必须在到期后重新审查才能使豁免权继续有效。交通部采取同样的模式来审批编码共享和联盟问题，但联邦海运委员会的批准协议则没有时间限制。[1] 更为关键是，美国现行的反垄断豁免制度从其实质运作来说，虽然有对消费者福利的增加，但总体上更偏向于承运人的利益，不利于《反垄断法》对于市场竞争的追求。因此，有必要寻找一种新的制度来替代现行的反垄断豁免制度。他提出了首先申请并由专业机构审批，然后由专业机构报送司法部审批，由司法部根据专业机构的建议进行司法审查，司法部拥有最终的决定权。但即便是司法部的决定也是随时可以根据实际证据进行撤销的。对于中国现行的运输业而言，缺乏细致和专门的条款，因此在确立相应规则的时候可以参考美国运输业反垄断豁免制度的发展经验教训来进行制定。具体可以包括以下方面：

第一，有一个专门的准司法机关来拥有最终的裁决权。从彼得·卡斯坦森对美国运输业反垄断豁免制度的研究，可以发现由道路运输委员会、交通部等专业机构在进行审查决策时，会不自觉地朝着承运人的利益去考虑问题，而非从货主或整个

---

〔1〕 See Peter C. Carstensen, "Replacing Antitrust Exemptions for Transportation Industries: The Potential for a 'Robust Business Review Clearance'", p. 1097.

社会的公共利益出发。因此由一个统一的准司法机构来拥有最终的裁决权，对于反垄断豁免的公共利益衡量，拥有十分重要的意义。

第二，由专业行政机构进行初步审查。尽管专业机构会不自觉地偏向承运人的利益，但彼得·卡斯坦森的研究也表明，专业机构在相关的专业审查领域拥有司法机构所不具有的独特优势，因此由专业行政机构进行反垄断豁免的初步审查，为司法审查提供参考，这是很好的制度设计。

第三，从正当程序的视野设计反垄断豁免制度。彼得·卡斯坦森的建议确立了两步可撤销的审查制度，体现了很好的分权制衡原理。专业机构提出初步意见，司法部最终决策，但司法部的决策仍然会受到挑战。这样就避免了任何一个机构垄断豁免权的裁决，造成失误。这对于我国的运输业反垄断豁免制度安排有参考价值。从正当程序的视角来解决实体问题，一直是美国法的重要特色和共享。对于中国运输业反垄断豁免制度而言，通过合理的程序设计来平衡公共利益可能是需要重点借鉴的法律技巧。

第四，定期 5 年的审查制度极具特色。首先，通过定期 5 年的重新审查制度，使得反垄断豁免不再是一种一劳永逸的权利，不再是只要获得就游离于《反垄断法》之外。其次，每隔 5 年的定期审查使得获得这种权利的公司随时谨慎行使其权利，从公共利益的角度来行事，否则在 5 年后的重新审查中就极有可能失去反垄断豁免权。再者，由于 5 年的定期审查，使得对其权利不满的人更没有动机去发起这种挑战，因为权利是非永久且需要不断重新审查的。

第五，合法授权的反垄断豁免在任何时候都可能遭到挑战并被废弃。因为反垄断豁免的价值追求是公共利益，正是因为其公共利益追求，法律才允许其在必要程度内限制竞争。如果有证据表明，其限制竞争的程度超过了其所声称追求的公共利益，那么毫无疑问这种豁免应该被废止。尽管传统反垄断豁免权的支持者会提出包括卡特尔理论、合法合资和标准环境等系列利益，但实践证明这些理由与《反垄断法》所追求的竞争价值与公共利益并不完全契合。故，这种附条件才符合公共利益的豁免也必须是有限期的，而且需经受相关主体随时的质疑和挑战的。这样一种新的制度，不仅统一了现行混乱的美国运输业反垄断豁免制度，而且为承运人和货主等相关利益人提供了反驳的平台。

综合性考虑，目前的中国的《反垄断法》应立足于中国是货主大国的国情，借鉴欧盟经验，对于国际运输业中的卡特尔不予承认天然永久的反垄断豁免权，而采取彼得·卡斯坦森反垄断理论中的两阶段可撤销反垄断豁免制度。如果运输业中的承运人认为其行为更符合公共利益，那么应向中国反垄断主管部门提供申请反垄断豁免，由相关主管部门进行初步审查，并由海事法院或其他准司法机构进行最终审核。这个审核之后的豁免是有时效的，必须定期重新审查。除此之外，任何当事人或认为自身利益或市场竞争受到实质影响的人均可以向司法机构申请撤销此豁免。一旦其证据确凿，那么承运人的豁免便会被随时撤销。通过这样的制度确保承运人谨慎行使其豁免权，并确实是为公共利益而拥有此项权利，且不会影响到《反垄断法》的实质性价值追求——保护市场竞争。

一 第六章 一
中国行政垄断现象及法律规制研究[*]

一、转型时期行政垄断现象的初认识

我国转型时期内，产业结构不断升级，居民就业情况也有较大的变动，在这一特殊时期，社会资源及社会财富也易出现集聚现象，尤其是在发展比较迅速的行业中，资源过度集中于少数人或者团体手中，也有助于滋生垄断，一旦经济力量与行政权力结合，更有助于滋生行政垄断。

（一）我国转型时期行政垄断现象之概况

1. 行政垄断（Administrative monopoly）的概念界定

对于行政垄断的概念，法学界主要盛行三种学说。第一种学说被称为"垄断说"，该说认为行政垄断是一项特殊的垄断形式，是借助行政权达到的一种具有行政属性的垄断状态；[1]第二种学说认为，行政垄断并不必然达到垄断状态，只要国家机关运用公权力实施了限制竞争的行为即可认定为行政垄断，该

　　* 王蓉同学在本章内容的文献搜集、论文撰写过程中起到十分重要作用，特此表示感谢！

〔1〕 吴毅西、魏丹："论行政垄断"，载《经济与法》2010 年第 9 期。

说因此被称之为"限制竞争说"；[1]第三种学说主张，行政垄断必须是政府滥用公权力实施的限制竞争行为，是权力滥用的结果，故被称为"违法说"。[2]

我国现行《反垄断法》第8条明确规定："行政机关和法律法规授权的具有管理公共事务职能的组织，不得滥用行政权力，排除、限制竞争。"[3]并且专章列举了滥用权力，排除、限制竞争的各种行为。根据《反垄断法》的规定，我们暂且对行政垄断作如下定义，对于该定义存在的瑕疵，笔者将在下文做出具体论述。所谓行政垄断，即行政机关和法律法规授权的组织，违反法律规定、滥用行政权力、排除或限制竞争的行为。

2. 行政垄断的成因分析

（1）经济体制转型不彻底是产生行政垄断现象的根本原因。新中国成立初很长一段时间内，我国实行高度集中的计划经济体制和政治体制，这为行政垄断现象的滋生提供了温床。在计划经济体制下，乃至经济转型期间，我国主要依靠国家行政手段来调控与管理经济，经济发展运行过程中，国家和政府作为操盘手，其行政权力渗透到经济发展的各行各业。虽然改革开放以来，我国对经济政治体制进行了一系列变革，但是仍不深入，陈旧的管理观念已深深根植于管理者与普通民众的心里，改革也并不是一朝一夕的事情，因此，行政垄断现象的产生有其历史必然性。

（2）利益驱动机制是产生行政垄断现象的直接动因。我国目前的行政垄断主要表现为地区性行政垄断和行业性行政垄断，

---

[1]　孔祥俊：《反垄断法原理》，中国法制出版社2001年版，第824页。

[2]　单慧慧："行政垄断的界定及规制"，载《高等教育与学术研究》2010年第4期。

[3]　《中华人民共和国反垄断法》第8条。

产生这两类垄断的深层次原因即是利益的刺激——行政主体和企业最大限度的追逐最大化利益。在市场竞争中，行政主体与各大企业之间存在微妙的双重关系：一方面二者之间是管理与被管理、领导与被领导的关系，另一方面，双方之间还存在一种"特殊交易关系"。[1]著名的美国经济分析法学派的代表人物波斯纳曾经指出，行政机关作为行政权力的行使者，他们行使国家权力的过程，也是提供"行政权力"这项"特殊产品"的过程。在二者的这个特殊交易过程中，双方为了实现自身利益的最大化，企业通过各种途径寻租，并向行政主体支付寻租成本，[2]而行政主体则出卖行政权力为企业充当保护伞，使得经济资源优势与行政权力优势完美结合，市场运行陷入困境，而行政垄断者却乐在其中。

（3）现代法制不健全是产生行政垄断现象的外在原因。笔者认为，法制健全与否首先应反映在立法方面，在我国目前的立法中，《反不正当竞争法》《反垄断法》以及《价格法》等法律，仅对行政垄断做了原则性规定，至于如何认定构成行政垄断以及如何规制行政垄断行为则缺乏较为全面的规定。简言之，现行立法对行政垄断问题缺乏深层次研究，国家立法者以及法学研究者对该问题的重视程度仍显不足。一方面，我国的现行法律未形成一个完整的法律体系来规制行政垄断，各项规定零星散见于一些位阶较低的法规之中，彼此之间还可能存在冲突。另一方面，我国执法与司法的相关法制也不健全，这些因素都不利于对行政垄断的有效规制，也就出现了我国当前行政垄断现象愈演愈烈的态势。

---

〔1〕 陈莉："行政垄断的法经济学分析"，载《学术探讨》2007年第3期。

〔2〕 经济学上有种"寻租"理论：在市场经济活动中，政府会为了自身利益而有意无意地设租，企业则为了自身利益，通过各种途径向政府寻租，并获得垄断地位。

3. 行政垄断的表现形式

（1）地区性行政垄断。也被称为地方保护主义，这是目前国内最为常见的行政垄断现象之一，主要指地方政府及其下属的行政部门或者法律法规授权机构，滥用行政权力，人为设置一系列市场壁垒，限制地区间的资源、商品、人才自由流通，维护本区域局部利益，其直接后果就是将统一的大市场分割成区域内的小市场，破坏市场的良性竞争。

（2）行业性行政垄断。也被称为部门垄断，这是除地区性行政垄断以外，最为典型和严重的行政垄断现象。它是指某些行业主管部门为保护本部门企业的利益而利用其手中的行政权力，实施排除、限制其他企业参与竞争的行为。[1]典型的例子就是中石油、中石化和中海油三家石油公司占据了石油行业近90%的市场份额，而中国移动、中国联通和中国电信三巨头则瓜分了中国的整个电信市场。根据笔者掌握的一些资料，一些行业部门还赋予个别企业某些行政权力，这些企业瞬间华丽转身，成为带有行政垄断色彩的企业法人，一些学者也称其为"翻牌公司"。[2]这些"翻牌公司"与行政权力有天然联系，在市场竞争中享有诸多特权，他们的存在对市场良性竞争来说无疑是个巨大威胁。

（3）其他行政垄断现象。在我国转型时期内，除上述两种垄断形式外，还存在其他多种多样的垄断形式。我国现行《反垄断法》第五章通过反向列举的方法来确定"滥用行政权力，排除、限制竞争"的内涵与外延，也就是间接列举了我国目前现存的行政垄断形式。该章明确规定了以下法定情形，即限制跨地区招标投标、强制进行限定交易、限制跨地区投资、地区

〔1〕　李昌麒：《经济法学》，法律出版社2007年版，第276页。
〔2〕　王保树：《经济法原理》，科学社会文献出版社1999年版，第242页。

封锁、行政机关做出限制竞争的抽象行政行为以及强制从事垄断行为等是法律禁止和制裁的"滥用行政权力，排除、限制竞争"的行为。

（二）我国转型时期行政垄断现象的特殊性

1. 根本特点

行政主体的行政权力是行政垄断的后盾，不完善的市场经济体制是行政垄断的依托。[1]经济主体与行政权力之间存在着千丝万缕的联系。因此，行政垄断既有计划经济体制下国家强制管理经济的特点，也有市场经济体制下企业参与市场竞争的特点，是一种特殊类型的垄断现象。

2. 实施主体

根据我国现行《反垄断法》第8条的规定，行政垄断的实施主体是国家行政机关和法律法规授权的、具有管理公共事务职能的组织。

3. 实施方式

行政主体滥用行政权力，实施一系列排除、限制竞争的行为，这在我国《反垄断法》第五章有专门规定，笔者也在上文中有具体说明，在此不再赘述。

4. 实施目的

企业为了获得高额垄断利润而向行政主体寻租，行政主体则为了自身利益，无视国家法规，向企业大开方便之门，追求各自利益成为双方的契合点。

（三）我国行政垄断现象的主要危害

首先，行政垄断扭曲市场机制，阻碍市场调节功能的发挥，并且可能会带来价格疯涨、通货膨胀、政府权力异化、资源配

---

〔1〕 刘隆亨：《经济法概论》，北京大学出版社2005年版，第199页。

置效率低下等一系列后遗症，不利于我国和谐社会的建设与发展。另外，行政垄断行为违背经济法的公平竞争原则。行政垄断猖獗必然造成对其他合法竞争主体的权利侵害，也会打击市场合法主体参与竞争的积极性，其损害后果之严重不言而喻。

其次，长期的行政垄断还会削弱企业市场的竞争力。表面上看，行政垄断似乎可以保障垄断行业的垄断利润，但是长远来看，企业创新的根源在于市场竞争。置身于市场中的企业面对来自对手的竞争重压，他们会改进生产技术，改善经营管理，提高企业员工的整体素质，并不断奖励企业创新。一旦企业拥有行政力量的保护，这些发展动力则会消失殆尽。实践中，行政主体还会扶持并保护一些生产效率低下、入不敷出的亏本企业，庞大的社会资源和经济资源，换来的却是债台高筑。

最后，行政垄断还会加剧社会生产与分配之间的矛盾，拉大贫富差距，是社会不稳定的诱因。在多数情况下，行政垄断行业经营者及其员工的收益远远高于其他行业的经营者及员工的收益。但是，这种高收益并不是通过改进生产技术，提高劳动生产率获得的，也不是靠降低生产成本，提高产品和服务的质量来获得的，而是通过向政府部门寻租，建立行政垄断地位的方式获得的，这种收入分配方式无疑会加剧社会分配的不公，使社会财富高度集中于少数人手中，它并不属于我国《宪法》规定的分配方式，同时也违反了现代市场竞争的基本精神。

二、从法学角度分析我国规制行政垄断的制约因素

（一）现行立法的误区

首先，我国《反垄断法》仅是以列举方式梳理了相关的行政垄断行为，且对行政垄断的概念界定十分模糊，不周延的反向列举只会使一些行政垄断行为游离于法律法规的规制之外。

近几年的中国，行政垄断愈演愈烈，屡禁不止。笔者认为，对于行政垄断的规制，《反垄断法》应该从行为主体、行为客体、行为人的主观心理和客观行为等方面来界定如何构成滥用权力，如何构成排除、限制竞争，这样才能使行政垄断行为的外延完整。

其次，《反垄断法》对于行政垄断的制裁力度不够，该法仅规定了行为人的行政责任，未规定民事责任甚至是刑事责任。张文显教授曾说："法律责任作为法律运行的保障机制，是法治不可缺少的环节。"[1]笔者认为，仅对行政垄断的直接责任人员给予行政机关的内部处分，其处分程度有限、影响力微弱，实难达到法律制裁的效果和有效规制行政垄断的目的。另一方面，从应然层面来说，反垄断执法机构应具有较高的独立性和较强的权威性，但就我国目前情况来看，我国的反垄断执法机构位卑言轻，其工作也是举步维艰。

最后，我国现行《反垄断法》存在的问题还在于，其中的某些条款极易削弱《反垄断法》的整体效力。例如，该法第51条2款规定："法律、行政法规对该问题及其处理另有规定的，从其规定。"笔者认为，这无疑会使一些层级较低的行政法规优先于《反垄断法》而被适用，会造成《反垄断法》的权威和效力弱化，这对在司法实践中处理行政垄断案件十分不利。

（二）执法状态疲软

目前我国未设立规制行政垄断的专门政府机构，仅是对反垄断执法工作做了统一规定。依据我国相关法律，我国反垄断的行政执法机构主要有三个层次：第一层次的机构即国务院下属的反垄断委员会，但它仅是组织、协调与指导反垄断执法工

---

[1] 张文显：《法哲学范畴研究》，中国政法大学出版社2003年版，第116页。

作，并不参与具体的反垄断案件的调查与裁决；第二层次的机构是承担具体的反垄断执法工作的机构，这类机构主要是在国务院反垄断委员会的指导下，负责发起调查程序、审查具体的垄断性案件并作出个案裁决。在我国司法实践中，主要由国家工商行政管理部门来执行此类职能；第三层次的机构，即一些授权性机构，根据《反垄断法》第10条第2款的规定，国务院反垄断执法机构可以根据案件实际情况以及工作业务需要，授权省一级政府的相应部门负责相关工作。[1]

首先，我国反垄断执法机构欠缺独立性、执法力度较弱。依据相关法律的规定，对于垄断性案件，我国的反垄断执法机构实质上仅有检查程序启动权以及建议上级机关处罚权，并没有实质意义上的审查权和制裁权。而真正拥有裁决权的是滥用行政权力的行政机关的上级机关，启动权与裁决权分属于两个部门。这种断层势必造成执法过程与结果的公正性和独立性大打折扣，难以达到有效打击行政垄断行为的目的。其次，工商行政管理机关一般作为各级政府的职能部门，其人员配置、机构设置、物资配备和资金补给均来自于地方政府。因此，其工作难免受制于地方政府，从而导致他们自身不能独立执法。最后，上级机关可以责令下级机关改正的做法也略显牵强。在我国现行行政体制中，不同的国家机关之间，甚至是同一机关内部，各种利益关系错综复杂，上下级机关之间很难在关涉彼此的案件中保持绝对中立的态度。并且，上级机关可能出于对自身利益的考虑，也缺乏责令下级机关改正的动力。

（三）司法制裁渠道匮乏

当行政机关以行政法规、地方政府规章及规范性文件的形

---

〔1〕　王苗苗、李春华："反垄断行政执法行为制度研究"，载《安徽文学》2010年第8期。

式为行政垄断提供行为依据时，权利受到行政垄断行为侵害的当事人无法通过诉讼途径寻求司法救济。从我国现行法律框架来看，原因如下：其一，《反垄断法》规定，行政垄断案件只能由滥用行政权力的行政机关的上级机关来处理，法院对此类案件无管辖权。其二，我国现行《行政诉讼法》也规定，行政诉讼的受案范围是具体行政行为，法院仅对被诉具体行政行为的合法性加以审查。如此来看，行政机关发布文件的行为属于抽象行政行为，法院对此也无管辖权，这样便使权利受害方陷入尴尬境地，欲诉无门。他们只能选择举报、上访等其它途径来寻求权利的救济办法，但显而易见，举报、上访等救济方式显然难以做到位，并且会加大规制行政垄断的社会成本，因此，笔者认为，司法救济渠道匮乏，也成为制约我国对行政垄断现象进行规制的重要因素。

三、高效规制行政垄断的法律研究

（一）立法规制对策

1. 经济法立法规制研究

首先，《反垄断法》框架下，行政垄断的涵义界定过于原则化，对其内涵与外延的讨论并不细致。笔者认为，应从构成行政垄断的违法要件角度对其加以规定，即把行为主体、行为客体、主观方面和客观方面等四个方面作为判断是否构成行政垄断行为的标准，并清楚界定如何构成"滥用行政权力"，以期提供一个更符合现代法治理念的学理性阐释，为反行政垄断创造一个坚实的理论基础。其次，《反垄断法》中应明确规定反垄断执法机构的性质、地位及职权等事项。笔者认为，在我国的特殊时期，应自上而下设立一系列具有高度权威性、高度独立性、高度统一性及准司法性质的反垄断执法机构，这些机构内部实行垂直领导制度，此外，法律应赋予他们对反垄断案件实体问题的裁决权和处罚权，并且其工作人员应该有严格的任职条件限制以保证裁决结构的专业性和公正性。最后，《反垄断法》还应设立严格的反垄断责任制度以及政府官员的问责制度，行政垄断过程中交叉着各种利益关系，笔者认为，一旦查处行政垄断案件，便必须依靠经济制裁手段、行政责任以及刑事制裁手段加以惩戒，才能达到惩处威慑之目的。但我国现行《反垄断法》对于法律责任的规定显然微不足道，因此，就行政垄断案件的责任形式而言，我国《反垄断法》应建立以民事责任、行政责任和刑事责任为主要内容的责任制度，同时建立针对政府官员个人的问责制度，来保证对行政垄断现象的高效规制。

2. 行政法立法规制研究

首先，《行政诉讼法》应将行政诉讼的受案范围稍作调整，目前我国行政诉讼针对的仅是具体行政行为的合法性问题，那么，行政主体以发布通知或者其它规范性文件的形式实行的行政垄断显然游离于《行政诉讼法》之外。针对此项缺陷，笔者认为，《行政诉讼法》应将行政主体以抽象行政行为方式实施的行政垄断列入可诉对象的范围，不为行政垄断留下任何发展空间。其次，行政垄断是行政主体滥用行政权力的行为，其行为必然损害市场中其他合法竞争主体的合法权益，这就涉及赔偿问题。我国新修改的《国家赔偿法》未就此问题做出任何规定。[1]但笔者认为，国家机关工作人员滥用行政权力，造成他人利益损害，应由国家来承担赔偿责任。在单位内部，还可以对直接为此项行为的工作人员或主要负责人员进行事后追偿或行政处分。最后，行政法中应明确各行政机关的职权与职能，

---

〔1〕　黄亮："中国行政垄断规制之现状与对策简析"，载《社科纵横》2010 年第 8 期。

要求行政机关严格依照法律规定来办事，积极引导我国行政机关由全能型机关向公共服务型机关转变。

3. 其它立法规制研究

笔者认为，有效规制行政垄断，还必须建立与完善地区间的合作与协调机制，由于各地经济发展水平、科技力量、资源储备、劳动力条件等参差不齐，他们彼此之间存在通过协调合作实现双赢的需求。因此，各地区之间应通力合作，消除地方保护主义，协调处理区际的贸易纠纷，实现和谐发展。此外，我国应通过立法来不断健全我国的价格、竞争、收入分配制度，这样有利于完善的社会主义市场机制的建立，从而保障市场在资源配置中基础性作用的发挥，减少政府对经济的干预，降低行政垄断的发生频率。

（二）执法规制对策

执法机关应依照法律、行政法规的相关规定，严格执法。首先，执法机关应该履行好其监管职能，加强对垄断行业产品与服务价格的监管，必要时应建立和完善价格听证制度；其次，政府应该敦促相关企业完善信息披露制度，执法机关应审查这些企业提供的年度报告，内容大概包括企业的经营状况，亏损状况、产品价格变动状况，等等，并且执法机关还应积极发布这些企业的各项报告（需要保密的信息除外），通过信息的披露，使执法机构、企业与公众之间的信息对称，既有利于反垄断执法机构的反垄断执法，也有利于促使垄断行业加强行业自律，规范市场竞争秩序。

（三）司法规制对策

首先，笔者认为，应赋予法院对于行政垄断案件的司法审查权，尤其是对行政主体实施的抽象行政行为进行司法审查的权力。目前，我国对于垄断类案件的监督，仅是由上级行政机关对下级行政机关进行监督，此种监督方式的缺陷笔者已在第二部分中详细阐述。笔者认为，在反垄断领域建立司法审查制，既符合 WTO 规则的要求，也能对行政垄断形成一种实质上的监督与制约，可操作性较强，实践价值较大。

其次，在诉讼领域，我国可以尝试建立反行政垄断公益诉讼，也就是说，一旦行政主体滥用行政权，导致出现行政垄断行为，任何公民、法人、机关团体均可以自己的名义对该行政主体提起行政诉讼。一方面，增设反行政垄断公益诉讼，可以加强对受害人的救助，并维护社会公共利益。另一方面，这种提起诉讼的方式可以调动大众参与到打击行政垄断的队伍中来，达到有效监督与规制行政垄断的目的。

当然，我们应该清醒地认识到，规制行政垄断，不能仅依靠法律，单单一部《反垄断法》更是无法解决多年来行政垄断造成的社会弊病。只有不断完善社会主义市场机制、不断推进政府职能转变、不断提高国民反行政垄断的积极性，多管齐下，才可以从源头上彻底根除行政垄断滋生的土壤，也才可以促使我国政治、经济、文化协调发展。

一 第七章 一
中国互联网反垄断第一案：
360 诉腾讯案引发的思考

一、问题的提出

2013 年 11 月 26 日，"中国互联网反垄断第一案"——360 诉腾讯滥用市场支配地位一案（以下简称"本案"）于最高人民法院开庭。2014 年 2 月 24 日，最高人民法院驳回上诉，维持广东省高级人民法院一审原判。由于最高人民法院的判决书并未公布，又作出了维持一审原判判决，所以本书很多地方对于法院的观点多引用于广东省高级人民法院的一审判决书。这是自《反垄断法》出台以来，最高人民法院审理的首例互联网反垄断案，庭审双方就多处疑点展开了激烈争辩。其中，相关商品市场认定不清，尤其是相关地域市场的界定，成为双方激辩的首要核心问题。[1]加上本案涉及互联网这个新兴产业，《反垄断法》如何在这个行业适用的问题也需要进行深入的探讨。这些问题又包括以下焦点：

---

[1] "中国互联网反垄断第一案"，载凤凰网：http://tech. ifeng. com/internet/special/360qqpk，访问时间：2013 年 11 月 29 日。

（一）相关市场的界定

根据《国务院反垄断委员会关于相关市场的指南》，相关市场是指经营者在一定时期内就特定商品或者服务（以下统称"商品"）进行竞争的商品范围和地域范围。[1]在反垄断执法实践中，通常需要界定相关商品市场和相关地域市场。在本案中，相关商品市场和相关地域市场都属于争议的焦点问题。

在本案中，关于相关市场的界定主要焦点包括以下九个问题：

第一，一审法院对本案相关产品市场未作明确界定是否属于案件基本事实认定不清？

第二，是否适合运用假定垄断者测试方法界定本案相关商品市场？

第三，综合性即时通讯服务与文字、音频以及视频等单一即时通讯服务是否属于本案同一相关商品市场？

第四，移动端即时通讯服务是否属于本案相关商品市场？

第五，社交网站、微博服务是否属于本案相关商品市场？

第六，手机短信、电子邮箱是否属于本案相关商品市场？

第七，本案相关商品市场是否应确定为互联网应用平台？

第八，本案相关地域市场应界定为中国大陆地区市场还是全球市场？

第九，本案的相关市场界定是否可以或者应当考虑本案诉争行为发生之后的相关市场状况及技术发展趋势？[2]

---

〔1〕《国务院反垄断委员会关于相关市场的指南》（2009 年 5 月 24 日）第 3 条。

〔2〕"双方争论焦点：相关市场界定 腾讯是否具有支配地位"，载凤凰网：http://tech.ifeng.com/internet/special/360qqpk/content - 3/detail_ 2013_ 11/26/31567706_ 0.shtml，访问时间：2013 年 11 月 29 日。

（二）市场支配地位的认定

第一，是否任何滥用市场支配地位案件均需要确定被诉垄断行为人在相关市场的市场份额？

第二，被上诉人在相关市场中的市场份额？

第三，被上诉人是否具有市场支配地位？

第四，一审法院未按照其重新界定的相关市场组织双方当事人重新计算市场份额是否违反法定程序？

（三）滥用市场支配地位的认定

第一，被上诉人实施的"产品不兼容"行为（即用户二选一）是否构成《反垄断法》所禁止的限制交易行为？

第二，被上诉人将 QQ 即时通讯软件与 QQ 软件管理、QQ 电脑管家等进行捆绑的行为是否构成《反垄断法》所禁止的搭售行为？[1]

从学术路径来看，以上三个问题是依次推进的。市场支配地位的确定需要首先界定相关市场，而只有构成了市场支配地位，才有所谓是否存在滥用市场支配地位的问题。那么本章后面部分将分三个部分，结合中国现行《反垄断法》以及相关司法解释，并对比国外反垄断法最新理论，对此案例进入深入之分析，以便对于未来反垄断司法及反垄断立法提出建议。

二、相关市场的界定

相关市场的认定包括两个大的方面的内容：一个是相关商品市场，一个是相关地域市场。

---

〔1〕 "双方争论焦点：相关市场界定 腾讯是否具有支配地位"，载凤凰网：http://tech.ifeng.com/internet/special/360qqpk/content-3/detail_2013_11/26/31567706_0.shtml，访问时间：2013 年 11 月 29 日。

（一）相关商品市场界定

本案原告方认为，案件中"相关产品市场"为即时通讯软件及服务市场，并否认电子邮件、电话通信等能替代即时通讯服务；"相关地域市场"为中国大陆市场。腾讯公司则表示，在即时通信市场中，有 MSN、飞信等即时通信服务。[1]

根据国务院反垄断委员会《关于相关市场的指南》（以下简称《指南》）第 3 条，相关商品市场，是根据商品的特性、用途及价格等因素，由需求者认为具有较紧密替代关系的一组或一类商品所构成的市场。这些商品表现出较强的竞争关系，在反垄断执法中可以作为经营者进行竞争的商品范围。

根据《指南》第二章界定相关市场的基本依据，分析相关商品市场有三种方法：需求替代性分析、供给替代性分析和假定垄断者测试的方法。根据《指南》第 7 条，在反垄断执法实践中，界定相关市场可以基于商品的特征、用途好、价格等因素进行需求分析，必要时进行供给替代分析。在经营者竞争的市场范围不够清晰或不易确定时可按照"假定垄断者测试"分析来确定。

1. 网络经济中的外部性因素

由于本案是网络经济中发生，腾讯、MSN、飞信等即时通信服务运营商都是免费向用户提供即时通信服务，所以我们首先考察是否可以采取以价格为核心的"假定垄断者测试"（简称SSNIP）来进行测量。SSNIP 测试主要是观察假定垄断者的产品价格提高5% ~10%时消费者转向其他替代产品的可能性，根据不同的市场反应判断相关市场的范围大小。但在网络经济中，消费者往往关注用户的网络规模是否庞大而对价格的敏感度不

---

　　[1]　张娥："互联网行业滥用市场支配地位行为的认定"，载《产品与质量》2012 年第 5 期。

高，对以价格为核心的 SSNIP 来说，其效果显然不会明显。[1]

网络经济与传统经济最大的不同在于消费者对商品的消费可能不通过价格机制而对消费者的效用产生影响。比如本案中的即时通信服务市场中，关键的因素在于市场中消费者的规模，而这个市场中所有的运营商提供的服务均为免费，所有 SSNIP 所要求的价格因素均不存在，所以 SSNIP 无法在本案中被成功运用。

但是广东省高级人民法院却在 2013 年 3 月 28 日的判决书中认为：免费成为互联网产业通行的、基本的，因而也才是可行的服务模式。证据显示，用户对即时通信产品及服务具有很高的价格敏感度。根据中国互联网信息中心（CNNIC）调查，不愿意为使用即时通信服务支付费用用户的比例高达 60.6%，而其他 32.7% 有付费意愿的用户也只是表达愿为即时通信平台上的增值业务付费，而非为即时通信的基础服务付费。网站 eNet 调查显示，如果被告对 QQ 用户进行全员收费，将导致 81.71% 的用户流失，转而使用市场上其他免费即时通信产品和服务。微软公司/Skype 案中有证据显示如果 Skype 公司开始收费，超过 75% 的个人消费者将不再使用该产品。据此欧盟委员会认为服务供应商成功与否在很大程度上取决于是否免费提供服务，如果一个服务供应商开始对一个长期免费的服务收费，并且市场上存在免费的替代性服务，消费者将立即转向接受那些免费的替代性服务。[2]

所以广东省高级人民法院认为，在网络案件基础服务免费的情况下，仍然可以适用假定垄断者测试来对商品市场能否构

---

〔1〕 杨文明："网络经济中相关市场的界定"，载《西南政法大学学报》2012 年第 4 期。

〔2〕 [2011] 粤高法民三初字第 2 号民事判决书。

成垄断进行相关测试。但是，广东省高级人民法院关于 eNet 的调查证据并不具有权威性，而 CNNIC 的调查只是显示有相当比例的用户不愿意为即时通信服务付费，但是并不意味着当你长期使用的即时通信服务商开始收费时，就一定会转向其他免费服务商。尤其是当市场中绝大多数人都在使用某个通讯服务商的服务时，你很难因为其收费服务而离开。而且互联网中即时通讯服务免费是一个普遍现象，服务商的利润来源主要是增值服务而非基础性服务，所以某服务商不太可能单独采取行动来获取所谓垄断利润，除非互联网中多数服务商集体行动收费。比如音乐下载服务就是一个典型案例。单独的收费服务很难在一个普遍免费的市场中一枝独秀。正是因为网络经济的提供免费基础服务的特点，假定垄断者测试在此案中很难获得预期的效果。

2. 需求替代性分析

根据《指南》第 5 条，原则上，从需求者角度来看，商品之间的功能用途和质量等的替代程序较高，竞争关系就越强，越可能属于同一市场。

（1）综合性即时通信服务与文字、音频以及视频等单一即时通信服务是否属于本案同一相关商品市场？实际上，互联网市场中的即时通信服务商如腾讯、MSN 等多同时具有文字、音频和视频等多种通信服务方式，用户也能够轻松实现三种方式之间的切换。所以无论是从需求替代，还是供给替代的方式出发，不应该将单一即时通信服务视为单独的商品市场，而应将其视为是在一个商品市场之内。

（2）社交网站、微博服务是否属于本案相关商品市场？在案件一审中，奇虎公司认为：从功能用途上来看，微博、SNS社交网站等产品均提供网页形式的即时通信服务和单独的即时通信软件服务。微博和 SNS 社交网站提供的网页形式的即时通信服务和单独的即时通信产品服务与 QQ 之间构成很强的竞争关系和产品需求替代关系，属于同一相关市场的商品集合，被告对此无异议，广东省高级人民法院予以确认。[1]

虽然微博也有私信聊天功能，但是微博私信聊天的前提是聊天双方或多方都必须使用同一微博平台，而腾讯 QQ 即时通信软件则不存在平台选择关系。其次，QQ 软件私密性很强，通信内容通常只有相互联系的各方知晓，与公开性和传播性都很强的微博服务并不具有很强的可替代性。腾讯公司本身也有微博服务，而腾讯内部即明确微博和即时通信业务是相区别的两个部门。[2]

同样的方法分析社交网站，如人人网等社交网站与腾讯 QQ 的即时通信服务也不属于同一相关市场。两者最大的不同在于社交网站采取实名注册制，而 QQ 号以号码为身份标识，具有相当的隐蔽性。QQ 让人们可以在不暴露自己身份的前提下与他人进行交往，就这一点上展现了其独特的市场。一个人可以拥有很多个 QQ 号码，但在任何一个社交网站上却是完全真实的、独一的身份，相当于一个熟人社会。因此两者的替代性并不强。在这个意义上，本书并不认同一审原告和广东省高级人民法院的观点。

（3）关于手机短信和电子邮件是否属于本案的相关商品市场？广东省高级人民法院一审认为：腾讯即时通信服务与传统的电话、手机、短信等通信服务之间存在一定的竞争关系。但其与传统的电话、手机、短信等通信服务相比，不仅在技术上

---

〔1〕［2011〕粤高法民三初字第 2 号民事判决书。

〔2〕易曼："网络反垄断中相关市场的界定——以奇虎 360 诉腾讯 QQ 垄断案为视角"，载《特区经济》2013 年第 7 期。

存在较大差异，更为重要的是固定电话、手机及短信均进行收费服务，而即时通信则进行免费服务，因此 QQ 与传统的短信、手机通话、固定电话通话之间不存在较为紧密的产品替代关系，相互之间不构成可替代商品。[1]而电子邮件因为不具有即时性，在替代性上，比之手机短信更弱。

（4）本案相关商品市场是否应确定为互联网应用平台？这个问题实际上与焦点中的第九个问题相关，即是否考虑互联网产业的竞争状况与未来发展。广东省高级人民法院认为：虽然在本案中尚不能确定安全软件平台与即时通讯平台之间存在紧密的替代关系，但在界定本案的相关商品市场时，应充分考虑目前互联网行业的产品竞争状况和市场格局。互联网行业是一个动态市场，行业内成功的产品、服务及商业模式很容易被其他企业模仿，市场进入门槛极低，因此除以需求替代来界定相关市场外，亦应从供给替代的因素出发，将其他企业的潜在产能考虑在相关市场范围内。所以否定了 360 所主张的即时通讯服务作为一个独立的相关商品市场的主张。[2]

如果将这个问题换个角度，那么就是本案的相关商品市场究竟是即时通信服务市场，还是整个互联网应用平台。互联网平台既有即时通信，又有搜索，还有安全软件，而且这些细分的平台之间也有竞争。互联网经济的特点就是基础平台免费，获得大量稳定的客户资源，然后通过增值服务和广告业务盈利。在这一点上，不论是即时通信业务、还是搜索业务、还是安全软件业务，都符合这个共同性。但是是否因此就认为这些业务本身无法形成独立的相关市场平台呢？答案是否定的。正如全面的分析中提到，不论是传统的手机短信和电子邮件，还是现

---

〔1〕　[2011] 粤高法民三初字第 2 号民事判决书。
〔2〕　[2011] 粤高法民三初字第 2 号民事判决书。

在的微博和社交平台，抑或安全软件，尽管存在着业务上强烈的竞争，但是在即时通信这个细分业务而言，手机短信、电子邮件、微博、社交平台以及安全软件对于即时通信软件的替代性并不是很强。不能因为盈利模式的类似和大平台的共通性而否认即时通信业务构成独立的相关商品市场的事实。

3. 供给替代性分析

根据《指南》第6条，供给替代是根据其他经营者生产设施改造的投入、承担的风险、进入目标市场的时间等因素，从经营者角度确定不同商品之间的替代程度。言下之意是：某种商品尽管存在垄断，只要其他生产者能够通过合理成本很容易地进入上述商品市场，垄断者就无法谋取垄断利益。

以腾讯公司为例，在即时通信市场的保有量占国内80%以上，使得其有能力采取灵活的竞争性经营战略，阻碍竞争对手的进入。由于其拥有大量的客户资源并拒绝对任何第三方共享资源，其他经营者很难获得一定数量的用户，因此难以进入相关市场或者难以在该市场中开展有效竞争。[1]所以从供给替代性分析，腾讯QQ在即时通信市场是很难被替代的。

（二）相关地域市场界定

广东省高级人民法院一审判决书中认为：首先即时通信服务的经营者及用户并不局限于中国大陆。

由于互联网的开放性和互通性，经营者和用户均无国界，本案证据显示境外经营者可向中国大陆地区用户提供即时通信服务，被告也同时向世界各地的用户提供服务。有一定数量的香港、澳门、台湾地区以及分布在世界各国的中文用户在使用被告提供的即时通信产品服务。同时也有分布在各国的外文用

---

[1] 易曼："网络反垄断中相关市场的界定——以奇虎360诉腾讯QQ垄断案为视角"，载《特区经济》2013年第7期。

户在使用被告提供的外文版本的即时通信服务。其次，用户的语言偏好和产品使用习惯不能作为划分地域市场的唯一依据。如前所述经营者通常都会提供多个语言版本的即时通信软件来满足不同语言需求的使用者。中国大陆用户经常会选择境外经营者提供的即时通讯服务（例如 MSN、ICQ、雅虎通、Skype 等），用户语言偏好不会导致国外即时通讯服务的经营者无法与中国大陆经营者进行竞争。[1]

正因如此，广东高院将相关地域市场界定为全球互联网市场。但是广东高院的两个理由均应受到质疑。尽管互联网具有开放性且无国界限制，但实际上由于语言以及政治文化等因素，各国均对互联网进行了相应的管制措施，使得互联网存上事实上的边界效应。事实上，很少有国外互联网用户使用腾讯 QQ 的即时通讯服务，除非其本身来自于大陆，使用国外服务商提供的即时通讯服务软件如 MSN 的用户相比腾讯 QQ 的用户而言也是不成比例。尽管很多软件本身可以提供多语言版本切换，但每种软件本身所定位的市场均有特定的地域限制。由于语言偏好和使用习惯的因素，导致腾讯 QQ 在中国大陆的绝对领导地位无法被超越。

根据中国互联网络信息中心（CNNIC）在 2013 年发布的数据显示，截至 2012 年 12 月底，我国网民规模达到 5.64 亿，但从学历结构来看，高中以下学历占 78.8%，大专以上学历人群上网比例接近饱和，网民的增长动力来自低学历人群。[2]CNNIC 发布的 2009 年度《中国即时通讯用户调研报告》表明，腾讯

---

〔1〕　[2011] 粤高法民三初字第 2 号民事判决书。

〔2〕　中国互联网络信息中心（CNNIC）2013 年《中国互联网络发展状况统计报告》。

QQ97.4% 的渗透率处于决定领先地位。如下图所示：[1]

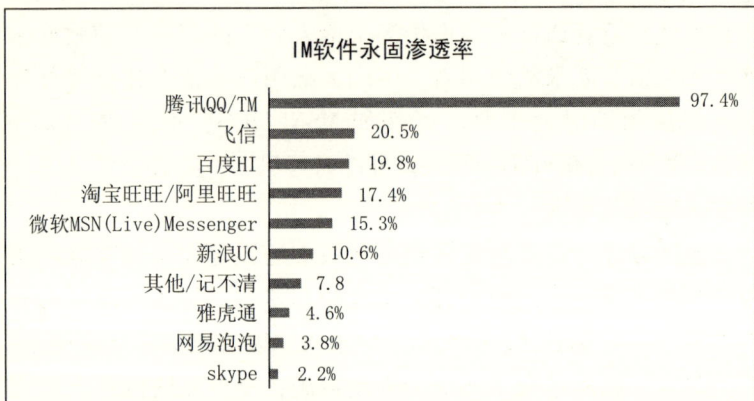

IM软件永固渗透率

腾讯QQ/TM	97.4%
飞信	20.5%
百度HI	19.8%
淘宝旺旺/阿里旺旺	17.4%
微软MSN(Live)Messenger	15.3%
新浪UC	10.6%
其他/记不清	7.8
雅虎通	4.6%
网易泡泡	3.8%
skype	2.2%

从以上数据显示，可以发现有相当一部分互联网使用者文化程度偏低，大部分即时通信用户无法使用外语来进行即时通信，更谈不上浏览外文网站了。因此在涉及互联网相关地域市场时，必须考虑语言和文化的因素，以及中国国情，这样很容易发现：相关地域市场应该被限定在某种语言普及的地域之内。因此在本案中，即时通信市场的相当地域市场就应该被限定为中国大陆市场，而非理论上的互联网全球市场。

三、市场支配地位的认定

接下来的问题即是腾讯 QQ 是否在中国大陆的即时通信市场中处于市场支配地位？

根据《中华人民共和国反垄断法》第 17 条规定："本法所称市场支配地位，是指经营者在相关市场内具有能够控制商品

---

〔1〕 中国互联网络信息中心（CNNIC）2009 年《中国即时通讯用户调研报告》。

价格、数量或者其他交易条件，或者能够阻碍、影响其他经营者进入相关市场能力的市场地位。"第 18 条规定："认定经营者具有市场支配地位，应当依据下列因素：该经营者在相关市场的市场份额，以及相关市场的竞争状况；该经营者控制销售市场或者原材料采购市场的能力；该经营者的财力和技术条件；其他经营者对该经营者在交易上的依赖程度；其他经营者进入相关市场的难易程度。"第 19 条规定："有下列情形之一的，可以推定经营者具有市场支配地位：一个经营者在相关市场的市场份额达到二分之一的；两个经营者在相关市场的市场份额合计达到三分之二的；三个经营者在相关市场的市场份额合计达到四分之三的。"〔1〕

广东省高级人民法院却认为不能仅凭被告在该相关市场上的市场份额超过 50% 而认定被告具有市场支配地位。理由如下：首先，被告不具有控制商品价格、数量或其他交易条件的能力；其次，被告不具备阻碍、影响其他经营者进入相关市场的能力。〔2〕

在这个争议中的关键问题在于如何判断一个经营者在相关市场中是否处于市场支配地位？根据我国《反垄断法》第 19 条规定，如果一个经营者在相关市场的份额达到 1/2 的，就可以被推定为占据市场支配地位。但是第 19 条第 3 款同时规定："被推定具有市场支配地位的经营者，有证据证明不具有市场支配地位的，不应当认定其具有市场支配地位。"从这里我们可以发现，经营者在相关市场的份额并不是判断是否处于市场支配地位的唯一因素。如本案例中，2010 年腾讯在即时通信市场中的市场份额达到 76.2%，凭这个数据可以推定腾讯在即时通信

〔1〕《中华人民共和国反垄断法》第 17～19 条。
〔2〕［2011］粤高法民三初字第 2 号民事判决书。

市场处于垄断地位，但是腾讯仍然有反驳的权利。如果腾讯能够有证据证明自身不处于市场支配地位，那么这个推定是可以被推翻的。

在判断经营者是否具有市场支配地位时，根据《反垄断法》，要综合考虑相关市场的竞争状况，经营者控制市场的能力，其他经营者对该经营者的依赖程度，以及其他经营者进入市场的难易程度。关于市场支配地位的认定，有大陆法模式和美国模式。我国《反垄断法》的规定同时吸收了德国模式和美国模式。一方面采取了大陆法中的市场支配地位的概念，但在界定市场支配地位的概念时，又吸收了美国法中的概念。这使得界定市场支配地位成了一个疑难问题。因为这两种模式的内在逻辑是不统一的。广东省高级人民法院在判决书中的理论依据恰恰是依据美国法作出的，但是市场支配地位的概念本身却是大陆法，所以广东高院的判决有《反垄断法》本身存在的逻辑上矛盾的原因。

根据全国人大法工委经济法室的解释，将欧洲法院和欧盟委员会及其前身欧共体委员会对市场支配地位的界定作为阐释《反垄断法》第 17 条第 2 款市场支配地位概念的范本。[1] 所以从立法者本意来说，《反垄断法》更接近欧盟大陆法。1971 年，欧洲经济共同体委员会把 Continental Can 收购 Thomassen 作为滥用市场支配地位行为加以禁止时明确："如果一家企业在很大程度上无须顾及其竞争对手、采购方或供给方的反应，我行我素地开展经营，则它就是具有市场支配地位的。"[2]

---

〔1〕 全国人大常委会法制工作委员会经济法室：《中华人民共和国反垄断法条文说明、立法理由及相关规定》，北京大学出版社 2007 年版，第 99～100 页。

〔2〕 See Entscheidung der Kommission, 9. 12. 1971, （Ⅳ/26. 811） – Continental Can Company, Ⅱ Rn. 3.

而我国《反垄断法》在第 18 条对于市场支配地位的界定，其内容基本上仿效了《德国反限制竞争法》第 19 条的规定。第 18 条规定和第 19 条规定主要集中于通过市场份额、相关市场的竞争状况、经营者控制市场的能力，其他经营者对该经营者的依赖程度，以及其他经营者进入市场的难易程度等相对静态的因素，而没有像欧盟法那样更关注经营者自身的行为因素。欧盟法对于经营者行为动态的关注，恰恰为如何判断市场支配地位提供了更准确、更全方位的考察标准，值得我们借鉴。

在认定市场支配地位时，德欧都很看重企业五类结构性特征：①企业纵向一体化能力；②提供富有差异性的产品或灵活调整供需产品的能力；③上下游交易相对人对被考察企业的依赖性；④企业经济实力；⑤技术条件与创新能力。[1]如果从这些广泛的视角来审视腾讯 QQ，那么腾讯 QQ 无论在企业纵向一体化，还是提供富有差异性的产品和灵活供需产品能力方面，抑或企业经济实力、技术创新能力方面，腾讯 QQ 持续的在即时通讯领域的深耕细作，都具有领先与即时通信市场内其他企业的超越竞争的地位，可以被认定为具有相对优势地位的市场支配地位者。

所以，单凭腾讯 QQ 在即时通信市场中占据 76.2% 的份额无法判断腾讯 QQ 在此市场中处于市场支配地位，但是凭腾讯 QQ 不具有控制商品价格、数量或其他交易条件的能力和不具备阻碍、影响其他经营者进入相关市场的能力也并不足以证明腾讯 QQ 不具备市场支配者地位。正如欧洲法院反复强调的："市场支配地位是若干因素共同发挥作用的结果，而这些因素单独

---

[1] 刘旭："奇虎诉腾讯滥用市场支配地位案中的市场支配地位认定"，载《电子知识产权》2013 年第 4 期。

来看，未必都是决定性的。"〔1〕

即时通信服务是腾讯 QQ 的基础性平台，通过这种免费的无限平台，加上 QQ 空间、QQ 游戏等社交平台给用户带来的体验，加上天量的用户群，不断增强其客户黏度，使得 QQ 用户对其产品产生很强的依赖感，如果更换其他经营者需要很大的转换成本。这都使得腾讯 QQ 敢于在与 360 进行大战时采取要求用户"二选一"策略，有恃无恐，如果不是行政部门的干预，那么腾讯 QQ 的限制交易行为很可能奏效。综上，可以初步判断腾讯 QQ 在即时通信服务市场具有相当的市场支配地位。

四、腾讯 QQ 是否实施了滥用市场支配地位的行为？

在判断腾讯 QQ 在即时通信服务市场具有相当的市场支配地位之后，紧随的问题在于腾讯 QQ 是否滥用了其市场支配地位？这也是判决本案的主要依据。因为《反垄断法》规制的潮流已经从垄断结构转向了垄断行为主义。

《反垄断法》第 17 条第 1 款规定："禁止具有市场支配地位的经营者从事下列滥用市场支配地位的行为：（一）以不公平的高价销售商品或者以不公平的低价购买商品；（二）没有正当理由，以低于成本的价格销售商品；（三）没有正当理由，拒绝与交易相对人进行交易；（四）没有正当理由，限定交易相对人只能与其进行交易或者只能与其指定的经营者进行交易；（五）没有正当理由搭售商品，或者在交易时附加其他不合理的交易条件；（六）没有正当理由，对条件相同的交易相对人在交易价格等交易条件上实行差别待遇；（七）国务院反垄断执法机构认定的其他滥用市场支配地位的行为。"〔2〕涉及本案的争议主要是

---

〔1〕 See ECJ, 14. 02. 1978, Case 27/76, United Brands, para. 66.

〔2〕 《中华人民共和国反垄断法》第 17 条。

第17条中第4项和第5项，即腾讯QQ是否构成限制交易和搭售？尤其是腾讯QQ的"二选一"行为是否构成了限制交易？

腾讯在没给用户预留时间备份QQ聊天记录等数据信息，或提供数据导出服务的情况下，就单方面要求免费QQ用户和QQ会员"二选一"属于限制用户的交易选择权，更涉嫌构成《反垄断法》第17条第1款第5项所规制的"附加不合理交易条件"。[1]在理解本案是否属于《反垄断法》第17条第1款第4项行为时，涉及腾讯QQ的行为是否符合法律中的"正当理由"的问题。如果腾讯QQ的行为属于《反垄断法》第17条所提的"正当理由"，那么腾讯QQ的行为则可能正当化而免于受到法律追究。

腾讯QQ在广东高院一审中辩解：QQ软件对360安全卫士采取不兼容措施是源于原告实施侵权行为所致。原告利用360隐私保护器，扣扣保镖和360安全卫士自身的弹窗功能破坏和篡改QQ软件功能并诋毁QQ，同时原告进一步在360安全卫士中加载了360隐私保护器以及360扣扣保镖，利用360安全卫士的大量用户来实施进一步的侵权行为。为了保证QQ的正常运作，被告不得已采取不兼容技术措施来阻止和排除原告产品对自身产品的破坏，是一种正当的自力救济行为。[2]

各国对于这个"正当理由"均有自身的理解，概括起来有三种：①行为人（经营者）与交易相对方之间的利益平衡，特别是其相对方是消费者时，消费者能否分享经营者因实施该行为而带来的利益；②行为人（经营者）与公共利益或国家利益之间的平衡；③行为人（经营者）与其他经营者特别是与具有

---

〔1〕　刘旭："奇虎诉腾讯滥用市场支配地位案中的市场支配地位认定"，载《电子知识产权》2013年第4期。

〔2〕　[2011]粤高法民三初字第2号民事判决书。

竞争关系的经营者之间的利益平衡。[1]如果从这几个国际通行标准出发，腾讯 QQ 处于自身利益的"二选一"行为并不能使得消费者因此而受益，也不能使得整个市场的其他竞争者受益，或者使得公共利益受益，那么这种行为即便构成腾讯 QQ 所主张的正当防卫或紧急避险，也无法构成《反垄断法》第 17 条第 1 款中的"正当理由"。正因为如此，腾讯 QQ 的"二选一"的行为毫无疑问构成了《反垄断法》第 17 条第 1 款所规定的限制交易行为，从而构成反垄断法意义上的"滥用市场支配地位的行为"。

至于腾讯是否构成《反垄断法》第 17 条第 1 款中的搭售，则如广东高院一审判决书所认为的："被告在 QQ 软件打包安装 QQ 软件管理时，为用户提供了 QQ 软件管理的卸载功能，被告向用户提供 QQ 软件服务并非以用户必须使用 QQ 软件管理为先决条件，对用户没有强制性。另外，被告在将 QQ 软件管理与 QQ 医生升级为 QQ 电脑管家时，向用户发出了升级公告，必须经过用户选择才可进行升级，已尽了明示用户并给予用户使用选择权的义务。"[2]即腾讯 QQ 并无强迫消费者按照 QQ 软件管理，并提供了卸载功能，所以腾讯无法被证明实施了《反垄断法》第 17 条第 1 款的搭售行为。但即便如此，凭腾讯 QQ 实施的限制交易行为"二选一"的行为，足以判断其实施了《反垄断法》第 17 条规定的滥用市场支配地位的行为。

五、360 诉腾讯案引发的反垄断法思考

互联网反垄断法第一案，给我们很多启示，也反射出我国

---

〔1〕 肖江平："滥用市场支配地位行为认定中的'正当理由'"，载《法商研究》2009 年第 5 期。

〔2〕 [2011] 粤高法民三初字第 2 号民事判决书。

《反垄断法》本身存在的一些深层次问题。

首先，《反垄断法》中滥用市场支配地位的行为的关键在于市场支配地位的认定。而广东高院的判决以及最高人民法院二审期间媒体的关注点都集中于相关市场的界定。广东高院作为专业审判机关，显然误导了媒体和公众，有避重就轻之嫌。

其次，在相关市场的界定中，错误地适用假定垄断者测试的方法。主流的学术观点认为："假定垄断者测试法不宜用在更强调产品差异化竞争而非单纯价格竞争的领域，同时也不适用在互联网免费服务等双边市场领域。"[1]而广东高院却坚持在本案中适用，并基于此点，将即时通信服务与微博、社交网站等市场视为同一相关市场之内。而相关市场的范围一旦被定位于整个互联网市场，那么腾讯QQ的市场支配地位自然也就无从谈起。在判断相关市场案件中，根据《指南》规定，需求替代分析是主要依据，供给替代分析为辅，只有两者都无法确定相关市场时，才可在对价格比较敏感的市场中适用假定垄断者测试方法来分析。

再者，我国《反垄断法》第17条和第18条借鉴了德国法和美国法中对市场支配地位的界定，但是在具体适用中仍显得标准模糊，缺乏更灵活具体的适用准则，可以考虑借鉴欧洲法院中关于市场支配地位更全面考虑的适用规则。欧盟法院的案例更加关注处于市场中的经营者的行为状态，如是否"不需要考虑其他经营者就可以独自作出关于价格、交易对象的决定"等内容。这样的动态标准比相对静态的市场份额、市场竞争程度等内容更加全面和客观。

再次，关于是否构成《反垄断法》第17条所谈及的滥用市

---

[1] 蒋岩波："互联网产业中相关市场界定的司法困境与出路——基于双边市场条件"，载《法学家》2012年第6期。

场支配地位的行为，法律中的"正当理由"一词需要更准确的法律界定。因为反垄断法所列举的六款滥用市场支配地位的行为中，有五种行为都存在"正当理由"的豁免问题，所以什么情形构成法律上的"正当理由"就是一个非常重要的法律适用标准。我国《反垄断法》在此问题上缺乏明确的规则。从各国《反垄断法》法律实践来看，经营者、消费者和公共利益三者之间的利益平衡是考虑《反垄断法》中的"正当利益"的主要标准。如果滥用市场支配地位的行为能够给消费者、其他经营者或公共利益带来比自身更大的利益时，那么这种行为将被视为是正当化的。我国应该通过立法解释或者司法案例指导的方式对此问题予以明确。

最后，在互联网领域与实体经济一样，同样适用《反垄断法》，并不因为互联网市场中基础服务免费而存在例外。有经济学家发表文章认为反垄断法建立在错误的定义之上，并且认为美国历史上的反垄断法一直被用于打击富有创造力和成功的公司。[1]但反垄断法的发展已经从传统经济学中对垄断状态的关注转向处于市场中支配地位的经营者的行为，而非其本身所占据的市场份额或者是否具有排除其他竞争者的事实。现代反垄断法的精神如欧盟法院判例中一样，其标准是行为标准和主观标准，即某市场中的经营者是否肆无忌惮的无需考虑其他经营者而采取独自决定价格和限制交易等行为。腾讯QQ的问题不在于其占有了即时通讯服务市场72.4%的市场份额，而在于其采取了要求消费者作出"二选一"的限制交易的行为。

---

[1] 张维迎："360诉腾讯是一场错误的官司"，载《经济观察报》2013年11月26日。

— 第八章 —

政府信息公开制度实施：
以中国市级政府财政公开为样本

2008 年《政府信息公开条例》实施，财政公开在中国不断取得进步，尤其是中央政府的财政公开取得了明显进展。但随着公众对于政府信息公开的期待不断提高，地方财政公开的呼声不断高涨。2014 年国务院办公厅《2014 年政府信息公开工作要点》和财政部《关于深入推进地方预决算公开工作的通知》（财预〔2014〕36），标志着地方政府财政信息公开工作将进入一个新阶段。但实际上，地方政府财政信息公开在 2010 年就已经开始逐步推进了，只是力度上和公众关注度要低于中央财政信息公开。

一、研究基础

学术界对于地方政府财政公开的关注也在不断升温，最主要的两份报告包括上海财经大学的《年度财政透明度报告》和清华大学公共管理学院的《中国市级政府财政透明度研究》。但是对于地方政府财政公开的数据的深入分析和研究，在学术界仍然有着巨大的空间。及时总结中国地方政府的财政公开实践，对于《政府信息公开条例》的进一步完善，有重大的理论意义和实践价值。由于市级政府在中国五级政府中起着承上启下的作用，其信息公开实践具有很大的参考价值，所以本书主要立足于市级政府的财政公开信息，对财政信息公开实践中存在的问题进行制度性反思，为未来法规修改提供参考。本书基本采纳了清华大学公共管理学院的《中国市级政府财政透明度研究》中的数据，进行分析。

本书主要采取的研究方法是信息流通理论。信息流通理论是立足于传统的静态的观察政府信息公开理论，更多地是从动态和宏观的方法，分析一国信息环境中的信息互动，从而对信息公开法律实施进行更深入研究的理论模型。这个领域充分借鉴了信息经济学等多个相关学科的知识。

二、市级政府财政信息公开的主要进步

首先，财政信息公开主要采取主动公开的方式。如果从信息流通理论分析，则是从政府流向公众的信息流为主。由于《条例》主要围绕主动公开进行，所以目前的财政信息公开以政府主动公开为主。从 2010 年以来的三公经费公开，引起了公众的广泛关注，也取得了比较明显的进步。与其他领域的信息公开更多的是依申请公开相比，财政信息公开更多的是政府主动公开。其原因可能在于高度专业，公众还缺乏足够的知识来发起申请，或者说还需要一定时间的训练来了解相关领域的知识。从美国的预算运动历史来看，美国公众对于财政信息公开与自身的紧密关系也是经过了相当长时间的培养才形成的。

其次，财政信息公开与城市的行政层级有着高度的正相关性。从 2012～2014 年中国市级政府财政透明度中的数据来看，直辖市的财政信息公开工作做得最好，其次是计划单列市，再

次是省会城市，最后是其他地级市。[1]这从一个侧面说明了中国的财政信息公开是政府推动型的。因为中国的政府权力是按照城市的等级来分布的。换言之，城市的行政级别越高，其政府权力推动某项工作的力度就越强大。与中国市场经济的发展路径一样，中国的财政信息公开也是在党和政府强力推动下展开的。

最后，财政信息公开的全面性逐步提高。在社会高度关注和学术界逐步发布各种财政透明度报告及指南的背景下，地方政府的财政信息公开朝着规范化和全口径的方向发展。比如，按照清华大学课题组最新的《全口径财政透明指标体系》，各市政府对纳入财政涵盖范畴的公共部门机构公开的情况逐年好转。市级政府预算与预算执行情况以及其他财政信息也在不断进步。

三、市级政府财政信息公开的主要问题

（一）缺乏宏观视野的信息公开实施

在信息流通理论看来，今天的政府信息公开并非仅仅是政府的信息公开部门的职能工作，而是整个政府的基本工作。从市级政府财政信息公开的实践来看，目前的市级财政信息公开工作主要依赖于政府财政部门的推动。但从 2012～2014 年市级财政信息公开的实践来看，市级政府财政信息公开的三大要素，均需要各个部门，包括党的部门、人大、政协、民主党派、群众团体等多方的配合。这还仅仅涉及政府财政信息的主动公开。如果是财政信息依申请公开，就更不是财政部门自身的事权，而需要所有财政供养单位的共同努力。

现实的财政信息公开实践实际主要依赖于市级政府主要领

---

〔1〕　清华公共经济、金融与治理研究中心财政透明度课题组：《2014 年中国市级政府财政透明度研究》2014 年 6 月 30 日。

导人和观念以及财政部门的努力。而这对于致力于国家治理体系和治理能力现代化的中国而言，是远远不够的。从宏观视野入手，整个政府部门，从领导人到普通机关干部，均需要理解财政信息公开的意义，才可能从主观到客观去参与到完善相关制度以及相关制度实施之中。

在中国目前国情下，财政信息公开实践不仅需要政府各部门的支持，还需要包括党委、人大、政协、民主党派、群众团体等部门及其工作人员的全力支持。这些部门及其工作人员的观念和具体工作层面的支持相比政府部门的支持来说，可能更加重要。因为从现行财政信息公开实践来看，政府部门的财政信息公开实践在过去三年进步很快，但党委、人大、政协、民主党派、群众团体等部门的财政信息公开工作却进展缓慢，甚至出现停滞状态。但是这些部门及其工作人员的财政支出在中国政府整个财政支出中占的比重是很高的。

（二）局限于外部信息公开

观察 2012～2014 年市级政府的财政信息公开工作，可以发现政府和公众关注的热点集中于三公经费等政府的主动信息公开领域。而依照信息流通理论，信息公开可以分为主动公开、被动公开、内部公开和外部公开。[1] 从目前信息公开实践来看，公众和政府比较关注外部公开，即财政信息从政府向公众的流通，而忽视了政府部门内部的信息流通。实际上，在中国这样一个条块分割的大国，各个部门之间的信息阻隔是非常严重的。财政部门与公众之间的信息沟通，这些年有了不少进步，但是应该说还存在着"猫捉老鼠"的现象，这就大大提高了财政信息公开的难度。如果进一步从全范围的信息公开领域来看，信

---

〔1〕 肖卫兵："信息流通视野下的政府信息公开制度实施：以上海市 A 区为例"，载《中国行政管理》2014 年第 7 期。

息公开的部门分割则更加严重，所需的社会成本是十分高昂的。比如，虽然同属于国务院，但是税务部门有自己的信息系统、海关有自己的信息系统、公安部门也有自身的信息系统、财政部门同样有自己独立的信息系统。这些部门立足于自身部门利益，均垄断自己的信息，不愿意与其他部门分享。而每一套部门的信息系统都要耗费巨额的财政资金，而且需要不断加大投入。但实际上这些信息系统的很多信息都是相同的，如果共享，将会极大地提高行政效率，且节约巨大的社会成本。

一个可以观测到的显著例子是涉税信息共享问题。在正在进行的《税收征管法》修订草案中，最难以达成共识的是涉税信息共享问题。相关部门之间围绕这个问题的争论导致《税收征管法》被搁置达到六年之久。联邦德国建立了全国统一的税收识别号，通过信息联网掌握全国信息。而丹麦作为高税收、高福利国家，通过建立个人、企业、动产、不动产四大网络将全国的信息联网，税收贡献率高达95％以上。〔1〕就是这个小小的涉税信息共享，直接影响到中国的个人所得税征收体制，从短期来看会造成各个部门重复建立数据系统，浪费财政资金。中期来看搁置了法律修改，影响了中国税收体制改革，延误了现代财政制度的确立，延缓了从间接税为主体的税制朝直接税为主体税制的转型。从长期来看，说其耽误了中国的财政民主进程，进而影响了整个民主和法治的进程，一点也不为过。管中窥豹，这个小小的案例给我们的教训就是：内部信息公开与外部公开同样重要。

（三）对依法公开理解的偏差

即便是在目前进展较快的对外财政信息公开，也存在执行

---

〔1〕　赵婧："税收征管法修订案下半年有望审议　聚焦涉税信息共享"，载《经济参考报》2015年2月3日。

理念的偏差问题。观察目前的财政信息公开，可以发现目前的政府信息公开存在一个理念误导问题，即对于依法公开的僵硬使用。在全面推进依法治国的今天，对于如何理解法治和依法治国仍然存在很大的偏差。许多政府工作人员甚至认为，依法治国就是依法来治理老百姓。实际上，依法治国的核心精神是保护老百姓的权利，体现人民主权，因而在实践中，依法治国的关键在于防止政府的权力侵犯老百姓。具体到信息公开领域，应该按照法律的精神去尽量扩展老百姓的知情权，而非僵硬地适用法律，法律规定的就可以公开，没有规定的就不可以公开。这种错误的理念，使得目前的财政信息公开在市一级领域推动比较缓慢。应该倡导的恰恰是以服务的理念来与公众沟通，凡是法律规则没有明确限制的，都应主动向公众公开。从某种意义上讲，政府信息公开的实施效果即是公众权利的实现程度，也是实质意义上的人民民主的实现程度。

从目前可以观测到的市级财政信息公开的数据来看，从 2012～2014 年取得了一些进步，但形式上的进步比较多，如网站上对于政府部门（财政供养部门）的公开，但真正内容的实质细化，包括党的部门的信息公开，则相对较弱。也出现了东部地区好于中西部地区的情形。这种情况的出现有多种原因，但一个可能性较大的原因就是东部沿海地区的公众纳税人意识较强，积极主动地向政府施加了影响，如主动申请或舆论压力的方式等。而中西部地区的公众则更多地选择消极等待。但从另外一个角度来分析，这种情况说明目前的信息公开更多是因为受到一种压力，不论是上级政府的指示，还是承受公众压力后的被动行为，因而在形式上表现为依法来进行信息公开。这时，就容易出现当法律既没有规定可以公开，也没有规定不公开时，相关部门采取比较消极的态度，即利用法律的模糊地带来消极应付信息公开。这实质上歪曲了全面推进依法治国背景下的依法信息公开。

四、如何完善信息公开制度

立足于 2012～2014 年的市级财政信息公开的全样本数据，我们运用了信息流通理论，对于当前财政信息公开领域存在的问题进行了分析，基本可以将主要问题归纳为三大方面：缺乏宏观视野；局限于外部公开；局限于依法公开。那么针对这三大问题，我们尝试提出以下对策：

（一）从全方位视野来理解和实施政府信息公开制定

观察过去三年市级财政信息公开的全样本数据，最基础性的问题是目前的信息公开制度是建立在静态的传统信息公开理论模型。这种理论模型停留在描述性的案例分析。这种理论将政府信息公开视为全球化视野下政府责任的履行。[1] 由于这种理论基础，目前的大多数国家，包括中国政府在内，政府信息公开都被视为是某个特定政府部门的工作职能，甚至被视为特定政府部门在特定时间单向应完成的工作职责。比如世界贸易组织中要求每个希望加入的成员国所必须遵循的一个重要法律规则就是"透明度规则"。这个透明度规则可以被视为是很多国家推进政府信息公开的外在动力。但是也正是这个理论自身存在的缺陷，使得我们目前的政府信息公开工作取得了一些成效，但也陷入了某种误区。

信息流通理论模型为我们下一步的政府信息公开工作建立了基础。信息流通理论使得我们可以全面、系统地理解政府信息公开，从国家的整个环境和宏观动态视野来理解我们的政府

---

〔1〕　Thomas Blanton，"The Openness Revolution：The Rise of a Global Movement for Freedom of Information"，*Development Dialogue*，2002（1）.

信息公开，从而更利于推进目前单向的、外力推动的政府信息公开。政府信息公开工作是立足于本国国情，内生于本国，以公民权利保障为指向，需要全体国民和整个党政系统共同推进的一项宏伟工作。这项工作本身的伟大意义足以与美国20世纪20年代的预算公开运动相媲美。所以，未来《政府信息公开条例》的实施要将政府信息公开工作列入各级党政部门的重要工作，不局限于某一部门，而且要对公众进行信息公开教育，使公众也参与到这项工作中去，从而形成信息公开的良性互动。

从现行财政信息公开实践来看，包括党委、人大、政协、民主党派、群众团体未来财政信息公开理念和实践的推进将是未来财政信息公开进一步推进的关键所在。这是富有中国特色的，也是决策者们所必须考虑的。

（二）从内部公开重点推进

从目前市级财政信息公开的实践来看，政府信息公开更多地强调外部公开，即政府信息对公众直接的公开。这同样是政府信息公开在传统信息公开理论指导下的一个重大误区。孤立片面地将政府信息公开视为政府对公众的一项单向表达，没有意识到政府信息公开在政府内部也同样存在。从涉税信息共享问题的分析中，我们已经看出政府信息内部公开的严峻性及其带来的巨大社会成本。在信息流通理论的框架之下，政府信息公开是宏观系统的工程，其成效取决于整个政府和公众以及社会环境中流通的信息效率的高低。所以，每一项有利于提高社会环境中信息流通效率的工作都是需要去推进的。政府部门内部的信息公开，对于当前的全面深化改革和全面推进依法治国，具有十分重要的意义，包括反腐败。所以，下一步政府信息公开条例的修订应该树立内部公开重点推进的原则。

（三）从依法公开转向以服务为理念

在全面推进依法治国的大背景之下，厘清如何实现依法公开显得尤其重要。十八届四中全会确立全面推进依法治国为主题，2015 年 2 月 2 日，习近平总书记在省部级主要领导干部会议上的讲话都意味着目前党全力推进的一项治国方略就是法治。但是法治首先是约束政府的，也就是说首先是约束领导干部的，并非是运用法律来管控老百姓。在这个概念明确之后，依法公开并非是运用法律规则来阻止公众了解政府信息，而是依照法律规则来保障公众的知情权。依法公开并非意味着不能酌情处理，而是在合法的基础上酌情处理。即法律规则中明确禁止公开之外，政府部门应该以服务性政府为理念，帮助公众实现其知情权。即便法律规则没有列举公众的知情权，只要法律规则没有禁止，公众仍然可以申请，政府部门仍需酌情予以协助。

那么这也意味着，在未来的财政信息公开中，不论是财政信息对内部的公开，还是财政信息对外部公众的公开，都需要用服务的理念来理解依法公开，而不是根据法律是否规定来决定是否进行财政信息公开。

— 第九章 —
土地财政与当代宪制

实事求是是检验真理的唯一标准。

——邓小平

一、研究基础和问题的提出

（一）对土地财政的重新理解——从宪制切入

土地财政，通常有两种解释。微观的土地财政是指一些地方政府依靠土地作为政府取得收入的重要工具，通过出让土地使用权来获得土地出让金，作为地方政府收入的重要补充来源。[1]而中观的土地财政则可以被理解为是地方政府通过土地和房地产业所获取的一切收入。[2]如陈国富、卿志琼认为："在中国的语境下，土地财政主要指地方政府通过出让土地获得土地出让金，以此作为其财政收入来源的经济关系。"[3]陈志勇、陈莉莉则认为："'土地财政'是指地方政府的可支配财力

---

[1] 刘红梅、张志斌、王克强："我国土地财政收入研究综述"，载《开发研究》2008 年第 1 期。

[2] 王举、吕春梅、戴双兴："土地财政与房地产业发展"，《地方财政研究》2008 年第 10 期。

[3] 陈国富、卿志琼："财政幻觉下的中国土地财政——一个法经济学视角"，载《南开学报（哲学社会科学版）》2009 年第 1 期。

高度倚重土地及相关产业租税费收入的一种财政模式。"[1]文章所要提出的第三种是宏观意义上的，即宪制意义上的，具体是指一种中国特色的城镇化经济社会发展模式，即在土地公有制基础上，通过征收集体土地并出让国有土地从而获得信用，进行融资并实现中国城镇化的一种经济社会发展模式。尽管美国早期也能利用土地发展经济，但其土地是私有的，所以国家无法在其中获得太多的利益，所以土地对于美国而言无法起到这么明显、突出的作用。在中国特色的城镇化发展模式中，政府、社会、市民和农民都是受益者，并成就了中国经济社会近三十年的高速发展。那么究竟是什么原因推动了土地财政的形成呢？主流学术界有两种主要解释。一种代表性人物有孙秀林、周飞舟。他们认为："分税制集中财权使地方政府逐渐走向以土地征用、开发和出让为主的发展模式，从而形成了土地财政；利用省级的年度数据验证了两者之间的密切关系。"[2]一种代表性人物以周黎安为代表。他认为："虽然财税激励无疑构成地方政府行为的一个重要动力，但作为处于行政金字塔之中的政府官员，除了关心地方的财政收入之外，自然也关心其在'官场'升迁的机遇，而这种激励在现实中可能是更为重要的。"[3]不管是基于分税制所带来的财政压力，还是基于官员晋升的 GDP 锦标赛，两种观点实际上都认为土地财政现象的产生是基于自上而下的财政压力或晋升压力，是一种自上而下的压力传导所致。基于这种理论解释，十八大之后，中央进一步强调了生态文明

---

〔1〕　陈志勇、陈莉莉："'土地财政'：缘由和出路"，载《财政研究》2010 年第 1 期。

〔2〕　孙秀林、周飞舟："土地财政与分税制：一个实证解释"，载《中国社会科学》2013 年第 4 期。

〔3〕　周黎安："中国地方官员的晋升锦标赛模式研究"，载《经济研究》2007 年第 7 期。

建设，并且改革了政绩考核指标〔1〕。按照前述理论模型，土地财政为表象的招商引资和 GDP 锦标赛就应该寿终正寝了。但是事实并非如此，笔者在河北诸县市大量调研的结果显示，基层政府（尤其是县一级）仍然将招商引资和项目入驻作为衡量一个干部政绩的主要指标。在对多位基层领导访谈之后，他们不约而同地表达了一个令人震惊的观点："尽管过去上级有压力，招商引资也好，土地财政也罢，发展经济也好，并非一个上级层层下压的结果，恰恰是基层人民群众要求的产物。人民群众讨厌贫穷，要求致富，不在乎环境破坏与否。"那么这种观点能否站住脚呢？

（二）目前学术界的研究

在主流的学术研究中，对土地财政几乎不约而同地持批评态度。周飞舟认为："土地征用、开发和出让及其带动的建筑业和房地产业的兴盛是城市扩张的核心内容，而这些也构成了地方政府财政收入的最重要支柱……从长远来看，这三者之间的过密关系是我国经济社会长期可持续发展的障碍。"〔2〕邓子基认为："土地财政有力地推动经济发展和加速工业化、城市化进程，但风险巨大：财政风险；产生腐败寻租行为；经济社会发展与城市化进程不可持续；拉大城乡差距，国民收入分配不合理。"〔3〕陈国富、卿志琼认为："在土地征收中，政府存在财政幻觉。城乡土

---

〔1〕 2013 年 12 月，中央组织部印发《关于改进地方党政领导班子和领导干部政绩考核工作的通知》（以下简称《通知》），规定今后对地方党政领导班子和领导干部的各类考核考察，不能仅仅把地区生产总值及增长率作为政绩评价的主要指标，不能搞地区生产总值及增长率排名，中央有关部门不能单纯依此衡量各省（自治区、直辖市）的发展成效，地方各级党委政府不能简单地依此评定下一级领导班子和领导干部的政绩和考核等次。

〔2〕 周飞舟："大兴土木：土地财政与地方政府行为"，载《经济社会体制比较》2010 年第 3 期。

〔3〕 邓子基："关于土地财政的几个问题"，载《学术评论》2012 年第 1 期。

地制度分割和土地征收程序虚置构成财政幻觉的制度基础，中国土地财政的兴起是居民财产权利与政府征收权之间失去平衡的结果，必须启动实体法和程序法上双重的还权于民的改革。"〔1〕陈志勇认为："高度依赖土地资本化和房地产业的经济发展是不可持续的。为促进地方政府财政行为的转型……需要进一步完善财政体制和税收体系，弱化土地及相关产业的财政收入激励，切断'土地财政'运行机制的循环链条。"〔2〕但也有学者对土地财政开启了对土地财政的重新认识，某种程度上提升了我们对土地财政的理解。赵燕青认为："土地财政是中国城市化启动的关键制度，对于城市化原始资本的积累起到重要作用。土地财政也带来了资源浪费、金融风险和贫富分化等一系列问题。简单地放弃土地财政并转向税收，可能带来一系列风险。土地财政不应被简单放弃，而应随着城市化的推进、完成而不断升级乃至逐渐退出。"〔3〕土地财政并非中国的专利，美国也曾经在相当程度上依赖土地财政。"从建国至1862年的近百年间，美国联邦政府依靠的也是'土地财政'。同土地私有化的旧大陆不同，殖民者几乎无偿地从原住民手中掠得大片土地。当时联邦法律规定，创始13州的新拓展地和新加入州的境内土地，都由联邦政府所有、管理和支配。"〔4〕"从建国至1862年，是美国联邦政府的土地财政时期。公共土地、联邦财政强权及最小政府概念的约束一起构成了土地财政的制度背景。1863年《宅

〔1〕 陈国富、卿志琼："财政幻觉下的中国土地财政——一个法经济学视角"，载《南开学报（哲学社会科学版）》2009年第1期。

〔2〕 陈志勇、陈莉莉："财税体制变迁、'土地财政'与经济增长"，载《财贸经济》2011年第12期。

〔3〕 赵燕青："土地财政：历史、逻辑与抉择"，载《城市发展研究》2014年第1期。

〔4〕 王宏利："美国土地财政收入演进规律及启示"，载《地方财政收入》2011年第5期。

地法》……财政联邦主义不断演进，以财产税为主要内容的土地收益最终在上世纪 40 年代下移至地方政府层级。"[1]周其仁领衔的北大国发院课题组发现："成都的土地制度改革可以概括为：增加现存征地制度的弹性，探索在非征地模式下配置土地，以确权为基础，为逐步缩小征地范围、全面改革征地制度准备条件。"[2]贺雪峰的研究团队则同样以成都经验为样本，得出了相反的结论："成都城乡统筹经验的本质是在中国现行土地制度下，政府通过土地财政主导经济高速发展和城市快速扩张……这使得城郊农村的土地具有了远高于农业用途的非农使用的增值收益，进而为顺利完成城市化的历史性使命提供了可能。"[3]

综上所述，土地财政并非中国的独创，美国用过。赵燕青、贺雪峰的研究极具启发性，但是仍有可深入提炼之处。"所谓宪制问题，是指一国以基本政治法律制度，应对的本国的重大、长期和根本的问题，如国家的统一、人民的团结和国内各民族的团结等。只有通过长期的政治法律实践，并配合相关的经济文化发展，才能予以化解、缓和或解决的麻烦。"[4]将土地财政的作用衍生到如此之大，左右中国近三十年的发展主线，这是中国特色城市化的自然选择。起步于深圳厦门，到 1998 年之后全面铺开，遍地开花，完全改变了地方政府行为模式，也成

---

[1] 骆祖春、赵奉军："美国土地财政的背景、经历与治理"，载《学海》2012 年第 6 期。

[2] 北京大学国家发展研究院综合课题组："还权赋能——成都土地制度改革探索的调查研究"，载《国际经济评论》2010 年第 2 期。

[3] 贺雪峰："破除'还权赋能'的迷信——以《还权赋能——成都土地制度改革探索的调查研究》的主要观点与周其仁教授商榷"，载《南京师大学报（社会科学版）》2013 年第 4 期。

[4] 苏力："何为宪制问题？——西方历史与古代中国"，载《华东政法大学学报》2013 年第 5 期。

了过去二十年公民社会分层的主要形式，从而根本上构建了国家与公民、中央与地方的关系，因而实质上成了这几十年中国宪制的一部分。从某种意义上讲，一个国家的税制与其宪制是塑造与被塑造的关系。更进一步说，从长的历史时段来看，税制改革就是宪制改革。如熊彼特所说："税收不仅有助于国家的诞生，还有助于它的发展。一旦税收成为事实，就好像一柄把手，社会力量握住它，就可以改变这个国家的社会结构。"[1]如从宪制意义上理解，则可对土地财政有进一步的理解。以土地财政为主导的地方税制在相当程度上建构了中央与地方的关系，以土地财政为替代的财产税制相当程度上构建了国家与公民的关系，从而成为中国特色发展道路的基石。在这个制度中，中央政府、地方政府是最大的受益者，那些早期买房的公民相当于购买了城市的股票，随着城市化的进展而增值，只有后期进入城市的新移民是受害者。那么正在全面推进中国城镇化的中国，土地财政已经需要全面退出了吗？后土地财政时代到来了吗？

二、对土地财政的主流解释的反思

（一）土地财政并非分税制的产物

1. 土地财政的宪法依据

1994 年的分税制是当时中央财政面临巨大压力作出的决定，但实际上土地财政的法律依据早于 1994 年，是 1988 年《宪法（修正案）》和土地管理法的修改。而土地财政的风起云涌则是 2003 年之后的事情，所以本书的一个基本判断就是分税制可能是土地财政的一个前提，但并非土地财政的决定性因素。

---

[1] Joseph A. Schumpet: "The Crisis of Tax State", *in International Economical Papers*, NewYork: Macmilan, 1958, pp. 4, 17~19.

土地财政最高的宪法依据是 1982 年《宪法》及 1988 年《宪法（修正案）》。1982 年《宪法》第 10 条规定："国家为了公共利益的需要，可以依照法律规定对土地实行征用。"[1] 1988 年《宪法（修正案）》将《宪法》第 10 条第 4 款"任何组织或者个人不得侵占、买卖、出租或者以其他形式非法转让土地"修改为"任何组织或者个人不得侵占、买卖或者以其他形式非法转让土地。土地的使用权可以依照法律的规定转让"。[2]

土地财政的法律依据是 1988 年《中华人民共和国土地管理法（修正案）》。1988 年的《土地管理法》第 2 条规定："国家为了公共利益的需要，可以依法对集体所有的土地实行征用。国有土地和集体所有的土地的使用权可以依法转让。土地使用权转让的具体办法，由国务院另行规定。国家依法实行国有土地有偿使用制度。"[3] 1988 年《宪法（修正案）》和 1988 年《土地管理法（修正案）》为后来的土地财政扫清了法律上的障碍。实际上 1988 年《宪法（修正案）》和《土地管理法（草案）》讲的土地使用权依法转让不仅包括国有土地使用权，还包括集体土地使用权，只是国务院只制定了国有土地使用权转让的相关制度。

国务院随后在 1990 年制定了《城镇国有土地使用权出让和转让暂行条例》。这个行政法规为后来二十多年的土地财政起到了操作细则的作用。集体土地使用权的转让尽管有宪法和法律的授权，但是由于没有国务院的实施细则，所以一直处于事实

---

〔1〕 参见 1982 年《中华人民共和国宪法》。

〔2〕 参见 1988 年《中华人民共和国宪法（修正案）》。

〔3〕 参见《中华人民共和国土地管理法》（根据 1988 年 12 月 29 日第七届全国人民代表大会常务委员会第五次会议《关于修改〈中华人民共和国土地管理法〉的决定》修正）第 2 条。

上的非法状态。[1]关于集体土地使用权转让问题后文还会详细分析。

　　1993 年国务院发布了《国务院关于实行分税制财政管理的决定》（以下简称《决定》）。《决定》第三部分"分税制财政管理体制的具体内容"中地方固定收入包括"营业税、地方企业所得税、地方企业上缴利润、个人所得税、城镇土地使用税、固定资产投资方向调节税、城市维护建设税、房产税、车船使用税、印花税、屠宰税、农牧业税、农业特产税、耕地占用税、契税、遗产和赠予税、土地增值税、国有土地有偿使用收入等"。[2]谁都没有料到被排在地方固定收入中最后一名的国有土地有偿使用收入（简称"土地出让金"）会在之后成为地方政府最重要的收入来源，并成为地方与中央角力的利器。

　　2. 土地财政的制度土壤

　　1993 年分税制决定只是为土地财政埋下了种子，而 1998 年的住房改革则吹响了号角。1998 年 7 月 3 日，国务院发布了《关于进一步深化城镇住房制度改革加快住房建设的通知》（国发〔1998〕23 号）。该通知的目标是：停止住房实物分配，逐步实行住房分配货币化；建立和完善以经济适用住房为主的多层次城镇住房供应体系；发展住房金融，培育和规范住房交易市场。1998 年下半年开始停止住房实物分配，逐步实行住房分配货币化。[3]这次房改的目标仍是建立和完善以经济适用住房

---

　　〔1〕　2013 年 11 月 22 日，国土资源部、住房城乡建设部下发紧急通知，要求全面、正确地领会十八届三中全会关于建立城乡统一的建设用地市场等措施，严格执行土地利用总体规划和城乡建设规划，严格实行土地用途管制制度，严守耕地红线，坚决遏制在建、在售"小产权房"行为。

　　〔2〕　参见 1993 年 12 月 19 日《国务院关于实行分税制财政管理的决定》。

　　〔3〕　参见 1998 年国发〔1998〕23 号文《国务院关于进一步深化城镇住房制度改革加快住房建设的通知》。

为主的多层次城镇住房供应体系。

到了2003年则进一步发生变化。国发〔2003〕18号文对国发〔1998〕23号文进行了修正，将国发〔1998〕23号文提出的"建立和完善以经济适用住房为主的多层次城镇住房供应体系"修改为"让多数家庭购买或承租普通商品住房"，要"增加普通商品住房供应。……采取有效措施加快普通商品住房发展，提高其在市场供应中的比例。……努力使住房价格与大多数居民家庭的住房支付能力相适应"。[1]国发〔2003〕18号明确提出：房地产是国民经济支柱产业。这进一步刺激了地方政府发展房地产业的冲动。

与此相配套的制度规定还有招拍挂制度。1999年资源部下发了《关于进一步推行招标拍卖出让国有土地使用权的通知》，2002年国土资源部出台了《招标拍卖挂牌出让国有土地使用权规定》。该规定明确提出：商业、旅游、娱乐和商品住宅等各类经营性用地，必须以招标、拍卖或者挂牌方式出让。[2]

自国发〔2003〕18号文之后，绝大多数居民被推向了市场的商品房。土地出让金的价高者的制度使得地方政府有不断推高地价的冲动。1994年分税制实施之后，地方获得的分税以及中央的转移支付加起来，相比地方建设所需的无限需求而言仍显得捉襟见肘。同时不断加强的预算管理压力也使得地方政府更偏好预算外管理的土地出让金收入。

土地出让的市场化带来了可观的收益。1999～2004年官方公布的土地出让金分别为514.33亿元、595.58亿元、1295.89

---

〔1〕 参见2003年国发〔2003〕18号文《国务院关于进一步深化城镇住房制度改革加快住房建设的通知》。

〔2〕 参见《招标拍卖挂牌出让国有土地使用权规定》（2002年4月3日国土资源部第4次部务会议通过）。

亿元、2416.79 亿元、6161.22 亿元、5894.14 亿元。2006 ~ 2007 年分别为 7676.89 亿元、13 000 亿元。[1]2013 年土地出让金达 41 200 亿元人民币。[2]2003 年、2007 年和 2013 是三个重要节点。2003 年实现了土地出让金 2 倍增幅，而 2007 年土地出让金破万亿规模，2013 年、2014 年更是创纪录超过 4 万亿。这还只是计算土地出让金的收入，如果算上与土地相关的营业税等税费，那么数字将更加巨大。

从历史和法律的双重背景来看，土地财政的形成有 1988 年《宪法（修正案）》作为最高法律依据，1994 年分税制并非始作俑者。而且土地财政的真正风起云涌则是在 2003 年之后。在 1994 ~ 2003 年十年间，土地财政的发展模式虽然也初有端倪，但没有发展得十分迅猛。所以学术界和媒体把原有归咎于 1994 年分税制显然是不符合历史背景。1994 年分税制关于中央地方收入划分至多为微观的土地财政提供了一个形式上的原因，而 2002 年的所得税分享改革和 2003 年国发［2003］18 号文显然为中观的土地财政提供了直接的动力和制度土壤。然而，仅仅从收入层面来理解土地财政显然是不足的。更深刻的宏观意义上的土地财政发展模式显然有着更为深刻的社会背景和制度土壤。

（二）土地财政并非单纯晋升锦标赛的产物

锦标赛模式是近年来学术界对中国行政体制（包括土地财政）进行解释的一个非常流行的模型，其代表为周飞舟和周黎安。周飞舟认为："在锦标赛中，中央会在经济上向地方政府大

---

[1] 匡家在："土地出让金制度变迁与地方政府行为"，载《中共中央党校学报》2009 年第 2 期。

[2] "2013 年全国土地出让收入超过 4 万亿"，载《北京日报》2014 年 1 月 31 日。

规模放权，并通过各种方式鼓励和促使地方政府在主要的经济指标上展开竞赛。所以这种竞赛在严格的设计下展开，各级政府乃至普通民众都被动员起来，类似于竞技比赛。"[1]周黎安则认为："晋升锦标赛作为中国政府官员的激励模式，它是中国经济奇迹的重要根源，但由于晋升锦标赛自身的一些缺陷，尤其是其激励官员的目标与政府职能的合理设计之间存在严重冲突，它目前正面临着重要的转型。"[2]"大跃进"被视为一个典型的锦标赛现象，而改革开放之后的官员晋升锦标赛则是以经济（GDP）锦标赛替代了"大跃进"时期的锦标赛。到了十八大之后，虽然中组部改变了干部考核指标，强调不再单纯以 GDP 指标来考核干部，而是综合考虑生态、法治等指标来评价干部，但是这只是以另外的指标取代了 GDP 指标，并没有改变锦标赛模式本身。应该说这个模式对于中国的包括土地财政在内的发展模式，有一定的解释力，也描述得十分形象深刻。如果把土地财政理解为地方经济发展（以财政收入、招商引资、GDP 增长）的一个工具的话，那么用锦标赛模式来解释土地财政毫无疑问是非常有说服力的。

但是土地财政，如文首所述，并非简单的财政汲取模式，而是中国特色城镇化的主要动力，是使得包括政府、企业、市民、农民在内的社会各个阶层普遍受益的经济社会发展模式。它学习了香港和美国的经验，但是又建立在中国的国情之上，超越了香港和美国模式。正是在这个意义上，用官员的晋升锦标赛模式来解释土地财政发展模式，就显得比较吃力了。事实上，任何一个制度的建立和发展，如果只是符合一个阶层的利

---

〔1〕 周飞舟："锦标赛体制"，载《社会学研究》2009 年第 3 期。

〔2〕 周黎安："中国地方官员的晋升锦标赛模式研究"，载《经济研究》2007年第 7 期。

益激励，违反了社会中多数阶层的利益，那么这个制度只可能是短暂的，而非持续和长久的。相比学术界对于土地财政的激烈批评，土地财政能够数十年屹立不倒，显然有其存在的巨大合理性。正是在这个意义上，土地财政发展模式不会仅仅是官员晋升锦标赛的主观结果，而是涉及多方利益，有着自下而上动力的利益驱动机制。每一次中国成功的改革，从形式上是自上而下的权力推动型改革，但在其背后肯定有着自下而上利益驱动的内在深层次原因。

三、土地财政塑造当代中国宪制

相比学术界对于土地财政的激烈批评，土地财政能够数十年屹立不倒，自然有其存在的巨大合理性。改革开放以来，我们一直秉持着"摸着石头过河"的理念，因为我们从事一项前无古人的事业。作为一种制度的现代法治不可能靠"变法"或移植来建立，必须从中国本土资源中演化创造出来。任何社会知识和制度都是地方性的，不可能放之四海而皆准。[1]即便是制度的移植，也必须深深植根于中国国情之中。历史上每次大规模的文化融合都以外来文化为中华文化融合为结果。比如佛教到了中国衍生出禅宗。即使新中国成立后第一部婚姻法就规定了"男女平等"，但实际上建国六十年后的今天，中国农村和城市普遍存在的"彩礼"现象用事实说明了人民群众并不会天然接受与民间习俗相反法律的规定。如同家庭联产承包责任制、乡镇企业一样，中国特色的土地财政同样都是人民群众（包括个人、企业、地方政府和官员）自己摸索创造的产物，而不是自上而下设计的产物。

---

〔1〕　参见苏力：《法治及其本土资源》，北京大学出版社 2015 年版，第 19～20 页。

急剧膨胀的"土地财政"帮助政府以前所未有的速度积累起原始资本。城市基础设施不仅逐步还清欠账，甚至还有部分超前（高铁、机场、行政中心）……速度还是规模，都超过了改革之初最大胆的想象……高速增长，只能用惊叹来描述。[1]正是在土地财政的支撑之下，地方政府大大推动了城市的发展，而城市的发展是现代商业文明的核心要素。一个关键的因素是土地财政使得地方政府获得了信用，因而在市场上获得了融资，从而可以透支未来信用来支撑现在的基础设施建设和投资。在这个过程中，国家与公民的关系、中央政府与地方政府的关系都被深深地塑造。

（一）土地财政：中央与地方关系的润滑剂

土地财政从一开始就是中央与地方博弈的产物。正是分税制所确定的地方名义税收不足以满足中央政府要求地方政府推动的城市化建设，通过出让土地获得高额地租才成为地方政府的选择。中央政府一方面希望地方政府积极推动中央制定的战略规划，另一方面不希望地方政府脱离中央政府的控制。事实上之所以要在1994年实行分税制，一个重要的原因就是中央政府没钱了。1994年分税制改革是被倒逼的改革。如果深究下去，改革开放的最初动机也是因为遇到了财政危机，全国老百姓吃不饱肚子。所以1994年分税制之前中央政府面临的危急时刻提醒着中央政府必须把地方政府牢牢掌握在手中，尤其是财政权力。土地财政起初未被中央政府重视，但发芽长大之后，中央政府就不断试图将其纳入预算控制之中，却遭到了地方政府的顽强抵制。我们以土地出让金为例来说明问题。

为了解决土地出让金在体外循环，不进入预算的问题，

---

〔1〕 赵燕青："土地财政：历史、逻辑和抉择"，载《城市发展研究》2014年第1期。

2006 年，财政部、国土资源部会同中国人民银行制定了《国有土地使用权出让收支管理办法》。主要目的是土地出让金全额进入地方预算，实行"收支两条线"管理。但即便土地出让金纳入了预算内管理，也无法根本上抑制地方政府的卖地冲动。[1] 1994 年的分税制使得土地出让金全部留归地方支配。[2]1997年，中央政府规定存量土地收益仍归地方，专门用于城市基础设施建设、土地开发、中低产田改造。增量建设用地收益全部上缴中央，用于耕地开发。2006 年土地调控措施规定，国有土地收益全额纳入地方预算，实行收支两条线管理，土地出让收益支出，首先足额解决对农民的补偿和农村社会保障资金，其余部分逐步提高对农村土地开发和农村基础设施建设的比、廉租房建设和完善国有土地使用功能的配套建设。新增建设用地出让收入专项用于农田建设和土地整理开发。[3]2007 年起，新增建设用地使用费标准提高 1 倍，中央和地方仍三七分成。[4]

　　上述土地出让金的分配历史反映了中央政府与地方政府在此问题上的反复博弈。但不论怎么博弈，地方政府在土地出让金的分配上，始终至少占七成以上。2006 年中共中央《关于土地出让金收支管理办法》明确规定："土地出让收入的使用要重点向新农村建设倾斜，逐步提高用于农业土地开发和农村基础设施建设的比重，逐步改善农民的生产、生活条件和居住环境，努力提高农民的生活质量和水平。"从这点上看，中央政府与地

---

　　〔1〕　张学博："分税制、土地财政与官员晋升锦标赛"，载《科学社会主义》2014 年第 5 期。

　　〔2〕　参见 1993 年 12 月 19 日《国务院关于实行分税制财政管理的决定》。

　　〔3〕　参见《国务院办公厅关于规范国有土地出让收支管理的通知》〔2006〕100 号。

　　〔4〕　匡家在："土地出让金制度变迁与地方政府行为"，载《中共中央党校学报》2009 年第 2 期。

方政府在土地出让金的博弈上始终处于下风。土地出让金如此庞大的资金，且使用用途又无精确的规定，地方政府自然会将其牢牢地握住。

从更大的历史观来看中国政府，一条贯穿整个历史的主线就是三国演义开篇那句话："论天下大事，分久必合，合久必分。"[1]从三代之后，周朝之后，就是不断地统一与分裂的交替的历史。尽管中国共产党领导工人农民建立了社会主义国家，开展了轰轰烈烈的社会主义建设，但是从世界范围的大国经验以及新中国建立之后的种种事实表明，对于中国共产党建立的这个新生政权的两个一百年内，最大的问题仍然是巩固民族国家的统一和团结问题。美国在 1776 年建国，但是在 1861 年还爆发了南北战争（这时已经距离建国 84 年之久了），直到 1877 年之后南部民主重建的完成和经济的发展，美国才真正成了一个统一的政治共同体。这时的美国已经距离建国一百年了，可见一个大国的民族国家和政治共同体形成之艰难。以中国历史为例，尽管公元前 202 年刘邦就建立了汉朝，之后就叛乱不断。汉景帝在晁错建议下削藩，导致在公元前 154 年发生了"七国之乱"，结果晁错被诛，经周亚夫等人经三月方始平叛。直到公元前 127 年（汉武帝元朔二年），汉武帝采纳主父偃的建议，颁布"推恩令"，规定诸侯王除以嫡长子继承王位外，可以推恩将自己封地分给子弟，由皇帝制定封号。使诸侯王多分封子弟为侯，使王国封地被分割。[2]至此方彻底解决了中央集权问题，此时离汉朝建立已经过去了近八十年之久。此后历代王朝莫不如此。明朝建文帝继位之后，也试图削藩，结果身首异处，燕

---

[1]　（明）罗贯中：《三国演义》，时代文艺出版社 2003 年版，第 1 页。

[2]　（宋）司马光编著：《资治通鉴》（第 2 版），中华书局 2009 年版，第 209～210 页。

王朱棣继位。实际上中国共产党之所以能够领导工人农民夺取政权，很大程度上也是因为作为代表中央的蒋介石政权与地方军阀之间的不停止的争斗。即毛泽东同志所说："中国是一个许多帝国主义国家互相争夺的半殖民地，而代表其利益的各个军阀（代表英美利益的蒋介石中央军和代表日本利益的阎锡山等地方军阀）不断混战的国情。"[1]熟读中国历史的毛泽东显然知道对于中国共产党来说，新中国成立后首先要解决民族统一并防止地方分裂的问题。事实上，到今天为止，台湾问题尚未解决，新疆、西藏、香港的境外势力仍然在煽风点火。早期的"高饶事件""庐山会议"，到近期的"薄熙来事件"，都随时提醒中国共产党的最高领导人"保证党的统一，国家的统一，权力的集中，消除任何可能危及政权的危险，是中国共产党的最高层必须注意的一个大问题"。[2]从这个维度，我们就可以理解完善社会主义市场经济的同时要强化意识形态的控制[3]所具有的政治意义。因为即使是贼，也知道"人心散了，队伍就不好带了"。[4]与此同时，中央政府牢牢掌握人事和财权就显得极其重要。

　　中央财政牢牢掌握着财权，但中国仍处于社会主义初级阶

────────────

〔1〕　毛泽东："星星之火，可以燎原"，载《毛泽东选集》（第2版），人民出版社1991年版，第97~98页。

〔2〕　苏力："当代中国的中央与地方分权——重读毛泽东《论十大关系》第五节"，载《中国社会科学》2004年第2期。

〔3〕　参见习近平总书记在2013年8月19日全国宣传工作会议上的讲话："经济建设是党的中心工作，意识形态工作是党的一项极端重要的工作。宣传思想工作就是要巩固马克思主义在意识形态领域的指导地位；要深入开展中国特色社会主义宣传教育，把全国各族人民团结和凝聚在中国特色社会主义伟大旗帜之下。"

〔4〕　《天下无贼》中，黎叔对美艳女贼小叶说："人心散了，队伍不好带啊。"（《天下无贼》根据赵本夫的同名小说改编而成，由冯小刚执导，刘德华、王宝强、刘若英等人主演，2004年上海上映。）

段，仍然要坚持发展是解决我国所有问题的关键这个重大战略判断。[1]地方政府为了推动地方经济建设和发展，中央财政的转移支付仅仅足够保持地方政府机构运转，而在过去二十年，中国之所以实现了举世罕见的超常规发展，显然是因为地方政府除了中央财政转移支付之外，找到了其他金融手段来获得融资，主要就是通过土地来获得信用，再运用土地获得的信用向银行获得融资，转过来再进行城市基础设施建设和政府投资。

（二）重回马克思：人民群众是土地财政真正的内在推动者

今天，所有的经济学家都忽视了马克思本人最伟大的理论贡献是其作为经济学家提出的基本命题：经济基础决定上层建筑。制度经济学家们纷纷提出各种模型，证明制度本身的变革会带来经济上的后果，但却忽视了马克思主义政治经济学的基本前提：经济基础决定上层建筑。如果从这个逻辑出发，分税制和官员晋升锦标赛显然属于上层建筑，而土地财政发展模式相比较而言，更属于经济基础的范畴。目前多数学者认为包括农民和城市市民在内的人民群众是土地财政的受害者。而且伴随着过去十年里群体性事件高发，相当部分的群体性事件和上访是由于土地拆迁引发的。这都使得政学两界理所当然地认为："农民由于土地征用利益受损，城市市民由于土地财政而买不起房，地方政府和开发商是土地财政最大的受益者。"但是仔细分析下来，这样的观点存在相当的漏洞，也与我们的常识相背离。

在土地财政的二十年里，人民群众其实也是巨大的受益者。"在中国，居民购买城市的不动产，相当于购买城市的'股票'。这就解释了为什么中国的住宅有如此高的收益率——因为中国

---

〔1〕 参见《中共中央关于全面深化改革若干重大问题的决定》（2013 年 11 月 12 日中国共产党第十八届中央委员会第三次全体会议通过）。

住宅的本质就是资本品，除了居住，还可以分红——不仅分享现在公共服务带来的租值，还可以分享未来新增服务带来的租值！"[1]

1. 农民是土地财政的受益者

随着城市化的不断推进，购买房地产的民众和那些邻近城区被开发商拆迁的民众纷纷获得了巨大的财富，成为土地财政的受益者。伴随着过去十年里群体性事件高发，相当部分的群体性事件和上访是由于土地拆迁引发，这都使得政学两界理所当然地认为："农民由于土地征用利益受损，城市市民由于土地财政而买不起房，地方政府和开发商是土地财政最大的受益者。"但是仔细分析下来，这样的观点存在相当的漏洞，也与我们的常识相背离。

首先，今天的农民已经严重分化了，不能用一个笼统的农民来概括所有的农民群体。"中国已经没有一个统一的农民，土地也不再是一种类型的土地。要搞清楚我们讨论的是'什么农民的什么土地'，不搞清这个问题，就可能用少部分城郊农民的土地问题来替代想象一般农村主要用于农业用途的农民的土地问题。"[2]农民的分化呈现出复杂的趋势，沿海地区的农民、城市郊区的农民和偏远地区的农民是一种分化，而一个地区内部的农民也分化为在外打工的农民和留守的农民以及子女读书上学的农民等。"在农业税取消之后，农民至少可以分为：脱离土地的农民阶层、半工半农阶层、在乡兼业农民阶层、普通农业经营者阶层、农村贫弱阶层。"[3]不同阶层的农民对土地收

---

〔1〕　赵燕青："土地财政：历史、逻辑和抉择"，载《城市发展研究》2014年第1期。

〔2〕　贺雪峰："中国土地制度向何处去"，载《学习与实践》2009年第6期。

〔3〕　贺雪峰："取消农业税后农村的阶层及其分析"，载《社会科学》2011年第3期。

入依赖程度、对土地流转的态度、对待乡村秩序的态度也不尽相同。毛泽东同志对中国国情的基本论断仍未改变："中国是一个政治经济发展极不平衡的大国。"[1]

其次，5%城市郊区的农民毫无疑问是土地财政的直接受益者，相当一部分一夜暴富。当然土地拆迁过程中存在很多问题，但更多的是补偿标准问题，更多的是补偿本身公不公平的问题。即"丘也闻有国有家者，不患寡而患不均，不患贫而患不安"。[2]社会问题本身不会随着经济的发展而消灭，更可能随着经济的发展而增多。

最后，95%的其他农民也是土地财政的受益者。在城镇化开始之后，农民开始向城市流动，在可以从城市获得较高的经济收入的同时，在老家还拥有一份自留地和宅基地作为保障和退路。恰恰是因为有了城镇化建设，需要大量新的劳动力，偏远地区的农民才能够来到城市打工，获得较高的经济收入。而城镇化建设的前提就是土地财政。没有土地财政，城镇化无法取得今天的高速成就。由于土地财政和城镇化，偏远地区的农民的收入水平取得了很大提高，尽管是不稳定的，尽管也产生了留守老人、留守妇女儿童，但我们必须承认，纵向比较来说，偏远地区的农民的整体生活水平比城镇化之前大大提高了。很多农民之所以认为自己利益受损，更多是因为他们来到城市获得了更多的信息，看到了城市生活的美好，感觉与当地城市市民相比，自己与之差距就更大了。或者说城市市民随着城镇化获得的收益相比农民更多更快。

〔1〕 毛泽东："中国的红色政权为什么能够存在"，载《毛泽东选集》（第1卷），人民出版社1991年版。

〔2〕 金良年：《论语译注》，上海古籍出版社2010年版。

2. 城市市民也是土地财政的受益者

城市市民同样是高度分化的，本地户籍人口、外来务工人口、外地来当地上学留本地工作人口等。那么不同分层的农民和市民的利益是大大不同的。一般来说，本地户籍人口，本身一般都有住房，伴随着城镇化的推进，其房地产价格飙升，其资产升值空间很大。所以常识上我们发现本地户籍人口（我们通常称之为土著）的生活相当容易。因为大城市生活的最大障碍就是户口和房子。而这对土著们来说都不是问题。而城市里面生活感到压力的主要是外来流动人口。外来流动人口又包括外地来京大学生和农民工群体。关于外地农民工群体前文已经进行了分析。他们从收入上来讲绝对是土地财政和城镇化的受益者。而外地来京大学生又区分为体制内就业者和体制外就业者。体制内大学生又分为单位能解决住房的大学生和单位不能解决住房的大学生。体制外大学生则分为普通工薪阶层（无能力购买商品房）、家庭较富裕大学生（依靠父母掏首付或付全款）和少数金领（能够有能力购买商品房）。实际上，感到自身买不起房的白领群体主要是由于读书从外地（主要是农村和小城市）来到大城市留在大城市体制外工作的人群，如电视剧蜗居里面的海藻和她的男朋友小贝。[1] 由于 1998 年的房改，把住房问题推向了市场化，这使得他们在开始参加工作早期，无力购买并拥有自己的商品房。他们受过高等教育，掌握媒体和网络的一定话语权，因而认为土地财政是造成他们无法购买商品房的罪魁祸首。其实与农民问题一样，这些刚毕业的大学生之所以不满，是因为看到本地的土著同学并不为高房价而发愁，

---

〔1〕《蜗居》是由滕华涛执导的电视剧，改编自作家六六于 2007 年出版的长篇小说《蜗居》，由海清、张嘉译、文章、李念、郝平领衔主演，2009 年 7 月 27 日上海电视台首播。

许多同样毕业的大学生依靠父母的力量（官二代或富二代）购买了商品房，引起了白手起家的大学生们的不满。所谓不患寡而患不均。实际上，大多数人通过若干年奋斗，最终都购买了自己的商品房，否则就会到别的城市发展。即便在发达国家，刚毕业的大学生也不可能购买自己的商品房，只不过中国人的住房与家庭、婚姻、福利等问题纠结在一起，产生了各种社会问题。但这些问题不能归结于土地财政。实际上，多数市民由于土地财政和城镇化，提高了自身的居住水平。

我们现在讨论的土地财政所涉及的农民和市民主要涉及城市和城市郊区的农民和市民。这个群体同样是高度分化的。"当下，中国农民至少分成了两类：一类是5%的城郊村或城中村的农民，他们有土地被征收的机会，事实上参与到了城市化进程中的土地收益分配。另一类是95%的非城郊农民，他们的土地永远也不可能被征收，也基本没有可能分享城市化过程中的土地增值收益。"[1]前者实际上已经成了一夜暴富的土地食利阶层，而非城郊农民实际上与土地财政本身关联不大。城市市民同样面临此问题。本地原有市民本身拥有土地或住房的人都是土地财政的直接受益者，而买不起房子的外来务工人口和非原住市民不可能通过改变土地财政制度而获得住房。如果继续呼吁加强对土地和住房权利的保障，实际上会使得那5%的城郊区农民和城市原住民更加强势，成为更加强大的土地食利阶层。这样会进一步引起社会分配不公。"一旦有了这个土地食利者阶层，他们凭借自己是特定位置农地承包经营者的地位来获取超额利益时，当前具有极其重要的作用。因为地方土地财政的瓦解，中央财政为了支持地方基础设施建设，不能不将更多中央

---

〔1〕 贺雪峰：《地权的逻辑》，东方出版社 2013 年版，第 79 页。

财政用于地方建设。结果就是，中央财政用于建设全国性重大基础设施，用于平衡地区差异，用于转移支农，用于发展战略产业的能力大为下降。"[1]这意味着土地食利阶层的重新出现，中国资产阶级革命和社会主义革命所打破的土地私有制将卷土重来，地方财政能力大大削弱，需要中央财政更大的转移支付来支持地方的建设发展，从而影响中央财政对于全局问题、中西部问题等的转移支付能力，从而实质上影响了国家的治理能力。

（三）土地财政是中国当代宪制的重要组成

尽管土地财政并非中国的发明和专利，但是将土地财政作为支持整个国家城镇化发展战略的基础性制度，并且让绝大多数人受益，这的确是一项极富中国特色的伟大实践。因为中国在改革开放之初，没有自身积累的资本来进行社会主义建设，外国资本的引进也不足以支持中国如此大规模的建设和发展。地方政府通过土地为信用，来获得巨大融资，从而支撑城市的基础设施建设和发展，取得了惊人的中国奇迹。但长期以来我们忽视了我们之所以可以通过土地作为信用融资的一个前提是土地公有制度。中国共产党在1949年制定的《中国土地法大纲》最大的贡献就是从制度上彻底废止了实行两千多年的封建性及半封建性剥削的土地制度。[2]尽管还保留了农民的所有权，但在经过三大社会主义改造之后，以1956年通过的《高级农业生产合作社示范章程》为标志，合作化运动完成了从初级形式向高级形式的彻底转变，也完成了由土地的农民所有制向集体

---

[1]　贺雪峰："城镇化进程中的土地财政问题思考"，载《甘肃农业》2013年第3期。

[2]　参见《中国土地法大纲》，1947年9月中国共产党全国土地会议在西柏坡通过。1956年《高级农业生产合作社示范章程》。

所有制的转变。[1]1982年《宪法》明确规定："城市的土地属于国家所有。农村和城市郊区的土地，除由法律规定属于国家所有的以外，属于集体所有；宅基地和自留地、自留山，也属于集体所有。"[2]1988年《宪法（修正案）》规定："国家为了公共利益的需要，可以依照法律规定对土地实行征收或者征用并给予补偿。"[3]

正是因为两次中国革命确立土地公有制，改革开放之后地方政府才可能通过征用集体所有土地并出让获得级差地租，来得到进行基础设施的巨量资金。中国资产阶级革命组织同盟会的主要口号就是"驱除鞑虏，恢复中华，创立民国，平均地权"。实际上传统封建社会最主要的制度基础是土地为少数人所有。资产阶级政党没有实现的平均地权的理想实际上是中国共产党领导的工农联盟完成的。"如果没有经过彻底资产阶级革命或社会主义革命，这样的国家（如印度）就会形成土地利益集团，因为他们具有土地所有权，而处处要求作为土地所有者而拥有的特权利益，若国家要取消这种利益，必然会引起这个土地利益集团的激烈反抗。"[4]由于土地公有制，地方政府才可能通过获得级差地租来支撑规模巨大的城市基础设施建设，获得了全世界惊叹的城镇化发展。在城镇化过程中，地方政府、农民、开发商、市民是其中四个主体。表面上看，地方政府和开发商是最大的受益者，但地方政府获得的收益反过来大量用于地方基础设施建设，提升了农民和市民的居住环境和所能拥有的福利。这个过程中毫无疑问存在着大量的寻租，但可以通

---

〔1〕 参见1956年《高级农业生产合作社示范章程》。

〔2〕 参见《中华人民共和国宪法》（1982年）第10条。

〔3〕 参见1988年《宪法（修正案）》。

〔4〕 贺雪峰："城镇化进程中的土地财政问题思考"，载《甘肃农业》2013年第3期。

过预算制度改革来纠正。少数农民和市民存在补偿标准过低的问题，但是补偿标准过低是一个执行标准和少数地方政府执行能力问题。绝大多数老百姓是城镇化运动的受益者。现代文明的核心要素是城市，而非农村。"只有减少农民，能富裕农民，这是世界各国促进农业、农村发展的基本经验。而我国农民增收所面临的最大困难，也恰恰在于向二、三产业和城镇转移农业劳动力所面临的困难。"[1]并不能因为寻租问题彻底否定土地财政的巨大功能和贡献。

基于以上分析，我们初步可以得出一个结论：尽管存在着腐败寻租、地方政府自由掌控收入等种种弊端，土地财政制度激励了地方政府、企业和个人的积极性，某种程度上弥补了财政权力上收之后地方财政的缺口，从而缓解了中央与地方的关系[2]，从而推动了中国的城镇化建设，提升了多数城市市民和城郊农民的整体福利水平，也为中央财政解决中西部问题、三农问题等提供了前提条件。在这个意义上，土地财政构成中国当代宪制的重要组成部分，是当代中国特色社会主义建设实践中自我选择的道路。

四、土地财政往何处去

主流学界认为："土地财政导致官商勾结、房价飞涨、土地利用低效、大规模土地金融风险、农民利益严重受损、城乡收入差距进一步拉大等一系列连锁问题。他们认为应该主动推动土地制度变革，变革的方向是改变既有的土地征收制度，推动

---

〔1〕　陈锡文："试析新阶段的农业、农村和农民问题"，载《宏观经济研究》2001 年第 1 期。

〔2〕　这一点在实证上也为许多经济学家的数据所证实。参见周飞舟："分税制十年：制度及其影响"，载《中国社会科学》2006 年第 6 期；孙秀林、周飞舟："土地财政与分税制：一个实证解释"，载《中国社会科学》2013 年第 4 期。

农村集体建设用地直接入市，建立城乡统一的建设用地市场，并最终实现城乡建设用地的'同地、同价、同权'，从而达到维护农民利益，缩小城乡收入差距的目的。"[1]北大国家发展研究院课题组对成都土地流转进行调研后的结论是："级差土地收入是一所伟大的学校；确权是土地流转的前提与基础；成都的改革不但涉及土地管理制度和政策的小调整，而且涉及现行国家征地制度的根本变革。"[2]

但前文已经分析：主流学界对土地财政的非难有颇多偏颇之处。土地财政过程中当然存在官商勾结的腐败问题，但是腐败问题绝非土地财政所导致，而是一个系统的社会性问题。对于土地财政导致农民利益受损的观点，前文已经进行了批评。至于房价飞涨、城乡收入差距、土地金融风险进一步扩大的确是事实，但并不能单纯说是土地财政所导致的，这些问题都有复杂的社会经济原因，不能全部归结到土地财政上。相反，前文讨论了土地财政对于中国社会的基本问题所起到的关键支撑作用：弥补了分税制实施以来地方财政的缺口，使得地方财政有能力支撑大规模的基础设施建设和政府投资，而这些基础设施建设和政府投资对于中国的城镇化建设和长远发展起到了基石性作用。尽管土地财政贯穿了中央政府与地方政府的反复博弈，但土地财政对于地方政府的支撑作用，中央政府显然与地方政府之间也是心有默契的。另一方面，5%的城郊农民实际上是土地财政的受益者，而非受害者。其余90%以上的农民虽然高度分层，但绝大多数人同样受益于土地财政所推动的城镇化

---

〔1〕 焦长权："土地财政不等于涨价归公——从贺雪峰《地权的逻辑 II》出发"，载《文化纵横》2014 年第 5 期。

〔2〕 北京大学国家发展研究院综合课题组："还权赋能——成都土地制度改革探索的调查研究"，载《国际经济评论》2010 年第 2 期。

建设，经济收入和生活水平得到显著提高。绝大多数城市市民的居住条件也因为住房改革得到了巨大的提高。政府只有有了财政力量才可能投入财力进行保障房建设。成都经验具有大城市城郊的特点，并不当然具有向全国推广的借鉴意义。那么未来土地财政的前景如何呢？

　　首先，保持现有土地制度的稳定。前文对于土地财政的分析，已经说明了土地财政对于过去近三十年中国城镇化建设的巨大作用，其前提是现有的集体土地制度和在此基础之上的建设用地国有化制度。"当前中国土地制度中，大体有四个与基本制度安排，一是农地集体所有，农户具有承包经营权。二是城市建设用地国有，农地一经征收为城市建设用地，土地性质即由集体所有变为国有。三是中国实行最严格的耕地保护政策，非经国家批准，地方政府不得随意占用耕地。四是土地用途管制。"[1]具体法律制度是现行的《中华人民共和国土地管理法》和《中华人民共和国城市房地产法》。2015 年《全国人民代表大会常务委员会关于授权国务院在北京市大兴区等三十三个试点县（市、区）行政区域暂时调整实施有关法律规定的决定》已经授权国务院在北京市大兴区等 33 个试点县（市、区）行政区域，暂时调整实施《中华人民共和国土地管理法》《中华人民共和国城市房地产管理法》关于农村土地征收、集体经营性建设用地入市、宅基地管理制度的有关规定。[2]这个授权实际上突破了现行土地制度，尽管该授权也同时强调"上述调整在 2017 年 12 月 31 日前试行。暂时调整实施有关法律规定，必须

　　〔1〕　贺雪峰："地利共享是中国土地制度的核心"，载《学习与实践》2012 年第 6 期。

　　〔2〕　参见《全国人民代表大会常务委员会关于授权国务院在北京市大兴区等三十三个试点县（市、区）行政区域暂时调整实施有关法律规定的决定》，2015 年 2 月 27 日第十二届全国人民代表大会常务委员会第十三次会议通过。

坚守土地公有制性质不改变、耕地红线不突破、农民利益不受损的底线，坚持从实际出发，因地制宜"。尽管从形式上与1988年《宪法（修正案）》并不违背，但与过去三十年中国特色社会主义实践中的经验是相背离的。"一些发展中国家陷入中等收入陷阱的一个原因就是，在城市发展中，因为城市发展带来城郊土地增值的收益主要部分被城郊地主占有，从而形成一个庞大的土地食利阶层。"[1]土地制度的改革涉及国家的宪制，必须十分慎重，所以对于这次试点改革必须认真观察，严格按时间表进行总结，防止改革走偏。在试点成功之前，绝不应该向更大范围内推开。

其次，逐步完善税制，稳步推进，因地制宜。税制的完善是一个相当长的过程。从世界范围的税制发展来看，个人所得税是中央税的重要部分，销售税和财产税是地方税制的基础。然而个人所得税的确立均经历了非常漫长的过程，财产税的确立也十分漫长。只要地方税制和中央财政转移支付无法支撑地方政府基础设施建设，那么地方财政就仍然依赖于土地财政，这是一个短期内无法改变的事实。"可参考美国地方政府的做法，将我国地方现在征收的城市维护建设税和教育费附加等进行改革，改造成具有独立税基和地方流转税性质的销售税。事实上，真正的税源应当是消费，而非生产，只有经过消费者检验的生产才是有效率的，否则只能是低效生产甚至无效生产。"[2]比较紧迫的改造销售税，即将现有的消费税从生产环节改造为在消费环节征收。至于被学界期待甚高的财产税，尤其是房地产税和

---

〔1〕 贺雪峰："破除'还权赋能'的迷信——以《还权赋能——成都土地制度改革探索的调查研究》的主要观点与周其仁教授商榷"，载《南京师大学报（社会科学版）》2013年第4期。

〔2〕 李玉红、白彦峰："地方税制改革格局中的主体税种选择问题研究"，载《中央财经大学学报》2010年第6期。

遗产税，目前的进展并不迅速。房地产税牵一发而动全身，不但牵涉地方税制、税制结构、收入分配的问题，而且涉及如何对待公民财产权的问题。我国公民的主要财富体现在房产上，房地产税牵涉到每个公民的利益，其立法不可不慎重。[1] 即便在本届人大内通过立法，看看重庆和上海试点的结果，就可以发现其在整个税制中的比重很小，不大可能在短时期内支撑起地方经济发展、替代土地财政的职能。要想房地产税起动在美国地方税种那样基础税制的作用，至少也需要几十年的时间。遗产税从长远看确有开征之必要，但目前争议巨大，其次序之紧迫尚在房地产税之后。

再次，在地方税制足以替代土地财政之前，土地财政本身其实是广义地方税制的一部分，也是中国当代宪制的重要组成部分，不能轻言废止。土地财政对于当前税制最大的贡献是替代了极可能引起公众反感的直接税制。从现代国家的观念来看，从间接税为主向直接税过渡，有利于培养公民的纳税人意识，塑造公民意识，但是让纳税人接受直接税，尤其是财产税，对中国来说，是一个十分缓慢的过程。从房产税试点到房地产税立法引起的广泛讨论，就足以看出对于纳税人而言，尤其是有产阶级而言，是多么的不情愿。回顾民国时期，1914 年开始酝酿，民国政府开征所得税时激起民间团体之激烈反抗，就可以看出有产者对于直接税是十分敏感的，以至于国民党政府借助战争面临之财政危机，直到 1936 年 7 月正式制定《所得税暂行条例》。[2] 借助于战争危机之理由，仍用二十年之久，方通过此直接税。可见直接税开征之艰难。土地税制尤其根本，轻易

---

〔1〕　张学博："房地产税并非房产税"，载《检察日报》2015 年 9 月 17 日。

〔2〕　魏文享："国家税政的民间参与——近代中国所得税开征进程中的官民交涉"，载《近代史研究》2015 年第 2 期。

动之，实属撼动国本。中国仍然是一个农民占主体的大国，农民问题是中国稳定和发展的基石。城镇化的高速发展让很多人忘记了这个基本事实。同时很多人忽视了农民的分层问题，忽视了马克思主义的基本观点——"经济基础决定上层建筑"。忽视了这个问题，就很可能用少部分农民（话语权比较大）代替了真正弱势的农民群体（偏远地区的大多数农民），制定出荒唐的政策，比如培养了一小撮土地食利阶层。不能因为我们的改革中出现了一些问题便否定基本制度本身，比如土地公有制。就如同不能因为少数村干部违法就推断所有村干部都是在欺压老百姓一样。现在不少学者所力推的土地确权对于那些一辈子偏远地区的农民而言意义并不大，其实质就是力图把我们经过社会主义改造建立的土地公有制私有化。土地的私有化，历史已经反复证明，必然产生土地兼并，必然产生土地食利阶层，这是中国几千年社会矛盾的根源，也是历代王朝覆灭的主要原因。即便美国也是如此，土地阶层在美国社会利益之大，常年享受政府巨额补贴，阻挡世界自由贸易，成为美国政府无法解决的难题。我们中国共产党领导人民进行了新民主主义革命和社会主义革命，才推翻了以地主阶级和买办阶级为代表的封建社会[1]，消灭了土地私有制。过去三十年的改革开放，恰恰说明中国的土地公有制，包括土地国有制和土地集体制的结合，以及现有的土地征用制度，既发挥了农民的积极性，又控制了国家在征用土地时的成本，为中国的城镇化建设创造了最大的制度基础。这是中国人民自己在实践中走出来的道路，植根于自身的制度土壤，应该坚持。

　　最后，现有土地制度并非完美无缺，需要进一步完善。贺

---

〔1〕　参见毛泽东："中国社会各阶级的分析"，载《毛泽东选集》（第2版）（第1卷），人民出版社1991年版，第3~5页。

雪峰所说那95％的农民（非城郊农民）所享有的涨价归公的权利并没有落到实处。"不但国家规定的从土地出让收入中需要直接返还'农口'的比例极低（仅水利基金、农田保护基金两项），而且，这一极低的比例在实践中也根本没有落到实处。地方政府将所有土地收入投入城市建设之中仍然背负了巨额债务，就更别谈保障'农口'的相关收益份额了。所以，目前中国土地制度中的'涨价归公'安排，更确切地称呼应该是'涨价归城'。"[1]所以，尽管95％的农民与自己相比，生活水平也有一定提高，但是横向比较起来，这95％的农民与社会中其他群体的差距的确有扩大的趋势。而这95％的农民毫无疑问是最需要受到公有制照应的群体。习近平指出，要坚持精准扶贫、精准脱贫，重在提高脱贫攻坚成效。关键是要找准路子、构建好的体制机制，在精准施策上出实招、在精准推进上下实功、在精准落地上见实效。要解决好"扶持谁""谁来扶""怎么扶"的问题。脱贫攻坚战的冲锋号已经吹响。[2]所以，未来可以考虑进一步加大中央财政对这部分95％的农民的财政转移支付力度，或者从制度上要求地方政府从土地收入中提高对那些偏远地区农民的补助，而不局限于提高失地农民的补偿标准。

---

〔1〕　焦长权："土地财政不等于涨价归公——从贺雪峰《地权的逻辑Ⅱ》出发"，载《文化纵横》2014年第5期。

〔2〕　参见"习近平在2015年11月27～28日中央扶贫工作会议上的讲话"，载《人民日报（海外版）》2015年11月30日。

一第十章一
中欧债务危机法律治理之比较

一、中欧债务危机起源之比较

(一) 欧盟主权债务危机的起源

图 10-1 展现了欧盟七个国家的净公共债务占国民生产总值的比重的变化情况。(1981~2011 年)

The Evolution of Public Debt, 1982~2011

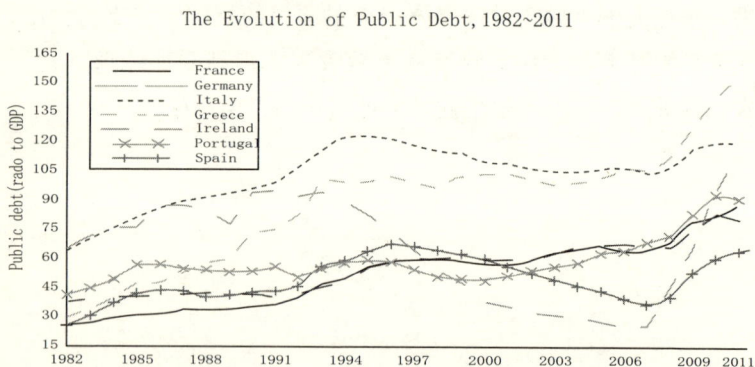

图 10-1 欧盟七国净公共债务占国民生产总值的比重的变化情况

数据来源于国际货币基金组织公共债务数据库。

欧盟主权债务危机爆发的因素包括以下方面：

1. 意大利希腊违反欧盟财政规则

图 10 - 1 告诉我们：在这七个国家中，意大利和希腊自 20 世纪 90 年代净公共债务占国民生产总值的比重一直在 90% 以上。这几个国家从来没有达到欧盟财政规则所要求的 60% 以下。爱尔兰、葡萄牙和西班牙在 20 世纪 90 年代后几年都经历了净公共债务占国民生产总值的比重的下降，均降到了 60% 以下，但是葡萄牙在 2000 年之后比重迅速上升。法国和德国在危机爆发前一直稳定在 60% 左右。2007 年，希腊和意大利的主权债务危机显现出来，葡萄牙也很糟糕，但是爱尔兰和西班牙的财政状况要相对稳定。所以系统性的欧盟主权债务危机的爆发事先并无明显征兆。意大利、希腊对欧盟财政规则的违反成了系统性风险的导火索。

2. 2003～2007 年的信贷繁荣

一个明显的预警信号就是国内的信贷繁荣。表格 10 - 1 表明了欧盟七个国家的信贷与国民生产总值比。欧盟的边缘地带经历了严重的信贷繁荣，部分原因在于加入欧盟的国家的银行能够从自己国家之外获得欧元。[1]

表 10 - 1　**Private Credit Dynamics**

	Loans to private sector from domestic banks and other credit institutions（percent of GDP）		
	1998	2002	2007
Greece	31. 8	56. 5	84. 4

---

〔1〕　Gabriel Fagan and Vitor Gaspar, 2007, "Adjusting to the Euro", *ECB Working Paper*, 716.

续表

	Loans to private sector from domestic banks and other credit institutions (percent of GDP)		
	1998	2002	2007
Ireland	81. 2	104. 4	184. 3
Portugal	92. 1	136. 5	159. 8
Spain	80. 8	100. 1	168. 5
Italy	55. 7	77. 3	96. 5
Germany	112. 2	116. 7	105. 1
France	81. 0	85. 6	99. 3

Source：World Bank Finacial Databse.

信贷分散的增长最严重的阶段在 2003～2007 年。房地产商是爱尔兰和西班牙最早的借贷者，正是房地产繁荣刺激了这两个国家的债务积累。而在葡萄牙和希腊，政府和企业都是重要的借贷者，但是这些借贷被这个时期房地产带来的资产积累所部分抵消。[1]这对于今天的中国而言，是一个巨大的警示信号。信贷增长的风险往往与房地产高速增长有关。

3. 财政紧缩政策的失败

2003～2007 年间欧盟国家未能实施财政紧缩政策可能是错过了良机，尤其是当个人投资者们承担大的风险的时候。在爱尔兰和西班牙，信贷和房地产繁荣直接产生了很多额外税收收入，因为升值的资产价格以及资本流动导致了资本利得税、资产交易税和消费税等。低利率也意味着债务成本降低到了历史

---

〔1〕 Philip R. Lane, "The European Sovereign Debt Crisis", *Journal of Perspective*, Volume 26, Number 3 (2012), p. 51.

最低点。但是这些大规模的税收收入增长只是部分用于改善财政情况。[1]

对于欧盟而言，2008 年的金融危机使得对快速增长的投资和大规模赤字进行重新评估。反过来，国内经济衰退、银行业不景气和国际投资的撤离综合作用会导致主权债务危机。这一点，对于中国同样有借鉴意义。在经济危机时刻，不要采取无原则的货币和信贷宽松政策去制造虚假的信贷繁荣。信贷的过度繁荣最后极有可能造成债务危机的爆发。同时财政政策的反周期作用也非常关键，不可无限制的使用积极财政政策。

（二）中国地方债的历程

1. 地方融资平台的出现

中国 1994 年分税制改革后，中央和地方政府"分灶吃饭"，中央政府拿了税收大头后，地方政府有限的财力和不断增长的支出需求之间的矛盾越来越突出，为维持财政运转，地方政府或直接向银行借钱，或以财政担保允许预算单位借钱。特别是 2008 年金融危机后，在中央刺激经济政策的鼓励下，各级地方政府迅速设立了以政府信用担保的投融资平台公司，将银行大量贷款投向经济建设，导致了这一时期中国地方政府债务迅速膨胀。[2]

2. 财政部代发地方政府债券

2009 年，作为应对全球金融危机的重要经济刺激措施，国务院决定，允许地方政府发行债券，并列入省级预算管理。地方政府债券的发行采取财政部代发并代为办理偿还手续的方式。

---

〔1〕　Agustin Benetrix and Philip R. Lane, 2012, "Fiscal Cyclicality and EMU", *Unpublished Paper*, Trinity College Dublin.

〔2〕　杨小平："欧债危机与中国地方政府债务风险的比较与启示"，载《金融时报》2012 年 10 月 8 日。

截至 2011 年，全国人大每年批准的地方债规模均为 2000 亿元。虽然事实上并不真正由地方政府来发行债券，但这一措施使中国的地方债向地方政府自行发债的方向迈出重要的一步，为下一步改革试点奠定了基础。[1]

3. 财政部推行地方债发债试点

2011 年 10 月 20 日，经国务院批准，财政部发布《2011 年地方政府自行发债试点办法》，批准上海市、浙江省、广东省和深圳市作为地方政府自行发债试点，在国务院批准的发债规模限额内自行组织发行本省（市）政府债券。发行的地方政府债券为记账式固定利率附息债券，采用单一利率的定价机制确定地方债券发行利率，期限结构为三年债券发行额和五年债券发行额分别占国务院批准的发债规模的 50%，由财政部代办还本付息。这次地方债试点改革是向地方政府自主发债的过渡，其最终改革方向是由地方政府直接发行债券并直接向投资者还本付息。[2]

4. 中国地方债务现状

国务院审计署 2013 年公布的《全国地方政府性债务审计结果》显示，我国地方政府性债务已经高达 17.89 万亿元，99 个市负债率超过 100%，一些地方政府负债率高达 300% 以上。这表明地方政府财政短缺问题已十分严重，地方债成为舒缓财政困难的重要途径，却为我国现行法律所禁止。

地方债属于重大问题，在法律保留事项范围之内，最终须由法律规制。而《预算法》修改对此却颇显踌躇：第一次审议

----

〔1〕 周胜强、吴林尉："后金融危机时代中国地方债发行模式与风险管理浅析"，载《经济研究导刊》2012 年第 6 期。

〔2〕 周胜强、吴林尉："后金融危机时代中国地方债发行模式与风险管理浅析"，载《经济研究导刊》2012 年第 6 期。

时倾向于确立地方债的合法性，第二次审议时又恢复了禁止地方政府自主举债的做法。[1]可以说，我国未来地方债合法性及其法律治理仍悬而未决，值得学界继续深入研究。

二、中欧债务危机产生原因的比较

（一）都是财政法律规则失效的产物

欧盟在发行欧元之初，为申请加入欧元区的成员国规定了一定的准入门槛，即当年的财政赤字预算低于 GDP 的 3%，累计赤字规模余额不能超过 GDP 的 60%，以保证成员国良好的财政状况。但是欧元区成立后，这一有效防范财政风险的约束条件很快被突破，以希腊、葡萄牙等为代表的经济发展水平较低的国家，不顾自身的经济财政水平，在工资、社会保障等方面逐渐向德国、法国等发达国家看齐，财政预算中用于社会福利的支出累年增加。另外，2008 年国际金融危机爆发后，欧盟成员国又以积极的财政政策刺激经济增长，这样，欧盟国家的财政赤字迅速上升。到 2009 年，希腊、爱尔兰、西班牙等经济体内欠发达国家甚至法国这样的发达国家赤字余额也突破了警戒线，埋下了危机的隐患。[2]

中国在 1994 年分税制改革之后，中央财政得到了相当程度的保障，而地方财政与其事权一直存在无法匹配的问题。再加上中国处于转型时期，财政法律制度处于极其不健全的状态，地方财政对于土地财政等预算外收入的依赖越来越严重，加上 2008 年国际金融危机和中国政府 40 000 亿刺激计划的横空出

---

〔1〕　参见《全国人民代表大会法律委员会关于〈中华人民共和国预算法修正案（草案）〉修改情况的汇报》2012 年 6 月 12 日。

〔2〕　杨小平："欧债危机与中国地方政府债务风险的比较与启示"，载《金融时报》2012 年 10 月 8 日。

世，使得地方债务问题呈现出了愈演愈烈的状态。但是归根到底，地方债务危机的原因同样是地方债务无法受到有效的法律治理，从而呈现出规模大而且不透明的状态。

（二）货币政策和财政政策的法律治理不适当

欧盟在 2003～2007 年实施了相对宽松的货币政策，使得 2003～2007 年信贷高度繁荣，为主权债务危机埋下了潜在危机。而由于欧盟未能在 2007 年后及时实施财政紧缩政策，使得危机进一步深化。

中国在 2003～2007 年一直奉行稳健的货币政策，但稳健的内容逐渐转向从紧。2003 年以来，面对经济中出现的贷款、投资、外汇储备快速增长等新变化，稳健的货币政策内涵开始发生变化，适当紧缩银根，多次上调存款准备金率和利率。2007年 6 月 13 日，国务院召开常务会议，货币政策开始"稳中适度从紧"。2007 年 12 月 5 日，中央经济工作会议将 2008 年宏观调控的首要任务定为"两个防止"：防止经济增长由偏快转为过热、防止价格由结构性上涨演变为明显通货膨胀。会议要求实行从紧的货币政策。但是 2008 年金融危机的爆发使得中国的货币政策和财政政策出现了 180 度大转弯。2008 年 11 月 5 日，国务院常务会议根据世界经济金融危机日趋严峻的形势，要求实行积极的财政政策和适度宽松的货币政策，确定了进一步扩大内需、促进经济增长的十项措施。[1]在随后的两年里，连续两年的宽松货币政策使得银行天量信贷放出，直到 2011 年，央行表示实行稳健的货币政策，开始实际收紧。但 2009、2010 年的天量信贷，很多均为地方政府作为隐形担保的城投公司所借贷，用于地方经济建设，集中于 2013～2014 年到偿付期，将考验地

---

〔1〕"中国的货币政策"，载新华资料：http://news. xinhuanet. com/ziliao/2009 - 05/22/content_ 11418998. htm，访问时间：2013 年 10 月 9 日。

方政府的偿债能力。

相比较而言，欧盟的财政政策反应过慢，与其本身受到严格的法律规制有关，而中国的财政政策非常迅速，与其财政政策不受严格的法律控制相关。因而这是两个极端，两者都应该适当微调，欧盟的财政政策应该更具有灵活性，而中国的财政政策应该通过法律规则来加强刚性控制。

（三）中欧产生债务危机的深层根源相似

欧盟产生债务危机的表面原因是福利国家和民主政治，中国地方债危机的表面原因似乎是地方政府追求 GDP，但实际上深入探究，两者有着相似的根源。欧洲国家执政者出于选举需要，不得不长期实行高福利的社会经济政策，不敢对现行体制进行改革，导致财政上入不敷出，多年来靠举债度日。但实际上，这只是欧盟内个别成员国发生债务危机的原因，并非欧盟发生债务危机的根源。欧盟之所以会因为个别边缘成员国的危机而演化为系统性风险，是因为欧盟的市场和货币高度一体化，使得各个成员国之间的经济关联非常强。但是欧盟宪法却迟迟没有通过，因而欧盟和各成员国之间的法律关系处于一种不清晰的状态。这导致欧盟中的边缘国家可以保持高额债务，却可以要求整个欧盟买单。但欧盟本身对于成员国却缺乏足够的刚性手段和法律约束。

这与中国面临的情况十分相似。中国尽管是单一制国家，但是中央与地方的关系实际状况与宪法并不相符。中央与地方的关系由 1994 年的分税制所确立，实际上是一种由中央政府主导下的有限制的财政分权，因而又被称为中国特色的财政分权。但这种分权模式并没有宪法与法律的授权，所以地方政府的行为受到中央政府和其自身追求的双重激励。在 1994 年分税制改革之后，中国乡镇企业的衰落正是这种制度的直接产物。地方政府不再追求以企业为主导的经济增长，而追求以土地财政推动的城市化来实现自身的利益最大化。因为土地财政的收益均为预算外收入。同时由于中国是单一制国家，地方政府对于债务本身没有太大的责任心，认为中央政府最后会为此埋单，所以才会出现地方政府将土地疯狂出售的现象。同时，中央政府在以经济增长为主要目标的政策下，对于地方政府的行为没有有效的法律约束手段。更关键的是中央与地方的财权和事权没有宪法与法律上的明确界定，使得地方债的法律治理变得没有依据。

三、中欧债务危机应对之比较

(一) 欧盟主权债务危机之应对

从 2008～2009 年的大部分时间，欧盟主权债务危机仍然相对平静。这个事情的主要问题聚焦在地区范围的银行系统的稳定性以及相关国家的财政风险。

到 2009 年后期，欧洲主权债务危机进入了一个新阶段。许多国家报告称赤字/GDP 比率快速增加。[1]最震撼的新闻来自于希腊。在 2009 年普选之后，新希腊政府公布了修改的 2009 年预算，其中赤字预算达到 GDP 的 12.7%（比之前公布的 6% 要加倍）。希腊之前年份的财政也显示为有严重赤字，这违反了欧盟的财政规则，显示了欧盟中边缘国家对于财政状况的不负责任。[2]

针对希腊、爱尔兰和葡萄牙三国，欧盟联合国际货币基金

---

〔1〕 Ashoka Mody and Damiano Sandri, 2012, "The Eurozone Crisis: How Banks and Sovereigns Came to be Joined at the Hip", *Economic Policy* 27 (70): 199～230.

〔2〕 Philip R. Lane, "The European Sovereign Debt Crisis", *Journal of Perspective*, *Volume* 26, Number 3 (2012), p. 49.

组织项目的内容为：提供三年期的资金支持，条件是接受资助的国家要实施财政紧缩计划并且实施结构性改革以支持增长（尤其是希腊和葡萄牙）并重组那些过度延伸的银行系统（尤其是爱尔兰）。救助的基金规模远远超出了通常的国际货币基金借款水平，所以欧盟是最主要的援助者。一个临时的欧盟金融稳定机制被建立，以成员国的担保为基础来发行债券，从而在未来的任何危机中提供官方援助。[1]

援助希腊、爱尔兰和葡萄牙的计划很大程度上遵循了标准的国际货币基金组织模式，但是也面临着潜在的问题，大致包括以下方面：

（1）援助基金除了被用于覆盖通常的财政赤字外，还被用于重组银行系统。这个问题在爱尔兰是这样，在希腊和葡萄牙是这样，在西班牙2012年的救助基金也是这样。尽管公共基金对银行的重组能够缓解银行危机，但是如果提升了公共债务和主权风险到了过分的程度，那么这个策略就可能是存在问题的。[2]

（2）最初的退出制度包括一项300个基点的利息惩罚制度，这也是标准的国际货币基金模式。这个利息惩罚制度意在阻止某些国家在并不需要时也要求获得贷款的冲动，同时也对那些资金提供者的风险提供补偿。但是这也造成偿还变得更加困难，同时也使得整个欧盟在那些被踢出的国家基础上获利。[3]

（3）在既定的宏观经济、金融、财政不平衡的规模下，宏

---

〔1〕 Paul De Grauwe, 2012, "Fragile Eurozone in Search of a Better Governance", *Economic and Social Review*, 43（1）：22.

〔2〕 Viral V. Acharya, Itamar Drechsler, and Philipp Schnabl, 2010, "A Pyrrhic Victory? Bank Bailouts and Sovereign Credit Risk", *CEPR Discussion*, pp. 86~79.

〔3〕 Philip R. Lane："The European Sovereign Debt Crisis", *Journal of Perspective*, Volume 26, Number 3（2012）, p. 55.

观经济调整需要的时间维度将超过标准的三年时间。对于一个国家而言，同时实现财政紧缩和赤字消除是十分困难的。[1]

（4）更多的人呼吁欧盟中央银行采取更多行动稳定欧盟主权债务市场。一方面，这可以增加欧洲稳定机制的力量。另一方面，欧盟中央银行可以公布一个它能容忍的利率定点（前提是满足一定的财政标准），并且保证在某个价格买入。[2]

（二）中国地方债危机之应对措施

1. 短期内实施展期安排

在风险应对方面，自平台的清理整肃工作拉开帷幕以来，特别是 2010 年 6 月国务院正式启动地方融资平台债务清理工作以来，平台原有的各种不合规现象有较大改善，风险集中环节被逐步规范。银监会明确，2012 年地方政府融资平台贷款风险监管工作将遵循"政策不变、深化整改、审慎退出、重在增信"的原则，以缓释风险为目标，以降旧控新为重点，以提高现金流覆盖率为抓手，有效防范平台贷款风险。[3]从操作上来讲，银监会要求银行对地方债务实施展期安排，从而在短期内缓解地方政府违约的风险。

2. 中期通过债券市场阳光融资

2012 年政府工作报告再次强调地方政府性债务问题的处置，对地方政府性债务问题的表述也更详细。2012 年要"加强地方政府性债务管理和风险防范。按照分类管理、区别对待、逐步

---

〔1〕 Milesi‐Ferretti, Gian Maria and Cedric Tille, 2011, "The Great Retrenchment: International Capital Flows during the Global Financial Crisis", *Economic Policy* 26 (66): 258~288.

〔2〕 Paul De Grauwe, 2012, "Fragile Eurozone in Search of a Better Governance", *Economic and Social Review* 43 (1): 1~30.

〔3〕 高立、王天帅："如何应对'地方债集中还款风险'，载《国际商报》2012 年 3 月 11 日。

化解的原则，继续妥善处理存量债务。进一步清理规范地方政府融资平台公司。坚决禁止各级政府以各种形式违规担保、承诺。同时，把短期应对措施和长期制度建设结合起来，严格控制地方政府新增债务，将地方政府债务收支分类纳入预算管理"。

以加强地方债的监管和制度建设为契机，今后需要积极稳妥推动地方阳光融资制度的形成。这包括地方公债在 2009 年以"财政部代理发行"的形式登堂入室之后，认真总结管理经验，动态优化相关机制，并促进"预算法"与相关法规的修改。以后还可以考虑地方根据项目情况发行与之对应的市政债。这样使地方政府举债有透明度、有公众监督，这也是分税制下分级财政不能不解决的一个重大问题。[1]

3. 长期要完善财政体制

十八届三中全会决定明确提出：建立规范合理的中央与地方政府债务管理及风险预警机制。[2]2014 年中央经济工作会议指出：要把化解地方政府性债务风险作为经济工作的重要任务，把短期应对措施和长期制度建设结合起来，做好化解地方政府性债务风险各项工作。[3]

从长期而言，地方债务问题反映了中国财政体制改革的困境。1994 年以来建立的分税制，虽然强化了中央财政，但是中央与地方的财权事权不匹配的问题一直困扰着地方政府。地方政府事权多，财政支出却依赖中央的转移支出，而且在地方政

---

〔1〕 高立、王天帅："如何应对'地方债集中还款，风险'"，载《国际商报》2012 年 3 月 11 日。

〔2〕 "学习十八届三中全会决定"，载新华网：http://www.xinhuanet.com/politics/18szqh，访问日期：2014 年 2 月 18 日。

〔3〕 "中央经济工作会议部署 2014 六大任务"，载人民网：http://js.people.com.cn/html/2013/12/13/275136.html，访问日期：2014 年 2 月 19 日。

府的竞争中，不得不寻求预算之外的收入，集中体现为土地财政问题。为了加快地方经济建设，甚至不惜通过地方融资平台负债发展。这些不规范现象在 2008 年之前已经出现，只是不突出，但在 2008 年的金融危机之下，不但没得到纠正，而且还受到了中央政府的鼓励和默认。

因此，从长期来看，不论是展期还是阳光发债都无法从根本上解决地方债问题。只有对 1994 年以来的分税制改革进行完善改革，完善地方税制，建立与地方事权匹配的地方税制，如财产税制度等，加大财政转移支付中的一般性支付。更为关键的是，只有对整个财税制度予以法律控制，才能从根本上解决地方债务问题。

除此之外，中央与地方关系的非制度化和非法治化是地方债问题背后的深层次原因。正是因为中国处于后发追赶先发国家的转型时期，中国的财政分权必然是中央政府行政主导为核心，充满中国特色，无法像联邦制国家那样实现法治化的财政分权。随着 2020 年中国小康社会的全面实现，依法治国方略得到全面落实，中国不再以经济的快速增长为目标，那时中央与地方的关系的制度化和法治化才可能提上日程，那时制度化的财政分权也才可能实现。

（三）中欧债务危机应对之比较

1. 中国采取了债务展期，而欧盟是直接援助资金

从短期应对措施来看，中国银监会通过银行进行了展期处理，从而避免了地方债务违约，避免了地方债务履约的集中爆发。但同时这项行为也受到了广泛质疑，因为这既不符合通常的商业银行标准，也无法从根本上解决地方债务问题，并且容易让人产生政府债务即便不偿还也不算呆坏账的疑问。而欧盟则是联合了国际货币基金组织对希腊等国进行了救助，并且按

照国际货币基金组织以往援助成员国时的标准附加了较高利息的条件。欧盟的救助行为更符合通常的国际惯例，但是高额的利息和附加条件有可能使得被救助国财政金融情况进一步恶化，从而失去了国际援助的本意。

2. 中国更富有整体性，而欧盟显得临时和摇摆

由于中国是单一制国家，地方政府本质上是中央政府的执行机构，所以中国政府在处理地方债问题时更加及时，更加富有整体性和策略性。中国不仅考虑了短期展期策略，防止出现地方债违约，同时还从中长期考虑，通过逐步完善财政转移支付内容和地方税制结构的方式来从根本上解决地方债问题。但是欧盟由于仅仅是一个主权国家之间的货币联盟，所以欧盟在面对危机时很难形成统一、及时的步调。在危机爆发后，临时的援助机构在处理部分成员国的危机时，显得顾此失彼，摇摆不定。同时由于欧盟内部核心国家与边缘国家的利益并不一致，这也导致了欧盟很难从整体上建立稳定的救助机制，更难以从中长期的角度来思考如何彻底解决主权债务危机的问题。到目前为止，欧盟所能采取的最大手段是通过欧盟央行直接购买重债国主权债券的方式缓解其危机。但这个方式遭到了德国的强烈反对。在这一点上，欧盟无法与联邦制的美国相比，更无法与单一制的中国相比。

3. 中欧的危机应对的核心在于中央与地方关系的非法治化

虽然中国的应对有优越之处，但是中国的救助行为更富有政治性，而少有市场性和规则化。欧盟主权债务危机的根源在于其部分成员国的高福利政策以及信贷金融过分繁荣造成房地产泡沫等问题，而中国地方债危机则是地方政府高歌猛进的投资冲动所致。欧盟主权债务危机爆发的原因在于欧盟整体的松散以及长期低利率政策，但中国地方债的原因则在于中国财政

体制与目前社会经济转型的不相适应。简而言之，欧盟主权债务危机和中国地方债危机都是法律治理问题，都涉及中央（欧盟）与地方（成员国）的法律关系问题。但是两者的处境不同。欧盟由于政治上的分歧，成员国之间的分歧，很难于短期内在欧盟与成员国之间达成法律关系上的进展，甚至是财政政策上的突破。尽管中国是单一制国家，中央政府拥有很高的权威，但是同样面临着这样的困境。中央政府追求的经济快速增长的目标依赖于地方政府的努力，无法在追求快速现代化和法治化之间实现均衡。

四、中欧地方债务危机之展望

（一）欧盟债务危机之展望

1. 欧盟主权债务危机的启示

欧盟主权债务危机留下的遗产是：整体上的平衡可能掩盖部分成员风险引发的危机。部分国家拥有危险的高额债务比率，而其他国家的债务水平相当较低，但相比长期水平而言同样处于高位。即使现在的援助项目足以稳定债务比率，但是政府债务要恢复到欧盟财政公约要求的安全水平仍是充满挑战的。

首先，GDP 的增长是很慢的。高收入国家的债务/GDP 很难变动（相比新兴国家），部分原因是高收入国家的生产增长范围十分狭窄。发达国家的真实增长率很难超过 2%。[1]其次，深陷债务的国家需要政府实施开支削减计划并且增加税收。但福利国家和民主政治使得欧盟成员国政府很难坚持长期的财政紧缩。

---

[1] Carmen M. Reinhart and Kenneth S. Rogoff, 2010, "Growth in a Time of Debt", *American Economic Review* 100 (2): 573～578.

2. 主权债务处理的改革建议

高额的主权债务水平和避免未来的财政危机使得人们思考对欧盟财政规则的改革。新的财政公约要求新的财政原则被每个成员国的纳入立法。这些财政改革基于两项原则：一是高债务水平威胁财政稳定，二是财政平衡应该接近 0 水平。危机前的财政规则聚焦于总的预算平衡，即年度预算赤字不得超过 GDP 的 3%。新的财政公约聚焦于结构性预算平衡。在新财政规则下，有一个时间表要求你将公共债务降低到 GDP 的 60% 以下，超过部分要以平均每年 1/20 的比例消除。[1]

基于这些问题，需要讨论更深度的改革。摆在首位的是银行联盟的创立，因为国家银行系统和主权之间的联系是财政危机的核心问题。第二个需要考虑的步骤是发行欧盟债券，目标是避免欧盟地区内针对主权债务市场的突发不稳定事件。[2]财政雄厚的国家可能支持欧盟债券，因为这比为避免破产风险而设立的援助基金要成本更低。但是财政脆弱的国家可能会过度依赖欧盟债券。

这些政策建议需要欧盟条约的改变，并且在政治一体化上有突破。但是欧盟主权债务危机却在成员国内产生了不少矛盾，同时也导致了更多的关于政治一体化的深入探讨。比如是否向美国联邦制发展的问题。[3]

总之，欧盟主权债务危机的起因和发展可以归结为欧盟最初设计的缺陷。2005 年欧盟宪法的失败是一个十分关键的转折

---

〔1〕　Philip R. Lane：“The European Sovereign Debt Crisis”，*Journal of Perspective*，Volume 26，Number 3（2012），p. 62.

〔2〕　Carlo Favero and Alessandro Missale，2012，“Sovereign Spreads in the Euro Area：Which Prospects for a Eurobond？”，*Economic Policy*，27（70）：231～273.

〔3〕　Thomas J. Sargent，2012，“United States Then，Europe Now”，*Journal of Political Economy*，120（1）：1～40.

点。对危机情形下货币联盟的脆弱性缺乏全面理解也是非常重要的因素，特别是在缺乏银行联盟和欧盟缓冲机制的前提下。当然，在处理实施对逐渐扩展的多重危机时的内部混乱也是弥漫在整个危机中的重要因素。在未来欧盟的改革中，如何进一步通过高级法律规制来塑造欧盟与各成员国之间的关系，将是一个极大挑战。没有法律关系的进一步明确，经济上的银行联盟和欧盟债券将很难推进。

（二）中国地方债务危机的展望

1. 中国地方债危机的启示

中国地方债危机给人最大的启示是：缺乏法律制约和财政公开的地方债总量在 GDP 政绩导向下会迅猛膨胀，酿成财政危机。要将目前的地方债问题纳入正常轨道，面临着以下困难：

首先，改革开放三十余年来中国财政领域尚缺乏法治化。由于中国处于数千年未有之大变局，在迅速追求富国强兵的狂飙突进中，忽视法律制度等精细化的制度建设，而粉碎"四人帮"之后，法律制度主要是刑法等与政治相关的制度建设很快，但经济领域中法治却极度缺乏。财政法治的缺乏使得数万亿的财政转移支付缺乏法律规则来规范，使得地方政府很难完全依靠财政转移支付来支撑地方经济的发展，也使得通过预算外的融资来进行投资成了地方政府所喜欢并依赖的路径。而财政领域的法律规则又非一日之功，需要长时间的建设，这都使得地方债的解决变得扑朔迷离。

其次，地方债与土地财政高度相关，放大了风险。地方债本身并非严重问题，但是由于很多地方债是以土地抵押来获得的银行信贷，而土地的价格并不能保证一直走高，这会放大地方债的风险。这与爱尔兰、意大利的主权债务危机有一定相似之处。当地方债务主要依靠土地财政来偿还，并且抵押物也是土地时，那么地方政府自然会不断推高地价和房价，来确保未来的土地收入足以支撑昨日的地方债务。但从世界各国经验来看，只要承认土地和房子是商品，那么价格就不可能一直上涨下去，这将意味着这样的地方债和偿还模式存在着一个临界点。一旦土地和房子价格达到最高点，那么地方政府的债务就可能违约。由于中国是单一制政府，将不会像联邦制国家（如美国）那样容许地方政府破产，因此中央政府便将成为最后的埋单者。如果地方政府的负债超过了中央政府的偿还能力，那么中央政府最终只能通过加税或者印发货币来解决问题。而无论是加税还是印发货币，对于今天社会转型和维稳压力巨大的中国而言，都会产生连锁社会效益。

最后，地方债与金融体制密切相关，放大了金融风险。由于地方债的主要部分是通过城投公司向银行借贷，如果地方债出现违约，那么第一个承受不了的是国有银行。由于国有银行与普通民众的日常生活息息相关，国有银行破产将是中国社会所无法承受的。从这个意义上说，必须确保地方政府能够偿还地方债，那么也就要求地方债所投资的项目能够产生足够的利润来还本付息。

2. 对中国地方债危机处理的制度建议

首先，确立有效的宪法性财政规则。即便无法在宪法中进行规定，也要通过基本的财政法（或者预算法）确立地方债务的法律规则。如果允许地方政府发债，那么对于地方债务的发行要求、资质、信用评级、监督适用、绩效考核等进行国家层面的规定。从欧盟主权债务危机中，可以看到没有一项各成员国都适用的财政规则，将造成各国财政政策的极大混乱，酝酿成巨大危机。那么对于中国而言，应考虑是否允许地方政府（普遍性的，而非试点）发债。借鉴 1994 年分税制的成功，不要搞试点，要整体行动。

其次，建议财政政策和信贷预警机制和法律控制机制。从欧盟主权债务危机的历程来看，缺乏一个对各成员国的财政政策和天量信贷的监控机制，使得欧盟成员国的财政状况在真实信息被披露后，迅速演变为一场危机。尤其是 2003~2007 年信贷繁荣时期，为之后的债务危机埋下了伏笔。在 2007 年错过了实施财政紧缩政策的有利时机，使得整体性的债务危机有了爆发可能。在这一点上，中国有必要成立一个独立的财经政策和信贷监控小组，对整个的财政政策和全国的信贷状况进行实时监控，当信贷超常规增长时，小组就要发出预警，并采取相应的财政政策。对于中国而言，重大的财政政策出台必须经过全国人大常委会经过公开讨论，并且通过法律案来进行。

再次，地方债资金使用的用途监管机制。地方债的资金必须用于资本性项目，而非一般性日常支出。这是财政法的一般性规则。因为尽管地方债是一种"公法之债"，但是仍然是一种"债"，所以只有通过投向资本性的项目，才可能还本付息。而目前最大的问题在于很多地方债的资金被用于填补政府自身开支造成的政府赤字。尽管财政平衡也是财政的基本要求，但是地方债的债务性质要求其必须被投向有效率的资本性项目。欧盟和美国在出台救助法案的时候，都是将资金通过公司来使用，从而来确保资金的使用效率。而中国政府更多的是通过行政审批的方式来由政府直接决定投资项目，直接使用资金，这很容易造成寻租和资金使用的低效率。

复次，改变对地方政府官员的考核方式。目前对地方政府官员的主要考核方式仍然是 GDP 考核。如果这种 GDP 考核方式无法改变，那么地方政府通过土地财政追求 GDP 的冲动将无法从根本上得到遏制。地方政府对于土地财政的依赖无法根除，那么地方债问题也无法从根本上得到控制。所以要进一步完善对地方政府官员的绩效考核制度，改变以 GDP 增长为主要考核指标的现状。

最后，欧盟主权债务危机的根源是欧盟自创始以来就存在的问题，即核心成员国（法国德国）与边缘成员国（希腊等）之间的利益并不一致，导致欧盟是一个松散的邦联，而非像美国这样强大的联邦。这再次验证了汉密尔顿等美国建国者们当初坚持要建立一个强大联邦的观点的正确性。只有建立强大的联邦和中央财政，中央银行才能保障各个州的更长期稳定的繁荣。这也是美国很快走出金融危机而欧盟却迟迟未能复苏的重要原因。那么对于中国而言，本身是一个强大的中央集权的单一制国家，中央政府对于地方政府拥有强大的控制力，我们面临的可能恰恰是一个相反的问题——中央政府很强大，以至于中央政府与地方政府的事权与财权很不匹配。1994 年的分税制改革总体上是与中国市场经济的发展相适应的，但是对于当前的中国经济而言，中央地方的财权事权不匹配是需要完善的。因此，对于中国而言，是要理顺内部的中央与地方的事权财权问题。当然这里有两种思路，一种是下放财权，一种是上收事权。相比较而言，对于目前中国而言，后一种更适宜操作。因为社会保障、义务教育等民生问题在各国均为中央政府之职责，在中国也应由中央政府来承担。归根到底，借用北宋宰相王安石的一句话来归纳如何解决中国地方债务危机，即"治天下之财莫如法"。通过法律治理的方式理顺中央与地方的财权事权匹配问题，上升部分事权，并对地方债务实现有效的控制，加以规范。

— 第十一章 —
专利侵权诉前禁令程序中的
"公共利益理论" 研究

2012 年 8 月 24 日，在世界上最大的智能手机公司苹果与三星的诉讼中，美国地方法院作出了三星公司向苹果赔偿 10.5 亿美元的判决。尽管如此，苹果公司仍然咄咄逼人，请求法官尽早召开原定于 12 月的禁售听证会。但此项请求遭到世纪审判官高兰慧驳回。[1] 从表面上看，地方法院的判断看似使得苹果占尽上风，但实际上早在 2012 年 5 月 14 日，美国联邦巡回法庭就已经驳回了苹果针对三星公司 4 款手机的诉前禁令申请 [2]，而近日法官将禁售听证会定到 3 个月之后，也使得三星公司有足够的时间售出苹果申请禁售的手机库存，并推出新款智能手机来替代被禁售手机，因此三星公司并不会遭受太严重的损失。这个案例表明，美国联邦法院开始采纳了发源于美国商法典对国际贸易委员会授权的"公共利益理论"，对诉前禁令程序采取

---

〔1〕 "苹果'尽早禁售三星手机'要求遭法院拒绝"，载凤凰网：http://tech. ifeng. com/apple/news/detail_ 2012_ 09/07/17423699_ 0. shtml，访问日期：2012 年 9 月 7 日。

〔2〕 See United States Court of Appeals for the Federal Circuit, 2012 – 1105, Decided：May 14, 2012.

了"延迟规则"。我国2008年修订的《专利法》第66条也规定了诉前禁令程序，但司法实践中很少运用到"公共利益理论"。"公共利益理论"发源于美国商法典对国际贸易委员会的授权，所以研究"公共利益理论"对于尚未完善的中国诉前禁令程序具有十分重要的理论价值和实践意义。

一、市场竞争视野下的中国诉前禁令程序

(一) 诉前禁令程序与市场竞争

在专利侵权诉讼中，特别是涉及信息技术领域，每项技术都涉及成千上万的专利，一不小心某个很微小的部分就有可能侵犯别的公司的专利。此时根据专利权利本身的垄断性，专利权人就可以对侵犯了这个权利的所有其他主体提出侵权诉讼并要求其停止侵权行为。正因如此，在当今世界的信息技术领域，专利权成了商业公司之间进行竞争的一种重要手段。尤其是当一个公司发现对手公司侵犯了自身掌握的任何一项小的专利时，他会立刻将对手告上法庭，即便不能最终胜诉，之前的诉前禁令程序也足够使得对手在这个市场上一败涂地。

根据瑞兹的研究，从20世纪90年代以来，未来100年市场资本的3/4都是由无形资产，如专利权、著作权和商标权构成。[1]知识产权，尤其是专利权，处于现代市场经济的核心。安内斯塔指出："专利权中的信息常常被用于策略性的商业目的。"[2]雷曼教授认为："专利权的重要性的背后是经济的快速发展和经济从制造业和资本密集型产业向知识经济的转

---

〔1〕 M. Reitzig, "Strategic Management of Intellectual Property", *MIT Sloan Management Review*, Spring 2004, 35~40.

〔2〕 H. Ernst (2003), "Patent information for strategic technology management", *World Patent Information*, 25 (2003), 233~243.

型。"[1]

大量的专利使得专利诉讼司空见惯。雷曼教授让人们注意到一个事实:"对于半导体产业、通信行业和软件公司而言,一个特别的困难在于它们都必须聚集成百上千不同的零件才能制作一个成品。"[2]因此,伊奥教授在评价知识管理策略中,将依赖专利的进攻性的知识产权保护定义为有组织知识管理策略的一个重要部分。公司们会寻求路径创造时间延迟、起始成本以及不确定性等来获得对对手公司的竞争优势。[3]

(二)中国现行诉前禁令程序之现状

2008年12月27日《专利法》第三次修订。新《专利法》第66条规定:"专利权人或者利害关系人有证据证明他人正在实施或者即将实施侵犯专利权的行为,如不及时制止将会使其合法权益受到难以弥补的损害的,可以在起诉前向人民法院申请采取责令停止有关行为的措施。申请人提出申请时,应当提供担保;不提供担保的,驳回申请。人民法院应当自接受申请之时起48小时内作出裁定;有特殊情况需要延长的,可以延长48小时。裁定责令停止有关行为的,应当立即执行。当事人对裁定不服的,可以申请复议一次;复议期间不停止裁定的执行。申请人自人民法院采取责令停止有关行为的措施之日起15日内不起诉的,人民法院应当解除该措施。申请有错误的,申请人

---

[1] M. Lemley and J. Allison, "Who's Patenting What? An Empirical Exploration of Patent Prosecution", *University of Texas Public Law & Legal Theory*, *Research Paper No. 010.*, Retrieved June 22, 2012, from http://papers. ssrn. com/sol3/Delivery. cfm/000428551. pdf? abstractid = 223312&mirid = 1.

[2] M. Lemley (2008), "Ignoring Patents", *Michigan State Law Review*, Vol. 2008: 19 Spring, 19 ~ 34.

[3] M. Earl (2001), "Knowledge Management Strategies: Toward a Taxonomy", *Journal of Mangement Information Systems*, 18 (1), 215 ~ 233.

应当赔偿被申请人因停止有关行为所遭受的损失。"[1]该条在原《专利法》第61条的基础上，结合了《若干规定》的内容，明确将诉前临时禁令的申请条件、担保、审查时限、禁令解除、申请错误等方面纳入法律，既包含了诉前禁令适用的程序性规定，又包含了实体法要求，为司法机关在司法实践中正确运用提供了有力的法律依据。

目前在司法实践中对诉前禁令的审查一般包括四个要件：①申请人的合法权益可能受到难以弥补的损害，既包括财产损失，又含有市场占有率、产品的市场优势及信誉等方面的损失。②被申请人的行为是否存在侵权的可能，主要通过对申请人主体资格、专利有效性的审查，由法官的心证和审判经验来确认。③是否提供适当担保，由法官在审判实践中根据案情酌定担保数额与补救措施的追加。④禁令是否会损害公共利益。[2]何谓"公共利益"，法律对此没有明确的界定，是审判中的难点问题。

（三）我国诉前禁令程序实施之现状

（1）三大法修改后的前三年当事人申请诉前禁令比较积极，法院的支持率也比较高。据统计，2005年10月前，全国法院共受理知识产权诉讼禁令300件，支持176件，驳回申请23件，申请人撤回申请98件，实际支持率为88.89%。[3]主要原因是新制度刚出台，法院的审查比较宽松，权利人的积极性较高。从地区来看，主要集中在广东、山东、上海、江苏、北京等经

---

[1]《中华人民共和国专利法》第66条。

[2] 陈若姝："知识产权诉前禁令问题探究"，载 http://www.sxsfxx.com/news3j.asp？articleid=1617&id2=82&id3=215，访问时间：2012年9月15日。

[3] 参见"最高人民法院副院长曹建明在全国法院知识产权审判工作座谈会上的讲话——加强知识产权司法保护、优化创新环境、构建和谐社会"，载 http://law.baidu.com/pages/chinalawinfo/11/7/b6ccaf3a830877065322ee16c7b13125-0.html，访问时间：2011年8月15日。

济发达地区，具体的受理数分别是广东 100 件、山东 77 件、上海 44 件、江苏 33 件、北京 6 件、浙江 1 件。[1] 特别是广东、山东两省当时对这一制度的执行力度较大，直接导致了申请数量的增加。

（2）2005 年后全国法院受理诉前禁令申请数量处于低位徘徊状态，与知识产权案件逐年上升的比例不协调。如受理禁令较多的广东法院在 2005～2009 年之间申请数每年基本上在 5～24 件之间波动，在该省的所有知识产权案件中所占的比例极少（从具体的数据来看，2002～2009 年受理的知识产权一审案件分别是 1053 件、1465 件、3199 件、4257 件、3644 件、3989 件、5312 件和 7152 件，而禁令受理数分别是 11 件、54 件、19 件、21 件、20 件、24 件、5 件和 11 件）。[2] 主要原因包括：一是诉讼禁令的执行问题没有得到有效解决，往往是权利人的申请得到了满足，而被申请人的有关行为并没有受到任何遏制，影响了权利人的积极性。二是目前我国的垃圾专利较多，所谓的"权利人"滥用专利权排挤竞争对手的现象比较普遍，法院对禁令持更加审慎的态度，在审查及担保要求上更加严格。[3]

（四）现行诉前禁令程序主要缺陷

1. 公共利益理论无明确界定

我国现行专利法对于诉前禁令的审查标准，实际上是借鉴

---

〔1〕 参见蒋志培："2005 年 8 月在知识产权司法保护理论与实务培训班上的讲话"，转引自马跃飞："完善我国知识产权禁令制度的思考"，中国政法大学 2005 年硕士学位论文，第 22 页。

〔2〕 参见广东省高级人民法院民三庭课题组："知识产权诉讼禁令制度问题与对策"，载《法庭》2011 年第 1 期。

〔3〕 胡充寒："我国知识产权诉前禁令程序制度的现实考察及正当性构建"，载《法学》2011 年第 10 期。

国外（尤其是美国）司法实践对于诉前禁令程序的标准。但由于美国是普通法国家，其法律规则是通过一个个判例形成的，法官具有良好的经验和法律素养，而我国法官相对来说，不具有普通法法官那样的素养和对法律规则的判断能力，所以如果没有明确的法律界定标准，我国法官无法像普通法国家的法官那样凭借遵循先例的原则来进行思考和判断。这也是我国法律基本上还是属于大陆法传统的原因造成的。因此只有对公共利益理论有一些具体的规则和适用标准，才能在具体案件中便于法官适用。

2. 缺乏听证程序

听证程序是指国家在干涉、剥夺公民的生命、财产、自由等基本权利时，应当给予其充分、合理的为自己申辩的听证机会，这已经成为现代法治社会的基本原则。《若干规定》第9条规定了"询问"程序，即人民法院在48小时内"需要对有关事实进行核对的，可以传唤或双方当事人进行询问，然后再及时作出决定"。实践中，如果法院在48小时内启动并完成询问程序是非常紧迫的。这种询问程序所起的作用非常有限，并不能取代听证制度的作用。[1]

3. 担保制度不完善

司法解释对诉前禁令中的担保，虽然没有对除保证、抵押以外的其他担保方式作出规定，但也没有排斥其他方式的应用。目前，国外一些国家经常采用的保证金、银行保函等方式得到了我国司法界的认同，并在司法实践中予以应用。实践中，要求法官在48小时之内对保证、抵押担保的有效性进行审查，确

---

[1] 胡充寒："我国知识产权诉前禁令程序制度的现实考察及正当性构建"，载《法学》2011年第10期。

实存在一定难度，因此有观点认为[1]，申请人提供的担保物应仅限于现金（包括银行票据形式）担保，这样才能确保担保的可执行性。而另一种观点则认为，现金担保和实物担保都可取，如果将实物担保排除在外，将与我国担保法的规定相违背。

4. 诉前禁令程序与国际贸易委员会

在 2006 年最高法院作出关于 eBay 的案件决定[2]之后，法庭很少会因为那些将专利作为一种商业模式的专利巨头（PAES）[3]的请求而发布诉前禁令。正如肯尼迪法官在 eBay 案件中所陈述的："诉前禁令很有可能被专利公司作为向那些试图获得专利使用权的公司博弈的工具。"[4]伴随着最高法院这个案例的发布，越来越多的专利巨头将目光转向了国际贸易委员会（ITC）。过去的五年中，专利巨头纷纷通过国际贸易委员会来获得其希望获得的诉前禁令。[5]结果就是专利法的适用产生了双重标准，这引起了主流媒体、学术界、实务界和联邦贸易委员会的愤怒。这等于废除了 eBay 案件判决的期望效力。

---

〔1〕 胡充寒："我国知识产权诉前禁令程序制度的现实考察及正当性构建"，载《法学》2011 年第 10 期。

〔2〕 eBay Inc. v. MercExchange, L. L. C. , 547 U. S. 388 (2006).

〔3〕 Colleen Chien, "From Arms Race to Marketplace: The Complex Patent Ecosystem and Its Implicationsfor the Patent System", 62 HASTINGS L. J. 297, 328 (2010) (PAEs are "entities . . . focused on the enforcement, rather than the active development or commercialization of their patents" .), Accord, FTC The Evolving IP Marketplace: Aligning Patent Notice and Remedies with Competition 8 n. 5 (Mar. 2011), available at http://www. ftc. gov/os/2011/03/110307patentreport. pdf.

〔4〕 eBay Inc. v. MercExchange, L. L. C. , 547 U. S. 388 (2006).

〔5〕 Colleen V. Chien & Mark A. Lemley, "An Earlier Version of this Article Provided the Basis for our Editorial, Patents, Smartphones, and the Public Interest", *NEW YORK TIMES. COM*, Dec. 9, 2011, http://www. nytimes. com/2011/12/13/opinion/patents – smartphones – and – the – public – interest. html.

国际贸易委员会的行动对市场产生了巨大影响。一旦国际贸易委员会发布禁止出口禁令，那么那个公司就必须收回其在市场上的产品并重新设计产品。许多家用设备，包括计算机、平板电视和打印机等都成了 337 条款的对象。[1]一时间，甚至有媒体称国际贸易委员会是经济上毁灭性的和毫无灵活性的[2]。

在 2006 年的 eBay 案件中，地区法庭必须考虑四个因素来决定是否发布诉前禁令，包括金钱损失是否足够、公共和私人利益的平衡、偏好发布禁令还是拒绝。[3]肯尼迪大法官强调，当原告仅获得专利的非独占性许可或者专利仅仅覆盖产品的一小部分时，发布诉前禁令可能是不适当的。[4]实际上，类似的四要素标准以及被法庭决定是否发布诉前禁令长达数个世纪之久。[5]最高法院不断重申诉前禁令是一项非同寻常情况下的救济措施。[6]在市场经济中，一项诉前禁令程序的发布会扰乱商品和服务的自由流动，不仅会影响相关当事人，还会影响公众，

---

〔1〕　See, e. g. In re Computer Products, Computer Components and Products Containing Same, USITC Pub. 4183, Inv. No. 337 – TA – 628（September 2010）, available at 2009 ITC LEXIS 2440（computers）; Certain Flat Panel Digital Televisions and Components Thereof; Notice of Investigation, 75 Fed. Reg. 51286（Aug. 19, 2010）（flat screens）.

〔2〕　See, e. g. Editorial, "The Android Patent War", WALL ST. J. , Dec. 5, 2011.

〔3〕　eBay, 547 U. S. at 391.

〔4〕　eBay, 547 U. S. at 400.

〔5〕　See Douglas Laycock, "the Death of the Irreparable Injury Rule 20 ~ 21"（1991）（tracing the origins of the "irreparable injury rule" to the specialization in remedies by the courts of chancery and the courts of law in 14th century Britain and its transmission to the courts of the colonies and United States in the 17th century）.

〔6〕　Weinberger v. Romero – Barcelo, 456 U. S. 305（1982）, citing Railroad Comm'n v. Pullman Co. , 312 U. S. 496, 500（1941）. See also, Rizzo v. Goode 423 U. S. 362（1976）（"the principles of equity〔〕militate heavily against the grant of an injunction except in the most extraordinary circumstances. "）

使得其不得不迅速适应没有了已经习惯了的商品或服务的生活。[1]因此，eBay 案件实际上是将诉前禁令界定为最后的手段，只有当伤害无法用金钱来衡量，并且充分谨慎考虑了公共利益后才能适用。

回顾 eBay 案件之后的地区法庭的决定，只有75%关于诉前禁令的请求被授权，在 eBay 案件之前是95%。那些专利巨头关于诉前禁令的请求仅仅有26%被授权。

大多数对于 eBay 案件的关注聚焦于两个问题：无法修复的伤害和足够的补偿。[2]当被告的侵权行为足以威胁到原告的市场份额、名誉[3]和商业模式[4]时，法庭愿意作出诉前禁令，反之则会拒绝。[5]成百上千的法庭都遵循最高法院的先例来进行判决，但国际贸易委员会却拒绝遵循 eBay 先例。[6]尽管国际

---

〔1〕 See Broadcom v. Qualcomm, No. SACV 05 – 467 JVS (RNBx), 2007 U. S. Dist. LEXIS 97647, at ∗15, ∗20 (C. D. Cal. Dec. 31, 2007).

〔2〕 但这两个问题实际上难以区分。

〔3〕 See, e. g. vacated and remanded on other grounds, 542 F. 3d 1363 (Fed. Cir. 2008) (harm to reputation); Emory, 2008 U. S. Dist. LEXIS 57642 at ∗12 ~ 13 (harm to reputation and goodwill).

〔4〕 See ReedHycalog, LP v. Diamond, No. 6：08 – CV – 325, 2010 U. S. Dist. LEXIS 83011, ∗35 ~ 36 (E. D. Tex. Aug. 12, 2010) (disruption to P's business and licensing and pricing strategy); Joyal v. Johnson, 2009 U. S. Dist. LEXIS 15531 at ∗30 ~ 31.

〔5〕 See Advanced Cardiovascular v. Medtronic Vascular, 579 F. Supp. 2d at 559; Bosch v. Pylon, 748F. Supp. 2d at 408; LG Elec. USA v. Whirlpool, 2011 U. S. Dist. LEXIS 70963 at ∗49; Sundance v. Demonte, No. 02 – 73543, 2007 U. S. Dist. LEXIS 158, ∗8 (E. D. Mich. Jan. 4, 2007) (all citing presence of a multiplecompetitor market); Nichia v. Seoul Semiconductor, No. 06 – 0162 MMC, 2008 U. S. Dist. LEXIS 12183, ∗5 (N. D. Cal. Feb. 7, 2008) (no loss of market share, reputation or brand); Ricoh, 2010 U. S. Dist. LEXIS 38220 at ∗3 ~ 4 (plaintiff not in competition with defendant because plaintiff does not practice invention); Hynixv. Rambus, 609 F. Supp. 2d 951, 984 ~ 985 (N. D. Cal. 2009).

〔6〕 See Spansion, Inc. v. ITC, 629 F. 3d 1331 (Fed. Cir. 2010).

贸易委员会同样适用专利法来判断一个进口是否合法[1]，国际贸易委员会却遵循其自身的程序来作出判断。国际贸易委员会既不听取被告的抗辩、不确定对侵权的保护，也不能判定损害赔偿。[2]，国际贸易委员会的本来目的是给予外国侵权问题的一种特别解决途径，但由于大多数技术产品都在海外生产，[3]并且国会放松了国内产业要求，使得几乎每个专利人都可能成为国际贸易委员会的原告，每个侵权者都成了国际贸易委员会的潜在被告。总之，国际贸易委员会成了发起专利诉讼的主流渠道。

专利法上的立法和司法上的改进通常并不适用于国际贸易委员会。当国会最近通过一项关于专利侵权诉讼中的多元被告的限制规则时[4]，这项改革并不适用于国际贸易委员会。例如，当地区法庭中每个案件中的被告随着这项规则人数变少时，国际贸易委员会不受丝毫影响。（见图 11 - 1）[5]2011 年在限制被告规则通过前后国际贸易委员会和地区法庭的每个案件被告数对比：

---

〔1〕　19 U. S. C § 1337 (a).

〔2〕　See Kinik Co. v. Int'l Trade Comm'n, 362 F. 3d 1359, 1362 (Fed. Cir. 2004) [holding that 102 (g) (2) does not apply in the ITC].

〔3〕　See, e. g. Commission Decision in Personal Data and Mobile Communications Devices and RelatedSoftware TA - 710 - 337 (" [T] o HTC's knowledge, no smartphones…are produced in the United States. Rather they are all manufactured overseas and imported in the United States. ").

〔4〕　See PUBLIC LAW 112 - 29—SEPT. 16, 2011. LEAHY - SMITH AMERICA INVENTS ACT § 19 (d), 35 U. S. C. §299.

〔5〕　See Colleen V. Chien & Mark A. Lemley, "An earlier version of this article provided the basis for our Editorial, Patents, Smartphones, and the Public Interest", *NEW YORK TIMES. COM*, Dec. 9, 2011, http://www. nytimes. com/2011/12/13/opinion/patents - smartphones - and - the - public - interest. html.

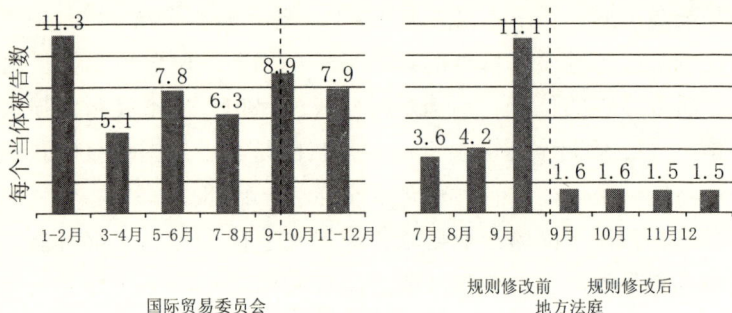

图 11 -1　2011 年在限制被告规则通过前后国际贸易委员会和地区法庭的被告数对比

这些都充分表明国际贸易委员会已经成了专利持有人的平台，对于获取诉前禁令持比较宽松的标准。[1]需要特别指出的是，那些专利巨头潮水般涌向国际贸易委员会。[2]国际贸易委员会专利巨头的案件数量增长。

这就是最高法院关于 eBay 案件的直接后果。尽管法庭随着最高法院的这一先例判决越来越审慎地对待诉前禁令程序的启动，但是国际贸易委员会一开始似乎并不理会最高法院的这一判决，仍然我行我素。由于国际贸易委员会的相对独立性，其对于诉前禁令程序所持有的比较宽松的态度，使得越来越多的专利持有权人在国际贸易委员会发起调查。从国际贸易委员会 2006 ~ 2011 年的实践来看，相当多数的专利权人，包括专利巨头，获得了其所期望的诉前禁令，从而在与对手公司的博弈中处于相当有利的地位。国际贸易委员会似乎一下子成了那些专

---

〔1〕　See Albert B. Chen & Matthew Abbott, "Protecting Green Patents: District Court vs", ITC, LAW 360, Jan. 5, 2012, http://www. law360. com/articles/295637/protecting - green - patents - district - court - vs - itc.

〔2〕　Accord Robert D. Fram & Ashley Miller, "The Rise of Non - Practicing Entity Litigation at the ITC: The State of the Law and Litigation Strategy" (Jan. 5, 2011).

门以专利权来牟利的专利巨头们的温床。

二、诉前禁令程序中的公共利益理论

（一）公共利益理论的理论渊源

美国商法典在给国际贸易委员会的授权中并没有要求国际贸易会必须给出排除性的禁令程序。法典原文是："如果委员会在进行调查之后发现存在违反本法的情形，它可以下令违反本法的人将进口的商品从美国退出，除非基于以下考虑：公共健康和福利、美国经济的竞争情况、美国境内类似的或者与之直接竞争的商品的产量以及美国消费者而作出相反的决定。"[1]

联邦法院将此规则分解为四个独立的要素。即公共利益因素包括：公众健康和福利；美国经济中的竞争性条件；美国境内类似的或者与之直接竞争的产品的产量；美国消费者。[2]综合起来，这些因素授予了国际贸易委员会比较宽泛的权力去对待专利持有人，专利与产品之间的关系。规则要求国际贸易委员会在考虑是否发起一个补偿时随时要考虑公共利益的问题。[3]

但是在类似337条款的案件中，国际贸易委员会似乎认为实施禁令并不会影响到公共利益。历史上，国际贸易委员会只在三个案件中由于公共利益理论排除适用了禁令程序：为改善燃料效率的汽车零件；为了原子物理实验的自然设备和医院燃料床三个案件。这三个案件共同的特点是这些产品是人类

---

〔1〕 19 U. S. C. § 1337（d）（1）.

〔2〕 See Spansion, 629 F. 3d at 1358.

〔3〕 See, e. g 19 U. S. C. § 1337（d）（1）（covering exclusion orders）and § 1337（f）（1）（covering cease and desist orders）.

健康或一些国家层面的政策目标所必须而相当长时间内市场上没有其他供给渠道的。这几个案件无一发生在近 25 年以内。[1]

在国际贸易委员会看来，实施专利权就是实现了公共利益。联邦巡回法庭似乎也接受了他们的这种做法。在 san huan 新材料高技术国际贸易案件中，联邦巡回法庭认为："在关于公共利益方面，国际贸易委员会更偏好保护知识产权和强调严厉的惩罚。"[2]

（二）公共利益理论案例

1. 自动连杆轴颈磨床案件[3]

国际贸易委员会第一个因为公共利益理论而拒绝发布禁令的案件是 1979 年的自动连杆轴颈磨床案件。国际贸易委员会决定的理由是燃料效率的公共利益。机动车制造商声称缺乏连杆轴颈磨床将使机动车处于危险之中。委员会认为国内产业在合理的时间内又无法满足这种需求，同时总统和国会又明确确立了发展燃料经济的政策。1979 年的石油危机可能也是这项决定原因之一。[4]

---

[1] See Colleen V. Chien & Mark A. Lemley, "An Earlier Version of this Article Provided the Basis for our Editorial, Patents, Smartphones, and the Public Interest," *NEW YORK TIMES. COM*, Dec. 9, 2011, http://www. nytimes. com/2011/12/13/opinion/patents – smartphones – and – the – public – interest. html.

[2] San Huan New Materials High Tech, Inc. , et al. v. International Trade Commission, et al, 161 F. 3d1347 (Fed. Cir. 1998).

[3] USITC Inv. No. 337 – TA – 60, 205 U. S. P. Q. 71, 0079 WL 419349 (Dec. 17, 1979).

[4] See Colleen V. Chien & Mark A. Lemley, "An Earlier Version of this Article Provided the Basis for our Editorial, Patents, Smartphones, and the Public Interest", *NEW YORK TIMES. COM*, Dec. 9, 2011, http://www. nytimes. com/2011/12/13/opinion/patents – smartphones – and – the – public – interest. html.

2. 特定倾斜加速管案件[1]

这个案件中，贸易委员会面临的公共利益问题在于联邦支持的原子能实验中纯粹的科学研究和知识进步问题。委员会认为涉嫌侵权的 Dowlish tubes 是比对手质量更高价格更低，并且对于科学研究是必不可少的，而科学研究是符合公共利益的。如同在自动连杆轴颈磨床案件一样，贸易委员会认为这些侵权产品是公众因健康和福利所需求的，而且是一旦发布禁令则无法在国内其他渠道获得的。

3. 医院燃料床案件[2]

在这个案件中，国际贸易委员会认为："侵权的床设备能够提供无法从其他设备或治疗方法的利益，其他提供者又不能在合理时间内满足公众的这种需求。"委员会确信："如果临时禁令被发布，一些病人将由于专利许可费的高额价格无法获得燃料床设备。"与其他案件不同的是，委员会更多地强调公共利益而非不可获得性。

4. 苹果诉三星案件

在苹果诉三星这次世纪诉讼中，2012 年 5 月 14 日联邦巡回法庭的判决书中，尽管多数法官仅仅依据专利的新颖性等即驳回了苹果对三星三款手机实施诉前禁令的请求，[3]但是奥美尔法官讨论了公共利益问题。奥美尔法官与大多数法官意见不同，认为应对苹果提起的针对三星的 D889 专利实施诉前禁令。包括他在内的法庭认为："公共利益对于专利权人的保护已经被三星

〔1〕　USITC Inv. No. 337 – TA – 67, 0080 WL 594319（Dec. 1980）.

〔2〕　USITC Inv. No. 337 – TA – 182, 337 – TA – 188, 225 U. S. P. Q. 1211, 1984 WL 63741（Oct. 5, 1984）.

〔3〕　United States Court of Appeals for the Federal Circuit, 2012 – 1105, Decided: May 14, 2012.

公司持续的竞争的权利（这被认为是合法的）所抵消。"[1]法庭坚持认为公共利益对于双方当事人来说并不重要。相反，地区法庭认为苹果的专利使用权可能有效且极可能被侵犯，法庭认为公共利益应该偏向苹果公司，因为公共利益应该保护专利权。那么汇总这些观点：当侵权问题存在而明显合法时，公共利益应该站在专利持有人这边。[2]

尽管公共利益在司法实践中的重要性低于专利新颖性等问题，并经常不为法官所考虑，但是公共利益最好的表达是对那些合法且被侵犯的专利予以保护。[3]由于相关证据表明 D889 专利是合法的且受到侵犯并且没有其他证据，所以奥美尔法官认为此处公共利益理论应该授权发布诉前禁令。但是绝大多数法官仍然坚持认为不应该发布诉前禁令。

在这里的前三个案例，其精神实质正是对于"公共利益理论"的综合利益平衡的考虑。只不过前三个案例是在数十年之前，而第四个案例则发生在现在。这四个案例都反映了美国商法典对于国际贸易委员会授权中所体现的综合考虑多种利益的价值取向，但是前三个案例在当时却是例外，因为几十年前的法院对于"公共利益理论"考虑甚少，或者将其偏狭地理解为对于专利权人的绝对保护。但这种对专利权人的绝对保护也的确有其深刻的社会背景。那就是八九十年代正是美国发展高科技技术的时代，里根总统提出"星球大战"计划，克林顿总统明确提出"知识经济"的概念，这都反映了当时的美国正大力鼓励科技创新，因而对于知识产权的绝对保护必然影响到了司

---

〔1〕 Apple, 2011 U. S. Dist. LEXIS 139049, at ＊76.

〔2〕 United States Court of Appeals for the Federal Circuit, 2012 – 1105, Decided: May 14, 2012.

〔3〕 Abbott Labs. v. Andrx Pharm. , Inc. , 452 F. 3d 1331, 1348（Fed. Cir. 2006）.

法实践。这客观上揭示了在美国历史上的大多数时期，法院包括最高法院，都是支持总统的。

但是到了 21 世纪，世界各国的专利权之间相互依赖，尤其是在高科技领域。越来越多的专利巨头运用法律对专利权的保护来牟利。这显然是歪曲了法律的本来宗旨。正因如此，美国的最高法院随之进行了调整，在 eBay 案例中要求对专利诉前禁令程序持有审慎的态度。随着专利权人涌向国际贸易委员会，国际贸易委员会也从前几年坚持对专利权人的保护重新回到商法典对于其授权中所强调的综合利益平衡。所以，国际贸易委员会对于公共利益理论的理解也随之发生了变化。

（三）国际贸易委员会对"公共利益理论"理解的变化

国际贸易委员会面前的案例的复杂性已经开始变化。当一个国内公司起诉一个外国对手时，公共利益是清晰的——禁止进口。但是，这种案例变得越来越少见，仅仅占到国际贸易委员会受理案件的 12%。[1]越来越多的案件发生于竞争者之间或者竞争者与专利巨头之间。[2]

在 eBay 案例以及相关案例法影响之下，那些专利巨头纷纷涌向国际贸易委员会，因为国内产业放松了要求而且法庭通常也不再倾向于发布禁令。这些疯狂涌向国际贸易委员会的案件涉及复杂而多元化的技术。[3]

所以，今天公共利益的平衡的情形已经与传统完全不同了。首先，贸易委员会过去认为很重要的一个因素（是否另外的公司会填补禁令带来的缺失）无法被满足，因为原告通常是一个

---

〔1〕　See Chien, Patently Protectionist, supra note, at 89, Table 5.

〔2〕　See Chien, Patently Protectionist, supra note, at 89, Table 5, p. 92 table 4.

〔3〕　Michael Kallus and James Conlon, *International Trade Commission: The Second Theater*, RPX Corp. 10/24/11 Presentation.

非实践性的实体。尤其是当一个专利实体一次起诉一大批公司的时候。如果专利权人认为整个行业都侵犯了其权利，那么就不可能有剩下的公司去填补这个市场需求。[1]

其次，竞争性情况和消费者被复杂多元的案件中的禁令影响的深度会远远高于传统的侵权伪造案件。影响不但是侵权的产品的供给，而且包括非侵权的产品的价格和供给，消费者以及依赖于这些非侵权产品的第三方。[2]今天的公共利益平衡不再像早些年代那样仅仅涉及当事人双方，而是涉及对市场竞争的影响、对消费者的福利等众多除了当事人双方之外的利益主体的影响。这些都促使今天的公共利益理论的内涵随着经济社会的变迁发生了相当的变化。

这些情形的变化促使国际贸易委员会的态度也出现了变化。2011 年关于智能手机的案例中，国际贸易委员会将公共利益理论纳入其决定之中，没有拒绝但是延迟了禁令发布的时间。[3]从这个时间起，国际贸易委员会实际上改变了之前的规则，允许行政法官在委员会命令之下，在案件中考虑公共利益理论，而非等到案件结束之后。[4]

这种态度的变化也意味着国际贸易委员在其之后的案件中可能会采取越来越多的灵活性以应对不断变化着的知识产权侵

---

〔1〕 See z4, 434 F. Supp. 2d at 437.

〔2〕 See, e. g. Cease and Desist order in Broadband Base Processors, Inv. No. 337 – TA – 543 (restrictingQualcomm's research, development, and testing of broadband base processors) discussed in Commission Decision at 154.

〔3〕 Order in 337 – TA – 710, Personal Data and Mobile Communications Devices and Related Software (December 12, 2011); see also Colleen V. Chien and Mark A. Lemley, "Patents, Smartphones, and the Public Interest", N. Y. TIMES (Op – Ed) December 5, 2011 (recommending this very tailoring remedy in that case).

〔4〕 Rules of Adjudication and Enforcement, 19 CFR Part 210, http://www. usitc. gov/secretary/fed_ reg_ notices/rules/finalrules210. pdf.

权诉讼。固守成规，不一定是最好的选择。

三、公共利益理论的三种灵活性策略

国际贸易委员会根据法律的授权，不能命令赔偿，只能发布禁令。所以，即便法官和委员认为禁令不符合公共利益，也可能要犹豫是否运用公共利益理论来拒绝发布禁令，因为他们担心结果造成专利权人赢了官司却不能获得任何赔偿。[1]但这种担心也许是过于谨慎了，事实上专利权人经常在地区法庭和国际贸易委员会发起平行诉讼。即便法庭和国际贸易委员会都没有发布诉前禁令，专利权人也可能获得损害赔偿。[2]苹果诉三星案件就是一个典型例子。

康尼恩教授和马克教授认为国际贸易委员会应该表现出更多的灵活性。从历史上看，国际贸易委员会在不同场合使用其灵活性来限制其对专利权人的授权。1981 年，国际贸易委员会创造了限制性的诉前禁令来作为普通禁令的补充，作为一种对普遍的授权原告的限制。[3]尽管国会从未授权国际贸易委员会在 337 条款调查中采取限制性禁令措施，但是国际贸易委员会创造了这一限制性禁令措施。[4]在爱普瑞案件中，委员会设计了一项专门的 9 个因素的测试来测试下游产品（即那些可能受到影响的产品）。[5]总而言之，当发明的价值小于被禁止产品所影响的下游产品的价值时，国际贸易委员会会停止考虑授予

---

〔1〕　See Colleen V. Chien & Mark A. Lemley, "An Earlier Version of this Article Provided the Basis for our Editorial, Patents, Smartphones, and the Public Interest", *NEW YORK TIMES. COM*, Dec. 9, 2011, http://www. nytimes. com/2011/12/13/opinion/patents – smartphones – and – the – public – interest. html.

〔2〕　See 28 U. S. C. § 1659 (a).

〔3〕　As recounted in 337 – TA – 276, EPROMS, n. 159.

〔4〕　337 – TA – 276, EPROMS, pp. 125 ~ 128.

〔5〕　337 – TA – 276, EPROMS, pp. 124 ~ 128.

授权。

高技术成分案件现在是国际贸易委员会的主流：2005 ~ 2011 年大约86%的国际贸易委员会案件是高技术案件。国际贸易委员会对案件的灵活性策略源自于法律对于国际贸易委员会理事会的授权：谨慎地作出适当的赔偿。[1]联邦巡回法庭在很大程度上会尊重国际贸易委员会的决定，除非他们武断地滥用了谨慎，并且违反了法律。[2]

国际贸易委员会的程序本身就可以提供一些灵活性策略。一旦委员会发现了违法行为，他就可以立即发出禁令，要求侵权产品退出市场。但在一些情形下，委员会可以召开听证会来决定是否或采取何种形式的禁令。如果这样的话，这一项禁令将面临长达60天的总统复审期。但是排除性禁令会立即生效，除非被告提供了相当于复审期销售的数额的担保。[3]这样的程序安排就提供了三种不同形式的灵活性策略。一是国际贸易委员会可以决定禁令的范围，二是委员会可以决定什么时候来实施禁令，三是委员会会可以下令被告提供保证金从而在复审期内继续进口。

（一）自由裁量禁令范围

美国商法典要求国际贸易委员会实施排除性禁令，除非公共利益要求其作出相反的判决。[4]一项禁令会要求一个公司停止进口某项产品。但是当产品仍然以某些形式存在，而排除禁令又被运用于这种产品的未来版本时，消费者和竞争者都很难承受。

---

〔1〕 See 19 U. S. C. § 1337 (c).

〔2〕 Spansion, 629 F. 3d 1331 at 1358; accord Epistar Corp. v. Int'l Trade Comm'n, 566 F. 3d 1321, 1333 (Fed. Cir. 2009).

〔3〕 See 19 U. S. C. § 1337 (e) (1).

〔4〕 See 19 U. S. C. § 1337 (d).

这种公共利益导致国际贸易委员会进行自由裁量。在"特定基础处理器"案件中，委员会发现禁令无法实施，因为可能存在对第三方的伤害。[1]但是，委员会调整了禁令的范围[2]，这使得其既考虑到公共利益又发布了排除性禁令。

在"个人数据和移动通信服务"案件中，委员会也对排除性禁令的范围进行了调整。[3]在类似的其他的一些案件中，国际贸易委员会也对禁令中一些部分进行了免除，从而兼顾到公共利益。

（二）延迟规则

国际贸易委员会也可以在某些情况下选择延迟禁令。贸易委员会通常可以立即实施一项禁令，被告可以通过提供担保获得 60 天的时间。被告也可以通过向联邦巡回法庭上诉来获得禁令的延迟。但是即便这两项事件都没有发生，委员会也有权力直接发布命令将排除性禁令延迟。委员会通过这种延迟可以给被告时间来围绕相关专利或者替代性非侵权产品进行设计，或者确保消费者不会在专利权人加速生产前无法拥有相关产品。[4]

实际上，在文章一开始的苹果诉三星案件中，法庭所采取的规则正是借鉴了国际贸易委员会的延迟规则。延迟规则具有在某种程度上解决专利问题的可能。如在雷蒙和夏普瑞案件中所显示的那样，专利阻塞是两个因素的结果：一个事实就是禁

---

〔1〕　See Commission Decision in Certain Baseband Processors TA – 543 – 337, at 83.

〔2〕　See Commission Decision in Certain Baseband Processors TA – 543 – 337, at 150 ~ 151.

〔3〕　See Commission Decision in Personal Data and Mobile Communications Devices TA – 710 – 337.

〔4〕　See Colleen V. Chien & Mark A. Lemley, "An Earlier Version of this Article Provided the Basis for our Editorial, Patents, Smartphones, and the Public Interest", *NEW YORK TIMES. COM*, Dec. 9, 2011, http://www. nytimes. com/2011/12/13/opinion/pa-tents – smartphones – and – the – public – interest. html.

令会使得非侵权成分和侵权成分一样被禁止，另一个事实就是75%的被诉讼的专利既不合法又没有被侵权。[1]诉前禁令对于非侵权事项的禁止意味着让被告付出专利本身更高的成本。[2]为了不付出额外的成本，被告会围绕专利来重新设计以避免禁令的影响。但由于大多数专利诉讼的失败，使得被告围绕专利的设计被浪费。[3]

延迟规则改变了这一切。由于存在延迟规则，被告可以围绕专利进行新的设计，他们不再需要为了避免禁令而进行专利周围的设计投资。这样，他们不再需要对那些微小部件的专利权人支付巨大的费用。他们只要在需要的时候重新调整设计即可。专利权人可能会认为对禁令的延迟对他们是不公平的，因为如果被告能围绕专利进行设计，那么专利权人就什么也得不到了。但事实并非如此。如果重新设计成本高于原始产品的价值，那么这种专利技术就应该被保护。如果重新设计是轻而易举的，那么专利技术的实际价值就几乎为零了，任何给专利权人的赔偿就是浪费。

在"个人数据和移动通信工具"案件中，由于对被告竞争力的影响，委员会发现立即实施禁令将不符合公共利益理论。[4]

---

〔1〕 See Einer Elhauge, "Do Patent Holdup and Royalty Stacking Lead To Systematically Excessive Royalties?", 4 J. COMPETITION L. & ECON. 535 （2008）; John M. Golden, " 'Patent Trolls' and Patent Remedies", 85 TEX. L. REV. 2111 （2007）; J. Gregory Sidak, "Holdup, Royalty Stacking, and the Presumption of Injunctive Relief for Patent Infringement", 92 MINN. L. REV. 714 （2008）.

〔2〕 Mark A. Lemley & Philip J. Weiser, "Should Property or Liability Rules Govern Information?", 85 TEX. L. REV. 783 （2007）.

〔3〕 See Einer Elhauge, "Do Patent Holdup and Royalty Stacking Lead to Systematically Excessive Royalties?", 4 J. COMPETITION L. & ECON. 535 （2008）.

〔4〕 See Commission Decision in Personal Data and Mobile Communications Devices TA－710－337, at 83.

长达 4 个月的延迟将使得当事方有充足的时间来使替代产品被设计并提供给消费者。所以考虑到美国的竞争性条件并不适合立即发布禁令，国际贸易委员会提供了过渡期。[1]

（三）保证金和罚款

尽管国际贸易委员会并不经常运用延迟规则，但他经常在明显存在侵权行为的情况下授权商品的持续进口。原因在于，尽管国际贸易委员会不能赔偿，美国商法典却授权其发布临时担保令——被告提供保证金的同时能在 60 天的总统复审期内继续进口[2]，保证金数额必须与原告损失相当，以原告产品与被告进口产品的价格差别为基础。[3]但是由于总统从未推翻国际贸易委员会的决定[4]，这意味着被告通常会损失这个保证金。被告只不过是为 60 天的产品销售支付了专利权使用费。如果担保正确，正好相当于地区法庭中的专利权使用费的数量。[5]

保证金的数额将依赖于案件的公平性。在"个人数据和移动通信工具"案件中，禁令实施被延迟 4 个月，国际贸易委员会要求的保证金金额是零[6]，尽管其他案件中的保证金多得多。如果将延迟规则和延迟期间的保证金规则同时适用，其效力大致相当于地区法庭拒绝禁令或者坚持禁令的同时给予专利

---

〔1〕　See Commission Decision in Personal Data and Mobile Communications Devices TA‑710‑337, at 83.

〔2〕　19 U. S. C. § 1337 (j) (3).

〔3〕　See Commission Decision in Personal Data and Mobile Communications Devices TA‑710‑337, at 85.

〔4〕　See, e. g. Tom Schaumberg, ed. A Lawyer' Guide to Section 337 Investigations Before the US International Trade Commission ABA‑IP Section (2011), p. 187 fn. 5.

〔5〕　Mark A. Lemley, "The Ongoing Confusion Over Ongoing Royalties", 76 MO. L. REV. 695 (2011).

〔6〕　See Commission Opinion in Personal Data and Mobile Communications Devices, at 85.

权使用费。[1]

国际贸易委员会除了采取保证金规则之外，还可以采取民事罚款来替代补偿。[2]国际贸易委员会在确定罚款时拥有广泛的尺度，但要经得起滥用权利的审查。[3]在三环材料高科技公司诉国际贸易委员会案件中，联邦巡回法庭确立了国际贸易委员会民事罚款的基础：被告是善意还是恶意；侵权与伤害之间的关系；被告支付罚款的能力；被告从违法中的获益多少；公共利益。[4]当国际贸易委员会认为原告应该获得赔偿，但同时综合考虑不愿意发布禁令时，就可以采取民事罚款策略。

四、诉前禁令程序公共利益理论对于中国的启示

随着美国最高法院 eBay 案件的判决，大多数美国法院对于专利侵权的诉前禁令程序采取越来越谨慎的态度。这使得那些专利巨头们潮水般涌向了另外的诉求机构——国际贸易委员会。国际贸易委员会在过去的数年里的确是有求必应的，充分满足了专利巨头们的诉前禁令请求。但是围绕如何理解公共利益理论，国际贸易委员会的态度有一个逐步改变的过程：在一开始，国际贸易委员会对于公共利益理论的理解局限于专利权人的权利保护，认为公共利益最基本的是对专利权人的保护。这是传统理论权利必须获得救济的观念。但这种理论的背景是古典的，

---

[1]　See Commission Opinion in Personal Data and Mobile Communications Devices, at 85.

[2]　19 U. S. C. § 1337 (f) (2).

[3]　See Ninestar Tech. Co. v. ITC, 2012 U. S. App. LEXIS 2435 at *5, *9 (Fed. Cir. 2012) [Assessment of a civil penalty under 19 U. S. C. 1337 (f) is reviewed on the standard of abuse of discretion].

[4]　See Ninestar Tech. Co. v. ITC, 2012 U. S. App. LEXIS 2435 at *5, *9 (Fed. Cir. 2012) [Assessment of a civil penalty under 19 U. S. C. 1337 (f) is reviewed on the standard of abuse of discretion].

即从前的专利权往往是单一的，专利权人的对象也是单一的，诉讼所涉及的相关当事人就是双方。因而公共利益就是保障两个人的公平与平衡。

但是时过境迁，今天的公共利益理论面临着新的社会背景。今天的高新技术产品往往涉及成百上千的专利，包括实用新型，而且高新技术企业之间互相合作，各自专利对于各自的产品都有着相互依赖和千丝万缕的联系。此时的专利诉讼已经成了一种市场经济中打击竞争对手的商业策略。而且，此时的专利侵权涉及成千上万的消费者以及整个社会的市场竞争环境，所以此时的公共利益理论必须作出新的调整，以适应不断革新的社会。法律规则是保守的，但也必须在必要的时候回应社会变化的需求。[1]

今天中国面临越来越多的专利诉讼，我们的市场竞争使得越来越多的企业运用专利手段去打击对手企业。在这样的市场环境之下，尤其是知识经济越来越成为市场经济的主力，企业之间的相互依赖程度越来越高，专利诉讼所带来的社会效果也越来越大。这促使我们在依据专利法对相关诉讼进行裁决的时候，适当地运用"公共利益理论"。目前的法律法规对于"公共利益理论"并无相关解释，这迫使我们充分借鉴在发达国家的相关司法实践中经过实践检验的成熟理论。由此，美国国际贸易委员会对于"公共利益理论"的理解的变化以及灵活性策略给我们的启示如下：

（1）法律规则必须回应经济社会的变化。当经济社会急剧变迁的时候，我们的法律规则和法律规则背后的理论同样必须作出回应。国际贸易委员会对于"公共利益理论"的理解同样

---

[1]　参见［美］卡多佐：《司法过程的性质》，苏力译，商务印书馆2000年版，第15页。

经历了这样的过程。在古典时代，对专利权人的绝对保护就意味着公共利益。但随着专利巨头滥用专利权利作为商业竞争手段，高科技产业所涉及的专利权利错综复杂等原因，从最高法院追求对专利诉前禁令程序的审慎规则到国际贸易委员会对于"公共利益理论"的灵活性策略都再次证明了霍姆斯和卡多佐大法官对法律的实用主义精神的追求。对于习惯了演绎推理的中国法律人而言，要深深地理解法律必须植根于我们脚下的这片大地，法律理论要富有解释，那就不可能不适时而变。

（2）中国的专利侵权诉前禁令程序应细化对于"公共利益理论"的理解和适用。在借鉴美国商法典关于授权国际贸易委员会中"公共利益理论"的具体要求时，立足于本土的法律文化和司法实践情况，制定较细的实施细则。虽然美国商法典对于国际贸易委员会的授权列举了四点关于"公共利益理论"的要求，如公共福利、竞争状况、类似商品以及消费者福利等。但对于大陆法传统很深的中国法官而言，如此笼统的界定恐怕很难在司法实践中适用。这从目前的司法实践来看，很多法官关注于不可弥补的伤害等要件，但很少讨论什么是公共利益，因为这个问题即便在美国也充满争议，需要法官自己来进行判断和解释。这导致了很多中国法官回避了这个问题。最高法院可以适当发布案例指导来引导对于公共利益理论的理解。

（3）从正当程序的视角来实施"公共利益理论"。尽管公共利益是一个实体法问题，但是从美国国际贸易委员会的策略性应对来看，其处理方式却是程序法意义上的。尤其是延迟规则和保证金规则的适用，是一种典型的程序法规则。这从另外一个角度证明了正当程序理论在美国法律中的强大生命力。从某种意义上讲，程序法与实体法是不可分割的，程序法的灵活运用有时候完全不必变更实体法，就足以起到回应经济社会变迁的效果。运用程序法规则来解决实体法问题，对于中国包括专利侵权诉前禁令问题在内的知识产权问题，都有着充分的借鉴意义。美国法的正当程序理论几乎适用于一切法律规则，最高法院也经常引用正当程序理论来解决司法实践中运用的复杂问题，其原因就在于程序法规则富有灵活性和策略性，而且程序法规则并不像实体法问题那样耗费大量的立法成本，却可以达到异曲同工之妙。

（4）充分运用延迟规则和保证金规则来解决专利侵权诉前禁令程序问题。在美国商法典对于国际贸易委员会的授权中，存在自由裁量禁令范围、罚款、延迟和保证金四种规则。这四种规则中，前两者是一种实体意义上的措施，后两种则是纯粹程序法意义上的处理措施。实体意义上的前两种措施在实践中相对来说，容易引起争议，而且不便在传统大陆法的中国的法院来操作。但是延迟规则和保证金规则是纯粹的程序法规则，学习起来比较容易，而且对于相关主体的影响相对比较间接，也不容易引起争议，因此有必要引入延迟规则和保证金，并细化相关规则，便于法官适用。对于专利法现有的担保（对申请人的）制度，应该予以完善。

（5）从个人权利和市场竞争双重视角考察运用"公共利益理论"。公共利益理论的两种观点，对专利权人的绝对保护和对社会多种利益的综合考虑直到今天仍然存在争论，比如在苹果诉三星案例中多数派法官和少数派法官之家的争论。对社会多种利益的综合平衡考虑实际上是出于市场竞争的视角，而对专利权人的绝对保护则是对个人权利和科技创新的视角。两种观点的斗争仍然一直在持续。从苹果诉三星的案例中，既对三星罚款10.5亿美元，显示其对专利权人的保护，又对其适用延迟规则，反映了法官对于市场竞争和公共利益的考虑。

（6）主动适用听证程序。从美国的司法实践来看，即便法律本身并无强制性要求，法庭和国际贸易委员会大在多数情况下也会采取听证会的方式来对是否应该发布禁令，是否采取延迟或保证金规则等进行判断。因为听证能够更充分有效地了解到双方的具体情况，保障尽量在信息充分的情况下作出判断。中国的法院完全可以借鉴这一点来帮助实现自己的判断。尽管法律只规定了询问程序，但听证程序本身并不需要法律的强制性规定。他不涉及当事人的实体权利义务，却有利于法官更好的对其实体权利义务关系作出判断。

― 第十二章 ―
WTO 视野下中国农业补贴法律规则研究

一、问题的提出

对于今天的中国而言，实施农业补贴的战略目标，究竟是增加农民收入，还是粮食安全，两者是否存在冲突？美国被认为是一个成功实施农业保护的国家，今天，很多学者都认为中国的农业补贴法律规则并没有发挥相应的作用，应该向美国学习。但对于美国的农业补贴法律规则的战略目标究竟是什么，究竟存在哪些优势和缺点，学术界并没有一个清晰的梳理。因此从历史的视野来对美国农业补贴的法律规则以及当前美国学术界关于其农业补贴法律规则的争论热点进行梳理，对于今天的中国的农业补贴法律规则的建设，有着十分重要的理论意义和实践意义。

二、WTO 视野下的中国农业补贴法律规则之现状

2004 年之前的农业补贴建立在农业税和价格差的基础上，所以补贴的意义不大。直到 2004 年农业税的废除才使得农业税

的补贴的意义显现出来。[1]自从 2003 年中国的农业系统改革以来，诸如粮食安全、农民增收、补贴目标等问题困扰着中国。[2]自 21 世纪初以来，这些问题已经成为中国政府的艰巨任务。[3]

（一）中国农业补贴的目标困境

自 2004 年以来，中国国内关于农业补贴政策的目标主要集中于增加农民收入和保障粮食安全两个方面。一些学者主张中国农业补贴政策应该将两者都纳入到政策考虑中去[4]，但其他学者认为增加农民收入和保障粮食安全两者是无法兼容的，因此必须将两者分开考虑。[5]这个阵营里又分为两派，一派观点认为应该优先考虑粮食安全，另一派观点认为应该优先考虑农民的收入增加问题。[6]通过对 2004~2009 年中央 1 号文件的解读，可以发现中国新农业补贴制度的目标是通过粮食安全和农民增收来实现支持农业的结构调整。实际上，中央政府兼顾考虑了两个因素，并且将农业补贴拓展到了更大的范围和地区。

---

〔1〕 See Justin Yifu Lin, Fang Cai and Zhou Li (2008), *The China Miracle: Development Strategy and Economic Reform*, The Chinese university press, third edition, pp. 258 ~ 259.

〔2〕 See Zhang Juwei, Wang Dewen (2004), "Changes of the Nature in the Problems of Farmer's Income: An Investigation of Farmer's Income Structure and Growth by Regions", *China Rural Survey* 1, 1 ~ 13.

〔3〕 See Liang (2008), "Evolution and Path Selection of Food Security Policy in China", *Research of Agricultural Modernization*, 1, 1 ~ 5.

〔4〕 See Guo Chunli, Zhao Guojie (2010), "Evaluation the Efficiency of Food Direct Subsidy Policy in China Based on Institutional Economics", *Chinese Agricultural Mechanization*, 4, 91 ~ 93.

〔5〕 See Zhao Deyu Gu, Haiying (2004), "Regional Differences in Direct Subsidization to Grain Producers in China and the Reasons", *Chinese Rural Economy*, 8, 58 ~ 64.

〔6〕 Li. See Xiang (2008), "Economic Analysis of Grain Direct Subsidy Policy under the Background of Food Security", *Journal of Anhui Agricultural Sciences*, 36. (29). 12944 ~ 12948.

但随着农业补贴的范围的广泛，其实施的效果也变得逐渐微弱。更大的问题可能在于不同的地区政策，管理成本高昂，以及由于粮食计划、农业机械化等原因造成的信息不对称而最终导致农业补贴政策的效率低下。中国农业补贴的目标困境可能是目前中国农业补贴政策最关键的问题，亟待得到解决。

（二）人均补贴低

2002 年，美国、欧盟和日本的农业补贴总量达到 3000 亿美元，占到整个世界农业补贴总量的 80% 以上。2009 年中国投入了 1230 亿人民币给粮食生产者、优良种子和农业机械购买，但这对于 9000 万农民来说是远远不够的。中国的很多地区，人均农业补贴仅仅是每年每人 100 元。[1]

笔者在湖北、江西等农业大省的一些乡镇调研发现，很多主管乡镇经济的乡镇长都认为我们目前的农业补贴总量不大，却用得十分分散，效果十分微小，不如集中起来发挥作用。

（三）不合理的补贴结构

大多数农业补贴用于降低农用生产资料的价格和支农服务的收费标准，或者补贴在农产品购销环节上。[2] 在 2003 年之前，中国的农业补贴主要是价格补贴，但是是低效率的。根据计算，发达国家的价格补贴的效率是 25%，而中国的价格补贴的效率仅仅为 14%。[3] 直到 2004 年，1 号文件明确指出中国必须确立农民直接补贴政策以保护农民种植的利益并且废止了整

---

〔1〕　See Xu Yuanming. （2008）, "Grain Subsides in Developed Countries and Its Implications for China", *Forum of World Economy & Politics*, 6, 112 ~ 116.

〔2〕　See Xu Yuanming. （2008）, "Grain Subsides in Developed Countries and Its Implications for China", *Forum of World Economy & Politics*, 6, 112 ~ 116.

〔3〕　See Liang Shifu （2005）, "Possible Improvements in the Direct Subsidy Policy in the Background of Food Security", *Issues in Agricultural Economy*, 4, 4 ~ 8.

个国家的农业税。[1]从 2004 年开始，中国的新农业补贴系统最终确立。

在最近这些年，各种各样的补贴被分配到农业生产和流通的各个方面。由于这个广泛性和分散性，在每个环节的补贴都非常低，这导致了农业补贴的低效。"以棉花产业为例，高质量的棉花产业不会受到持续而充足的补贴。试图将农业工业化的一流企业无法获得足够的金融支持。农民的培训只占到政府支出的一小部分，这导致了农民人力资源的缺乏。"[2]大多数财政补贴资金并不直接以财政拨入的方式进行，而是通过流通渠道间接进行。[3]

（四）农业补贴的效果堪忧

根据部分学者对安徽省的调研，大多数农民都认为农业补贴是一种对弱势群体的福利，所以他们对于补贴的感情是很复杂的。他们喜欢补贴但对其并不敏感，所以农业补贴对农民种植计划粮食的激励作用是有限的。农民是农业生产的主体，他们可以自由种植任何一种作物。一方面，家庭承包制是中国农业生产的现实，粮食生产活动主要是由资源限制、粮食价格和生产惯性决定的，而非农业补贴。另一方面，农民是理性人。当他们选择是种植粮食还是经济型作物时，他们会考虑利润和补贴。当粮食补贴不能抵消种植粮食的机会成本时，农民将没

---

[1] Du See Yuneng, Sun Bo, Fang Bing, "The Review and Reflection of Chinese New Agricultural Subsidy System", *Journal of Politics and Law*, Vol. 4, No. 1; March 2011, p. 133.

[2] Du See Yuneng, Sun Bo, Fang Bing, "The Review and Reflection of Chinese New Agricultural Subsidy System", *Journal of Politics and Law*, Vol. 4, No. 1; March 2011, p. 134.

[3] Du See Yuneng, Sun Bo, Fang Bing, "The Review and Reflection of Chinese New Agricultural Subsidy System", *Journal of Politics and Law*, Vol. 4, No. 1; March 2011, p. 134.

有动力去种植粮食。除此之外，地方政府更重视经济型作物，因为这能够刺激地方经济发展。所以地方政府没有动力提高粮食产量。[1]因为农业技术不一定能提高粮食产量，农民会种植更多的经济作物以获得更多收入，这造成了潜在的粮食安全问题。结果是大多数农民还是和以前一样种植他们所需要的，这不可能确保有效的粮食安全。

（五）农业补贴中的寻租问题

中国的农业补贴政策涉及农业等多个行政部门，所以交易成本十分高昂。[2]诸如部门主义和地方保护主义已经寻租问题也降低了农业补贴的效率。首先，农业补贴在政府和个人之间进行，交易成本比较高。其次，补贴标准难以计算，操作成本也比较高。最后，没有专门机构来进行"测量土地—应用—公告—复审—公示"[3]，又很难协调涉及的众多部门来操作，且会给地方政府带来巨大的财政负担。

不完美的监督机制也导致了基金的损失，尤其体现在缺乏对补贴基金的宏观监督。大约有农业补贴的30%并不能按时到达农民手中，甚至更多。[4]

---

〔1〕 See Cheng Youzhong (2006), "State And Farmer: Public Products Supply Role And Function Locating", *Journal of Huazhong Normal University (Humanities and Social Sciences)* 3, 2~6.

〔2〕 See Guo Yanru, Liu Jing (2004), "Transaction Cost of China's Agricultural Support Policy after Its Entry to WTO", *Journal of Shangdong Finance Institute*, 4, 43~46.

〔3〕 See Jiang Gaoming (2008), "The Measurement of Land is Changed from 'Less and less' to the 'more and more'", http://news. sciencenet. cn/sbhtmlnews/200822204440851201811. html. (February 21. 2008).

〔4〕 See Wang Guohua. (2004), "The Research about Supply of Rural Public Goods and Farmers' income Questions", *Journal of Cental University of Finance & Economics*, 1, 1~3.

（六）农业补贴中的环境问题

从 2006 年开始，中国政府发布了一项新的农资综合补贴。这种补贴用于抵销柴油、机油、化肥和杀虫剂带来的价格膨胀。这项政策几乎在所有的粮食生产地区都得到了实施。到 2009年，这项政策使得几乎所有的农民、农业公司和牛奶公司受益。但这项政府对于环境保护而言绝非福音[1]，因为这项目鼓励农民在农田中使用燃油机器、化肥和杀虫剂等。这样做的结果导致环境受到了进一步破坏。

三、美国农业补贴法律规则现状

由于美国在 WTO《农业协定》出台后大规模修订了其农业补贴法律规则，所以这里只介绍 2002 年之后的法律规则。

经济学教材都将农业市场描述为是一个不受管制且完全竞争性的产业，但实际上农业市场的每个方面都会受到政府的干预，具体包括农场价格、环境质量、有机食品、食品安全等。尽管国会会周期性地讨论关于取消对农业市场的管制并且削减对农业生产商的直接补贴，实际上政府对于食品和农业的干预这些年一直在增加。[2] 典型的是农民使用农作物的特定部分作物作为条件获得相当于质量乘以价格的数量的无追索权贷款。在大多数项目里，当农作物收割之后，如果农作物市场价格高于支持价格，那么农民会偿还贷款，否则农民会将农作物以实

〔1〕 See Li Chuan-jian（2007），"Analyzing the Reform of Agricultural Subsidy Policies in China from the Viewpoint of Sustainable Development System"，*Territory & Natural Resources Study*，4，33～35.

〔2〕 See Joshua S. Graff Zivin and Jeffrey M. Perloff，"An Overview of the Intended and Unintended Effects of U. S. Agricultural and Biotechnology Policies"，*the National Bureau of Economic Research Agricultural Economics Conference*，March 4～5，2010，p. 2.

物的形式卖给政府。[1]

1. 2002 年美国农业法规定的主要农业补贴政策

美国《2002 年农业保障和农村投资法》（以下简称《2002
年农业法》）呈现出大幅度提高农业补贴水平、调整补贴方式、
扩大补贴范围、补贴分配相对集中等特点。

2. 美国《2003 年农业援助法案》规定的农业补贴政策

《2003 年农业援助法案》向遭受与气候有关的灾害及其他
紧急情况损失的生产者提供补贴，包括作物灾害计划、牲畜补
偿计划和牲畜援助计划三种农业补贴政策。[2]

3. 美国农业补贴法律规则的优势

（1）有利于提升美国农产品的市场价格优势。[3]

（2）促进了美国拓展农产品国际市场。[4]

（3）有助于美国农业生产稳步发展。大量的农业保险项目
提高了每英亩的收入从而激励农民耕种尽量多的农作物从而获
得更高的农业补贴。[5]通过巨量农业补贴，实际上保障了美国
的粮食安全问题。这充分表明美国政府将粮食安全问题，是摆
在十分重要的战略地位的。

---

〔1〕　See Joshua S. Graff Zivin and Jeffrey M. Perloff, "An Overview of the Intended
and Unintended Effects of U. S. Agricultural and Biotechnology Policies", *the National Bu-
reau of Economic Research Agricultural Economics Conference*, March 4 ~ 5, 2010, p. 2.

〔2〕　尹凤梅："美国农业补贴政策的演变趋势分析"，载《重庆工商大学学报
（西部论坛）》2007 年第 1 期。

〔3〕　冯绩康："美国农业补贴政策，历史演变与发展趋势"，载《中国农村经
济》2007 年第 3 期。

〔4〕　冯绩康："美国农业补贴政策，历史演变与发展趋势"，载《中国农村经
济》2007 年第 3 期。

〔5〕　冯绩康："美国农业补贴政策，历史演变与发展趋势"，载《中国农村经
济》2007 年第 3 期。

（4）有利于农业结构合理优化。[1]

（5）有助于农业生产可持续发展。

4. 美国农业补贴政策的趋势

传统的农业价格补贴，如中微观经济学教材中描述的那种已经不再适用了。《1996 年农业法》被视为农业自由法案和农业市场转型法案。农民获得支持的资格不再基于历史的生产，农民能够种植他们想种的任何植物，并且获得基于市场价格和目标价格的差距的支持。[2]

我们可以看出，自 2003 年以来，美国的农业补贴政策出现了新的趋势，就是将针对农民的直接补贴进一步削减，而大规模地提升农业保险项目的比重。这些年来，基本上每隔五年，国会就会通过一揽子农业立法对于现行联邦农业项目进行修改。最近的联邦农业立法是 2008 年农业法案，从 2008～2012 年共分配给农民 2880 亿美元给农民（包括所得和保险等）、消费者以及生物燃料研究和生产，其中大约 433 亿美元提供给了农作物贷款项目。[3]现在，农业保险已经成为美国农业补贴政策中最重要的部分。仅 2013 年的财政预算中，农业保险项目的预算就占到了美国农业补贴总量的 63%。[4]附美国 2013 年农业补贴

---

〔1〕 冯绩康："美国农业补贴政策，历史演变与发展趋势"，载《中国农村经济》2007 年第 3 期。

〔2〕 See Joshua S. Graff Zivin and Jeffrey M. Perloff, "An Overview of the Intended and Unintended Effects of U. S. Agricultural and Biotechnology Policies", *the National Bureau of Economic Research Agricultural Economics Conference*, March 4～5, 2010, p. 2.

〔3〕 See Joshua S. Graff Zivin and Jeffrey M. Perloff, "An Overview of the Intended and Unintended Effects of U. S. Agricultural and Biotechnology Policies", *the National Bureau of Economic Research Agricultural Economics Conference*, March 4～5, 2010, p. 2.

〔4〕 See Daniel A. Sumner and Carl Zulauf, "Economic & Environmental Effects of Agricultural Insurance Programs", http://www.cfare.org/conservationcrossroads/, july in 2012.

财政预算图：[1]

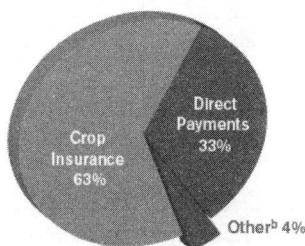

图 12 - 1　美国 2013 年农业补贴财政预算

四、中美农业补贴法律规则的比较

（一）我国农业补贴规则的法律化程度低

我国财政对农业的补贴缺乏规划，补贴对象和补贴数额的随意性很大。相比之下，美国的农业补贴规则均以法律的形式出现，具体又分为永久性立法和临时性立法。自 1933 年《农业调整法》开始实施以来，美国共出台了数十个有关农业补贴的法律。而中国政府对于农业补贴，一直停留在行政规章和政策层面，政出多门，缺乏长远规划，这一切都使得我们的农业补贴政策无法形成有效机制。

（二）补贴数量差距明显

中国政府尽管连续多年发布关于三农问题的"1 号文件"，但农业补贴的财政投入相比美国来说，差距仍非常大。如果按照人均数量来说，那么差距将更加明显。表 12 - 1 为 1996 ~ 2003 年的中美两国农业补贴数据比较：

---

〔1〕　Source：U. S. Department of Agriculture, Office of Budget and Program Analysis (2012), FY 2013 Budget Summary and Annual Performance Plan, U. S. Department of Agriculture, Accessed：http://www. obpa. usda. gov.

表 12 – 1 1996 ~ 2003 年中美两国农业补贴数据比较

年份	中国		美国（政府的直接补贴额）	
	补贴总额 （亿美元）	人均占有量 （美元）	补贴总额 （亿美元）	人均占有量 （美元）
1996	54. 82	16. 97	73. 40	1209. 23
1997	66. 66	20. 57	74. 95	1212. 78
1998	86. 00	26. 38	123. 80	2003. 24
1999	84. 26	25. 61	215. 13	3414. 76
2000	125. 88	38. 38	228. 96	3571. 92
2001	89. 55	27. 55	207. 27	3178. 99

（三）我国农业补贴主要为"黄箱"，美国主要为"绿箱"

我国的农业补贴主要涉及三大类项目：农业生产资料补贴、粮棉流通补贴和以保护环境为目的补贴。[1]中国农业补贴中绿箱政策对于整个农业产量贡献很小，而 WTO 中列举的 11 种绿箱政策，中国仅使用了 6 种。[2]美国 2002 年农业法把农业补贴的项目归为 10 类，把大量项目列入"绿箱"政策。[3]

（四）我国农业补贴直接补贴比重不高

1999 年以来，美国政府的直接补贴占农业生产者净收入的

---

〔1〕 Source：U. S. Department of Agriculture, Office of Budget and Program Analysis (2012), FY 2013 Budget Summary and Annual Performance Plan, U. S. Department of Agriculture, Accessed：http://www. obpa. usda. gov.

〔2〕 See Fang Lingli, Wang Yapeng (2005), "Comparative Analysis of Domestic and Foreign Agricultural Subsidy Policies and Suggestion", *Journal of Huazhong Agricultural University* (Social Science Edition), 2, 7 ~ 10.

〔3〕 See Fang Lingli, Wang Yapeng (2005), "Comparative Analysis of Domestic and Foreign Agricultural Subsidy Policies and Suggestion", *Journal of Huazhong Agricultural University* (Social Science Edition), 2, 7 ~ 10.

比重都在 40% 以上。我国目前的农业补贴大多在农产品流通销售环节进行，采用"暗补"方式。表 12 – 2 为美国 1996 ~ 2001 年的农业直接补贴以及占农民收入的比重的情况：

表 12 –2　美国 1996 ~ 2001 年农业直接补贴以及占农民收入的比重

（单位：亿美元）

年份	政府直接补贴	农业生产者总收入	直接补贴占总收入的比重（%）	直接补贴占净收入的比重（%）
1996	73.40	2358	3.11	13.39
1997	74.95	2385	3.14	15.45
1998	123.80	2318	5.34	28.86
1999	215.13	2353	9.14	48.56
2000	228.96	2415	9.48	49.35
2001	207.27	207.27	8.34	42.04

五、学术界对美国农业补贴法律规则之反思

（一）使得美国国内农产品的价格更高

对数百万的美国家庭而言，农产品项目意味着奶制品、糖类、花生、米、棉花以及包含这些品类的产品。近期一项 OCED 的研究表明，2004 年，国内农产品项目引起的食品价格上涨使得 162 亿美元从美国消费者转移到国内农产品生产商，相当于对每个家庭每年征收食品税 146 美元，无论是在杂货店消费还是在饭馆吃饭，都相当于在交税。[1]

---

〔1〕 See Organization for Economic Cooperation and Development（OECD），"Agricultural Policies in OECD Countries：Monitoring and Evaluation 2005"，June 2005，p. 9.

2000 年总审计署的研究估计，由于美国强制的进口配额制度，人民每年要为糖多支付 19 亿美元，一半成本都要家庭消费者来承担。[1]

美国政府为避免全球竞争而对其农业市场的保护提高了美国农产品成本，从而使美国数百万家庭的生活成本全面上涨。通过人为限制美国市场上的商品供应，这些农产品催动了国内价格的上扬，这实际上降低了美国普通老百姓的福利水平。当然这主要是针对美国国内市场而言的，因为美国的农业补贴政策是出口导向的，使得出口导向的农产品在国外市场上价格降低了，但其他主要面向国内市场的农产品价格相对被推高了。

（二）增加成本从而影响出口

政府干预提高了原材料及其他商品的国内价格，造成了下游使用者的成本提升。成本提升意味着消费者要支付更高价格，国际市场上美国出口商更低的竞争力，低销售额，低投资，最终造成低就业机会以及相关产业的低收入。[2]

同样，因为处于缺乏全球竞争的国内商品市场，糖产业也受到了损害。粗糖的国内价格是国际的两倍，因而提高了糖类的制造成本，包括精制糖、糖果及其他糖制品，巧克力和可可产品，口香糖，面包、饼干及其他烘焙食品。过去的二十年里，炼糖厂从 23 家减少到了 8 家，很大程度上是缘于国内粗糖的高成本。[3]过去十年里，制糖产业失去了成千上万的工作机会，

---

[1] See U. S. General Accounting Office, "Sugar Program: Supporting Sugar Prices Has Increased Users' Cost While Benefiting Producers", GAO/ RCED – 00 – 126, June 2000, pp. 6 ~ 7.

[2] See Daniel Griswold, Stephen Slivinski and Christopher Preble, "Ripe for Reform Six Good Reasons to Reduce U. S. Farm Subsidies and Trade Barriers", *Report of Center for Trade Policy Studies*, Sep 14th, 2005.

[3] See "Food and Beverage Jobs Disappearing Due to Sugar Program", *Promar International*, *December* 2003, p. 1, www. promarinternational. com.

在芝加哥地区造成的损失尤为严重。[1]

从这个案例可以看出，美国国内很多议员将包括失业在内的经济问题归咎于中国人民币、劳动力、市场经济等问题是十分荒谬的。其自身的政策是导致其生产成本高昂、就业机会减少的根本原因，而不是中国人民币的汇率问题。恰恰是其自身的政策在增加了美国农业出口的同时，影响了其他大量下游产品的出口。

（三）增加了纳税人的负担

1995～2003 年间，大概就是自由农业法案通过与 2002 农场法案颁布这段时间，联邦政府支付给农民的钱款完全可以购买超过 1/4 的美国农场了。[2]2002 年 5 月，布什总统将一个新的 6 年拨款法案法律化，终结了自由农业法案对农民补贴的阻挠，该法案创建了新版本的价格补助项目，估计 6 年里直接花费纳税人 990 亿美元。[3]这项法案 2002 年颁布后的 3 个会计年度里，就已估计花费 555 亿美元在农产品补贴上。[4]

传统观点认为，政府农业项目对保护穷困潦倒的农民家庭至关重要，但现实与当今美国对农业的普遍观点完全不同。大部分农民相对来说是富裕的，2001 年平均家庭收入为 64 465 美

〔1〕　See Jo Napolitano, "Chicago to Lose Two Historic Brands", *New York Times*, January 20, 2004.

〔2〕　See Estimate from the Environmental Working Group Farm Subsidy Database, http://www. ewg. org/farm/buythefarm. php.

〔3〕　See Jean Yavis Jones (ed.), "A New Farm Bill: Comparing the 2002 Law with Previous Law and House and Senate Bills", *Congressional Research Service*, January 21, 2003, p. CRS - 10.

〔4〕　See Jean Yavis Jones (ed.), "A New Farm Bill: Comparing the 2002 Law with Previous Law and House and Senate Bills", *Congressional Research Service*, January 21, 2003, p. CRS - 10.

元，比美国平均家庭收入要高 10.7%。[1]相比之下，19 世纪
30 年代大规模农产品补贴开始时，农民收入仅为平均国民水平
的一半。正如农业部报告门所述："比起美国其他家庭，农户拥
有更高收入，更多财富，更低的消费支出。"[2]

大部分农民并不直接从政府获得补助。纳税人的资助只到了
1/3 的农民手里，而大部分都被大型农业综合企业和最富有的农
民拿走了。2003 年，由可用数据发现，总补助支出的 68% 只到了
10% 的人手里。而排名最前的 5% 收款人收到了 55% 的补贴。[3]

从纳税人角度来看，政府并没有合理的理由继续补贴农民
或者公司，包括那些自身保持盈利的公司。从绝大多数纳税人
的角度来看，美国的农民并不贫困，更关键的是，大多数农业
补贴都为大型农业公司和最富有的农民拿走。这些大量的农业
补贴加重了大多数纳税人的负担。

（四）美国农业补贴对环境的负面影响

美国农业政策一个未明说的中心意图是在竞争、自由市场
的环境下推动不经济的农业生产。结果，贸易壁垒增强了在一
些并没有相对优势国家或地区的生产，迫使更大量使用肥料与
其他原料等。[4]

---

[1] See David E. Banker and James M. MacDonald (eds.), "Structural and Finan-
cial Characteristics of U. S. Farms: 2004 Family Farm Report", *Economic Research Service*,
March 2005, Table 2 – 1, p. 23, http://www.ers.usda.gov/publications/aib797 /
aib797. pdf.

[2] See USDA, Economic Research Service, "Farm Income and Costs: Farm House-
hold Well – Being", October 10, 2004, http://www.ers.usda.gov/brief ing/FarmIncome/
fbsasset_ txt. htm.

[3] Estimate from the Environmental Working Group Farm Subsidy Database, ht-
tp://www.ewgorg/farm.

[4] See Douglas Irwin, *Free Trade under Fire* (2d ed.), Princeton, NJ: Princeton
University Press, 2005, pp. 54 ~ 55.

对肥料和农药的滥用增加了河流、湖泊甚至是海洋污染物的流量。世界资源研究所称，美国河流湖泊污染物中，农业是最大来源。[1]美国环保署的研究发现，被调查的72%美国河流域56%的湖泊遭受着农业相关污染。美国海岸旁的墨西哥海湾地区由于中西部农场营养流质已经变成"死亡地带"。[2]事实上，由于2003年以来，美国农业法案大量推行的农业保险项目，越来越激励了大量农民在所谓的边际土地（如裸地、石化地等不适合农耕的土地）上进行耕种，从而使得环境的风险越来越大。甚至有不少研究认为美国的农业补贴政策导致了美国社会中存在的肥胖流行病。[3]

事实上，从美国的经验来看，这种扭曲的农业补贴政策导致土地、肥料和农药的过度使用，使得环境受到越来越多的破坏。从新西兰的经验可以发现，当农业补贴减少后，土地的利用价值减少，使得土地使用面积迅速减少，植树造林现象却普遍增加，使得环境状况好转。

（五）农业补贴中的腐败与欺骗问题

大量研究显示，报告给官方的欺骗和腐败的案例可能只是实际发生的针对政府的案件中的一小部分。[4]大多数的案件不

---

[1]　See John Humphreys, Martin van Bueren and Andrew Stoeckel, "Greening Farm Subsidies: The Next Step in Removing Perverse Farm Subsidies", Canberra, Australia: Center for International Economics, 2003, p. 22, www. rirdc. gov. au/ reports/GLC/03 – 040. pdf.

[2]　See Jason Clay, *World Agriculture and the Environment*, Washington: Island Press, 2004, pp. 49 ~ 51.

[3]　See Julian M. Alston, Bradley J. Rickard and Abigail M. Okrent, "Farm Policy and Obesity in the United States", *the Magazine of Food, Farm and Resource Issues*, 3rd 2010.

[4]　The OECD's Working Group on Bribery published for the first time in June 2009 an extensive list of enforcement data on prosecuted foreign bribery cases, http://www. oecd. org/ document/3/0, 3343, en_ 2649_ 34859_ 45452483_ 1_ 1_ 1_ 1, 00. html.

会进行到刑事指控那一步，要么因为证据不足，要么在司法程序涉入之前就会受到政治干预。而在这些进入大刑事法庭的案件中，很少会受到成功的指控。可能是司法腐败，也可能是许多法律执行机构缺乏足够的专家和资源来进行涉及技术性和复杂性都很强的补贴项目的长期案件。[1]

政府会乐意提供高达数十亿美元的农业补贴项目，但是很少愿意投入少量的资源来监督农业补贴的有效使用。由于关于农业补贴领域的腐败和欺骗的信息十分不透明，而且即便是透明的，也正如前面的资料所述，可能只是实际发生的小部分，所以农业补贴中的腐败问题很可能是严重且未受到认真监督的。

（六）导致美国的农业经济效率低下

世行就美国乡村的研究得出结论："农业补贴并没有为依赖于此的州郡的乡村经济提供强有力的增长势头。在这些农场收入绝大多数来源于补贴的地区，工作增长很少，人口增长为负。总之，农业补贴并没有给这些地区带来稳健的经济发展与人口增长，反而是相反的结果。可以肯定的是，鲜明的对比并未解释没有补贴的情况下，增长率是否会更低。但是，农业补贴似乎使农场对更多的补贴产生依赖，而不是新的经济增长点。"[2]实际上，在经合组织成员国，1/3 的农场收入来自于政府而非市场。加拿大是 21%，欧盟是 33%，日本是 56%，新西兰则是 63%。[3]

---

[1] According to the OLAF 2009 annual report (http://ec. europa. eu/anti_ fraud/ reports/olaf/2008/EN. pdf) the active stage duration of an investigation decreased from 28 to 24 months in 2008.

[2] See Mark Drabenstott, "Do Farm Payments Promote Rural Economic Growth?", Federal Reserve Bank of Kansas City, *Center for the Study of Rural America*, March 2005, p. 3.

[3] See "Agricultural Policies in OECD Countries: Monitoring and Evaluation 2005", June 2005, pp. 15 ~ 16.

20 世纪 80 年代中期，新西兰废除了其大范围的政府保护和价格补贴政策，支持自由开放市场。评论家和一些农场组织预测会有 10% 的农场倒闭，但实际上只有 1% 的农场推出市场。[1] 留存下来的农场通过控制成本，根据市场需求增多牲畜饲养获得了更大的生产力。[2] 这些案例表明，农业补贴对于农民增收和经济增长、工作机会等没有根本性的影响。通过农业补贴促使农民持续增收是不现实的。

（七）小结

以上种种关于美国农业补贴政策的优点和缺点，都仅仅是其冰山一角。美国农业补贴政策存在近八十年的时间，必然有其复杂的原因，并且有众多的优点和缺点。但是，其巨额的农业补贴导致的农业效率低下，纳税人负担增加，农产品价格上涨等一系列问题使得农业补贴近年来广受质疑。甚至其中的腐败问题也无法透明估算。在目前国内学术界看来，美国的农业补贴政策是值得我们借鉴和模仿的对象，但实际上美国的农业补贴政策也有着自身难以改变的弊病，并非是美国人没有看到其弊端，只是限于各种政策的复杂性和利益纠葛，美国政府难以短时间内调整其农业补贴政策，而并非其农业政策多么的优越。

但有一点，美国的农业补贴政策的首要目标是其农业安全和国际战略，而非农民的收入问题。尽管美国巨额的农业补贴遭受严厉的批评，也不排除美国巨额的农业补贴隐含着资本家的利益之所在，但在美国农业补贴政策的所有目标中，农业和

---

〔1〕　See World Bank, Global Economic Prospects 2004（Washington：World Bank, 2004），p. 132.

〔2〕　See Thomas Lambie, "Miracle Down Under：How New Zealand Farmers Prosper without Subsidiesor Protection", *Cato Free Trade Bulletin*, no. 16, February 7, 2005.

粮食安全是其摆在首位的。这也正是不管存在多大的争议，也不管这里面有多大的腐败问题，也不顾其对环境的破坏和对经济的严重影响，美国政府在近八十年的时间里，锲而不舍地不断强化其农业补贴政策，而且是通过国会立法的形式来强化的根本原因。至于农民的增收问题，不可能通过农业补贴来解决。因为通过前面的分析可以看出，即便在美国，大多数补贴并没有流入到通常公众所理解的弱势农民，而是到大农场主和农业公司手中。中国国内学术界存在一个误区，认为美国农业补贴政策的主要目标是农民增收。即便美国的农业补贴政策客观上增加了美国农民的收入，美国的农民与中国以家庭承包为基础的农民也有本质的区别。指望通过类似美国的农民补贴政策来解决中国农民的增收问题是不现实的。从另外一个角度来说，借鉴美国农业补贴政策来解决中国农业和粮食安全问题却有着十分重要的参考价值。因为粮食安全问题对于美国和中国而言是完全相同的一个问题，不因国家改变而改变，但农民增收问题对于中美而言，就与主体相关，情况完全不同。

六、美国农业补贴法律规则对中国的启示

(一) 重塑中国农业补贴政策的战略目标

目前中国政府对于农业补贴法律规则的战略目标，实际上定位于两个方面，一个是农民增收，一个是粮食安全。从 2004 年废除农业税以来，实际上农业补贴的战略目标甚至朝农民增收严重倾斜。但从实施八年以来的效果来看，这个战略是存在问题的。尽管我们的总量投入不少，高达数千亿人民币，但由于我们国家人口基数大，而且大多数农民仍然是以家庭承包为主的经营方式，所以对于解决农民的生产效率、刺激其加大生产等收效甚微。随之带来的环境问题、欺骗问题也大量发生。

即便从美国的农业补贴政策经验来看，尽管美国农民的净收入很大一部分都来自于农业补贴，但美国农民与中国农民有很大不同，大多数美国农民并非是简单的家庭生产者，而是机械化生产者，甚至是资本家，并不是依赖农业补贴来脱贫，而中国政府和农民将农业补贴理解为一项扶贫措施，所以其效果只能是南辕北辙。

不论是美国还是中国，单纯的农业补贴不能成为解决农民增收收入问题的主要手段。农民增收问题必须依赖于市场经济的不断发展，随着城镇化和工商业的发展得到解决，无法通过政府补贴来得到解决。因此，农业补贴能够有效实现的战略目标，只能是一个，那就是农业和粮食安全问题。中国的农业和粮食安全问题必须建立在本国农业的基础上，否则在国际竞争的格局下，将处于十分不利的地位。只有将有限的农业补贴资源进行有效的集中分配，促进整个农业的现代化，提高农业的生产效率，才能从根本上保障国家的战略安全。对于农民增收问题，农业补贴只能起到辅助性的作用。

（二）农业补贴需要法律规则调整

观察美国自 1933 年以来关于农业补贴的规则的贯穿始终的特点是始终以法律的形式进行规范。以法律规则的形式来调整农业补贴问题，说明美国政府将农业补贴是作为一项长效制度在制定。通过国会制定相关规则不但意味着其合法性，而且意味着这种规则的稳定性、长期性。法律规则最大的特点是针对公民给出稳定的预期。反观我国，农业补贴规则一直表现为政策，通常以文件形式出台，其权威性不仅容易受到质疑，还很容易朝令夕改，不能给农民一个稳定的预期。固然，中国是一个在市场经济快速转型过程中的大国，但是这不是撇开法律朝令夕改的理由，因为在 20 世纪，各国都处于一个社会急剧变化的背景下。规则的法律化是一个现代文明社会和市场经济中所必须要遵循的规则。

(三) 农业补贴的投入需要规模效应

多瑞等教授在一项关于亚洲绿色革命[1]的研究中坚持:"坚持农业种植补贴是绿色革命成功的主要原因。"[2]杰瑞等教授在研究了亚洲国家的广大地区的政策之后,也认为种植补贴是绿化革命政策中的关键一环。[3]之后的潘恩教授等在 2007 年的研究则在经验层面对种植补贴对于印度绿化革命早期(包括种植增长和贫困减少)的贡献进行了证明。[4]来自加纳[5]、赞比亚[6]、肯尼亚[7]等非洲国家的经验也能证明一结论。

美国在农业补贴上的财政投入尽管屡受质疑,但是从其诞生之日起,就一直呈现出规模逐渐变大的趋势。而且美国的农

---

〔1〕 狭义的绿色革命是指发生在印度的"绿色革命"。1967~1968 年,印度开始了靠先进技术提高粮食产量的"绿色革命"的第一次试验,结果粮食总产量有了大幅度提高,使印度农业发生了巨变。广义的绿色革命是指在生态学和环境科学基本理论的指导下,人类适应环境,与环境协同发展、和谐共进所创造的一切文化和活动。

〔2〕 A. R. See Dorward et al (2004),"A Policy Agenda for Pro - Poor Agricultural Growth.", *World Development* 32 (1): 73 ~ 89.

〔3〕 See G. Djurfeldt et al. (eds.) (2005),"The African Food Crisis: Lessons from the Asian Green Revolution", *Wallingford*, CABI Publishing.

〔4〕 See S. Fan, A. Gulati and S. Thorat (2007),"Investment, Subsidies, and Pro - Poor Growth in Rural India", *IFPRI Discussion Paper* 716, Washington D. C., IFPRI.

〔5〕 See A. B. Banful (2008),"Operational Details of the 2008 Fertilizer Subsidy in Ghana - Preliminary Report", Draft. Washington DC, *International Food Policy Research Institute*.

〔6〕 See I. Minde et al. (2008),"Fertilizer Subsidies and Sustainable Agricultural Growth in Africa: Current Issues and Empirical Evidence from Malawi, Zambia, and Kenya", *Paper Prepared for the Regional Strategic Agricultural Knowledge Support System (Re - SAKSS) for Southern Africa*, Draft June 2008, Food Security Group, Michigan State University.

〔7〕 See R. Sikobe (2008), *National Accelerated Agricultural Inputs Access Programme (NAAIAP) Training module*, powerpoint presentation.

业补贴由于规模大，而且集中使用于农场主，因而能产生促使农场主提高生产技术，研发新品种，扩大种植面积的积极效果。相比之下，中国政府 2002 年开始搞种粮补贴试点，2004 年全面推开，现在已经有"四补贴"，每年 1000 多亿下去，平均到每个农民头上 200 多元人民币，占农民人均纯收入的 4% 不到，而美国的农业补贴已经占到美国农民的收入的 40% 左右。[1]由于中国的农业补贴总量不小，但摊到每个农民头上，就只是杯水车薪了，而且由于中国大多数农民都是以家庭为单位经营，无法形成规模效应。

（四）农业补贴应与 WTO 规则相互适应

美国的农业补贴法律规则在 1996 年进行了大规模修订，以适应 WTO 规则的要求。克林顿在签署农业法案时，认为法案的目标是使美国的农业成为一个市场化的产业，因而将之前美国农业补贴法律规则中的"黄箱"政策转化为 WTO 法律规则所允许的"绿箱"政策。正因为美国目前的农业补贴政策大多是符合 WTO 的"绿箱"政策，所以尽管美国有高达几百亿美元的农业补贴，但发展中国家从法律上也无话可说。只能说美国在 WTO 中扮演了规则制定者的角色，并且较快地将国内法与 WTO 法律规则进行接轨，占据了话语高地。

反观目前中国的农业补贴政策，大多数正是 WTO 所要求逐步减少的"黄箱"政策。这和大多数发展中国家的情况比较相似。大规模的农业补贴都是采取了农业协议中所称的"黄箱"政策。[2]尽管中国的农业补贴总量远不如美国，但却遭受着比

---

〔1〕　参见 2012 年 6 月 30 日下午朱信凯教授在全国人大常委会所作题为"现代农业发展视野下的国家粮食安全战略"的专题讲座。

〔2〕　See Andrew Dorward, "Rethinking Agricul Tural Input Subsidy Programmes in a Changing World", *Paper prepared for the Trade and Markets Division*, *Food and Agriculture Organization of the United Nations*, April 2009.

较大的国际压力。

（五）直接补贴比重不断上升

在前面部分的资料可以看出，美国农业补贴中的直接补贴部分越来越高，在 1999 年之后，美国对于农民的直接补贴占农民的总收入的比重一直在 40％ 以上，可见直接农业补贴在美国农业补贴政策中的重要性。由于直接补贴能够直接将利益输送到农民手中，就会减少在间接补贴中各个环节中的损耗，产生对农民立竿见影的激励效果。相比之下，我国的农业补贴政策中，大多数是在农业流通环节，只有少量部分是直接输送到农民手中的。大多数农业补贴均表现为间接补贴，正因为层层损耗，使得真正流入到农民手中的补贴很少。尽管这几年，中央政府在农业直接补贴方面有一定进步，但要产生真正的激励作用，还需要进一步调整农业补贴的结构。而且在流通领域的农业补贴很多都是 WTO 农业协议所要求成员国不断削减的"黄箱"政策，这进一步说明了减少间接补贴的必要性。

（六）农业补贴使用需要加强监管

对于农业补贴项目投入巨大，却没有一个有效的监管制度，对于其中的腐败行为往往没有进行严肃的对待追究，使得真正被披露并进入到诉讼程序的腐败和欺骗行为远远低于实际发生的情况。这反映了农业补贴项目中存在的一个重大制度漏洞：缺位的监管制度可能使得农业补贴项目失去其本来的功能，使得谁都不清楚谁真正从巨量的农业补贴中获利。[1]这些问题都促使我们在加强中国农业补贴政策的同时必须加强对农业补贴项目的监督。

---

〔1〕 See Andrew Dorward, "Rethinking Agricul Tural Input Subsidy Programmes in a Changing World", *Paper prepared for the Trade and Markets Division*, *Food and Agriculture Organization of the United Nations*, April 2009.

（七）农业补贴与环境的关系需要重新思考

农业补贴政策从根本上受到气候变化和温室气体排放的影响[1]，同时农业补贴反过来对于环境的影响，长期以来为人们所忽视。美国农业补贴制度在极大的保护美国农业发展的同时，也刺激了对土地的过度使用，对于农药和化肥的过度依赖。这系列因素都导致了农业补贴的过度会导致对于环境的侵蚀。[2]从新西兰从经验来看，农业补贴的减少从短期内会打击农业发展，但另一个方面的后果是政策制定者们所没有设计到的：凡是农业补贴减少的地方，都出现了大规模的退耕还林现象。因而农业补贴滥用对于环境的破坏性也从反面得到了证实。

（八）农业补贴对经济的负面影响需要评估

从前文分析来看，农业补贴对经济的负面影响需要认真对待。首先，农业补贴和贸易政策减少了农业生产者对于经济情况变化的反应。生产和所得保险政策保护了遭受极端事件和经济变化的农民，但某种程度上也减少了农民采取灵活措施应对经济危机的能力。[3]其次，农业补贴在保护了少数农场主的利益之外，使得农业成为一个非市场化[4]的行业，因而造成农产品价格上涨，并带动了与之相关联的产品价格上涨，造成了整个社会的成本上升，也就降低了整体社会的福利。再次，农业

〔1〕 See John M. Antle, "Adaptation of Agriculture and the Food System to Climate Change: Policy Issues", *Resources for the Future*, issue brief 10 – 03, Feb 2010, p. 1.

〔2〕 See Andrew Dorward, "Rethinking Agriculturl Input Subsidy Programmes in a Changing World", *Paper prepared for the Trade and Markets Division*, *Food and Agriculture Organization of the United Nations*, April 2009, p. 45.

〔3〕 See Andrew Dorward, "Rethinking Agriculturl Input Subsidy Programmes in a Changing World", *Paper prepared for the Trade and Markets Division*, *Food and Agriculture Organization of the United Nations*, April 2009, p. 45.

〔4〕 See A. R. Dorward, and C. Poulton (2008), "The Global Fertiliser Crisis and Africa. Future Agricultures Briefing", *righton*, *Future Agricultures*.

补贴使得农产品在国际市场上的竞争力下降，从而带来相关的企业竞争力下降，并导致了失业问题。最后，大量的农业补贴由少数农场主和大型农业公司获得，但其最终却由全体纳税人买单，这增加了全体纳税人的负担，也降低了纳税人在其他方面的消费能力，从而带来了社会整体福利水平的下降。

七、对中国农业补贴法律规则之建议

其一，对于目前中国而言，应该尽快调整农业补贴的战略目标，从目前的两个目标向单一目标（农业和粮食安全）转变。农民的增收问题应通过市场经济的繁荣和城镇化来统筹解决。只要集中使用有限的农业补贴资源，才能确保至少在粮食安全这个战略上立于不败之地。

其二，加强农业补贴法律规则建设。为了凸显政府对于农业补贴的重视，为了保证我国农业补贴政策的长期性、稳定性，通过全国人大法律的形式来规范农业补贴有其现实的必要性。通过法律规则，能够实现作为农业生产的主体的农民，对于农业补贴政策有一个比较稳定的预期。

其三，加大对农业补贴投入，且需形成规模效应。对于目前中国而言，对于农业补贴的财政力度投入还是不充分的，为了确保自身的粮食安全等国家战略利益的实现，还需要加大对农业补贴的财政投入力度。但是基于我国农业人口众多，家庭经营的特点，应该鼓励农民实现一定的规模经营，通过农业补贴鼓励农民合作经营，提高生产技术。当然在具体实施中，也应区分不同的地区来区别对待。比如山区和平原地区的政策应该有所不同。

其四，调整农业补贴政策，适应 WTO 农业协议的要求。WTO 最终的目的是要实行农业的市场化，之所以新一轮 WTO 谈

判进展缓慢，原因之一就在于发达国家不愿意放弃实施农业补贴。为了在 WTO 谈判中处于有利地位，中国政府应该将目前的大量的"黄箱"政策转化为"绿箱"政策，从补贴流通领域转向补贴生产者，以及科研等不扭曲贸易的方面。

其五，调整农业补贴内部结构，加大对农民的直接补贴。应该进一步加大转变有限的农业补贴的内部结构，减少间接补贴的部分，加大对农民的直接补贴。通过对农民的直接补贴，实现对进行农业生产，提高生产技术的鼓励。这也是从农业支持工业向工业反哺农业的转变的具体措施。

其六，建立农业保险制度和农业教育补贴系统。通过农业保险制度的建立，可以有效降低农民的风险。通过农业教育补贴系统的建立，可以有效地提高农民的人力资源。

其七，加强对庞大的农业补贴的监管。巨量的农业补贴资金在投放过程中，由于官僚机构本身的问题，必然会存在大量的腐败和欺骗问题。如何让这些农业补贴真正到达法律规则所预先设计的需求主体手中，需要构建有效的农业补贴监管机构。对农业补贴的监管，不仅是审计机关要介入，还需要更独立的专业机构来进行有效监管。同时要配置相应的诉讼制度，明确诉讼主体。

其八，对农业补贴对环境和经济的负面影响要统筹考虑，长期规划。农业补贴对于生态环境，以及农业非市场化、产业竞争力等的负面影响，要充分重视，纳入到国家的农业政策长期规划中。如果所有国家都将农业完全市场化，那么对所有国家都是最好的。但是在目前的国际环境下，各国都只考虑自身利益，不考虑其他国家的利益，这导致农业补贴政策短期内无法被取消。

主要参考文献

中文部分

1. ［美］保罗·萨缪尔森、威廉·诺德豪斯：《经济学》（第19版）
   （上册），萧琛等译，商务印书馆2012年版。

2. ［英］尼斯·C. 穆勒：《公共选择理论》，韩旭等译，社会科学
   文献出版社1999年版。

3. ［美］约瑟夫·熊彼特：《经济分析史》（第1卷），朱泱等译，
   商务印书馆1991年版。

4. ［美］乔纳森·卡恩：《预算民主：美国的国家建设和公民权
   （1890～1928年）》，叶丽娟等译，上海人民出版社2008年版。

5. ［美］麦迪逊：《辩论：美国制宪会议记录》，尹宣译，辽宁教育
   出版社2003年版。

6. ［美］罗伯特·W. 汉密尔顿：《公司法概要》，李存捧译，中国
   社会科学出版社1998年版。

7. ［英］M. J. C. 维尔：《宪政与分权》，苏力译，三联书店1997
   年版。

8. ［加］布莱恩·R. 柴芬斯：《公司法：理论、结构和运作》，林
   华伟、魏旻译，法律出版社2001年版。

9. （汉）司马迁：《史记》，中华书局2016年版。

10. 张维迎：《信息、信任与法律》，三联书店 2003 年版。

11. 沈汉、刘新成：《英国议会政治史》，南京大学出版社 1991 年版。

12. 于民：《坚守与改革——英国财政史专题研究（1066～19 世纪中后期）》，中国社会科学出版社 2012 年版。

13. 刘守刚：《国家成长的财政逻辑——近现代中国财政转型与政治发展》，天津人民出版社 2009 年版。

14. 叶坦：《大变法》，三联书店 1996 年版。

15. 黄仁宇：《十六世纪明朝的财政和税收》，三联书店 2001 年版。

16. 何帆：《为中国市场经济立宪——当代中国的财政问题》，今日中国出版社 1998 年版。

17. 刘剑文等：《中央与地方财政分权法律问题研究》，人民出版社 2009 年版。

18. 刘剑文、熊伟：《税法基础理论》，北京大学出版社 2005 年版。

19. 吴晗等：《皇权与绅权》，天津人民出版社 1988 年版。

20. 瞿同祖：《清代地方政府》，范忠信、晏锋译，法律出版社 2003 年版。

21. 丁旭光：《近代中国地方自治研究》，广州出版社 1993 年版。

22. 马小泉：《国家与社会：清末地方自治与宪政改革》，河南大学出版社 2001 年版。

23. 贵利：《中央与地方关系研究》，吉林大学出版社 1991 年版。

24. 寇铁军：《中央与地方财政关系研究》，东北财经大学出版社 1996 年版。

25. 赵云旗：《中国分税制财政体制研究》，经济科学出版社 2005 年版。

26. 黄天华：《中国税收制度史》，华东师范大学出版社 1999 年版。

27. 项怀诚：《中国财政体制改革》，中国财政经济出版社 1994 年版。

28. 贾康、阎坤:《中国财政:转轨与变革》,上海财经出版社 2000 年版。

29. 孙开、彭健:《财政管理体制创新研究》,中国社会科学出版社 2004 年版。

30. 朱丘祥:《分税与宪政——中央与地方财政分权的价值与逻辑》,知识产权出版社 2008 年版。

31. 赵旭东主编:《公司法学》,高等教育出版社 2003 年版。

32. 孔祥俊:《反垄断法原理》,中国法制出版社 2001 年版。

33. 李昌麒:《经济法学》,法律出版社 2007 年版。

34. 张学博:《减免税法律制度研究》,中国政法大学出版社 2012 年版。

35. 全国人大常委会法制工作委员会经济法室:《中华人民共和国反垄断法条文说明、立法理由及相关规定》,北京大学出版社 2007 年版。

36. 种明钊:《竞争法》,法律出版社 1997 年版。

英文部分

1. Peter C. Carstensen, "Replacing Antitrust Exemptions for Transportation Industries: The Potential for a 'Robust Business Review Clearance'", *Oregon Law Review*, 2011, Vol. 89.

2. Peter C. Carstensen, "Buyer Cartels Versus Buying Groups: Legal Distinctions, Competitive Realities, and Antitrust Policy", 1 Wm. & Mary Bus. L. Rev. 1, 2010.

3. "Vessel Capacity and Equipment Availability in the United States Export and Import Liner Trade", Fact Finding Investigation, No. 26, Fed. Mar. Comm'n Mar. 17, 2010 (order of investigation), available at http://www.fmc.gov/userfiles/pages/file/FactfindingOrder26.pdf.

4. Richard Pierce, "Mergers in the Electric Power Industry", in *Compe-*

tition Policy and Merger Analysis in Deregulated and Newly Competieive Industries, Peter C. Carstensen & Susan Beth Farmer (eds.), 2008.

5. Gabriel Fagan and Vitor Gaspar, "Adjusting to the Euro", *ECB Working Paper*, 2007, 716.

6. Philip R. Lane, "The European Sovereign Debt Crisis", *Journal of Perspective*, Volume 26, Number 3, 2012.

7. Ashoka Mody and Damiano Sandri, "The Eurozone Crisis: How Banks and Sovereigns Came to be Joined at the Hip", *Economic Policy*, 2012, 27 (70).

8. Paul De Grauwe, "Fragile Eurozone in Search of a Better Governance", *Economic and Social Review*, 2012, 43 (1).

9. Viral V. Acharya, Itamar Drechsler and Philipp Schnabl, "A Pyrrhic Victory? Bank Bailouts and Sovereign Credit Risk", *CEPR Discussion Paper 86 – 79*, 2010.

10. Thomas J. Sargent, "United States Then, Europe Now", *Journal of Political Economy*, 2012, 120 (1).

11. M. Reitzig, "Strategic Management of Intellectual Property", *MIT Sloan Management Review*, Spring 2004.

12. H. Ernst, "Patent Information for Strategic Technology Management", *World Patent Information*, 25, 2003.

13. M. Lemley and J. Allison, "Who's Patenting What? An Empirical Exploration of Patent Prosecution", University of Texas Public Law & Legal Theory, *Research Paper*, No. 010, Retrieved June 22, 2012, fromhttp://papers. ssrn. com/sol3/Delivery. cfm/000428551. pdf? abstractid = 223312&mirid = 1.

14. M. Lemley and Ignoring Patents, *Michigan State Law Review*, Vol. 2008: 19 Spring, 2008.

15. M. Earl, "Knowledge Management Strategies: Toward a Taxonomy",

Journal of Mangement Information Systems, 2001, 18 (1).

16. Colleen Chien, "From Arms Race to Marketplace: The Complex Patent Ecosystem and Its Implications for the Patent System", 62 Hastings L. J. 297, 328, 2010, (PAEs are "entities ... focused on the enforcement, rather than the active development or commercialization of their patents."), Accord, FTC the Evolving IP Marketplace: Aligning Patent Notice and Remedies with Competition 8 n. 5 (Mar. 2011), available at http://www. ftc. gov/os/2011/03/110307 patentreport. pdf.

17. Colleen V. Chien and Mark A. Lemley, "An Earlier Version of This Article Provided the Basis for Our Editorial, Patents, Smartphones, and the Public Interest", *New York Times. Com*, Dec. 9, 2011, http:// www. nytimes. com/2011/12/13/opinion/patents – smartphones – and – the – public – interest. html.

18. Broadcom v. Qualcomm, No. SACV 05 – 467 JVS (RNBx), 2007 U. S. Dist. LEXIS 97647, at *15, *20 (C. D. Cal. Dec. 31, 2007).

19. Reed Hycalog, LP v. Diamond, No. 6: 08 – CV – 325, 2010 U. S. Dist. LEXIS 83011, *35 – 36 (E. D. Tex. Aug. 12, 2010).

20. Justin Lin Yifu, Cai Fang and Li Zhou, *The China Miracle: Development Strategy and Economic Reform* (*Third edition*), The Chinese University Press, 2008.

21. Zhang Juwei and Wang Dewen, "Changes of the Nature in the Problems of Farmer's Income: An Investigation of Farmer's Income Structure and Growth by Regions", *China Rural Survey*, 2004, 1.

22. Liang Shifu and Wang Yapeng, "Evolution and Path Selection of Food Security Policy in China", *Research of Agricultural Modernization*, 2008, 1.

23. Guo Chunli and Zhao Guojie, "Evaluation the Efficiency of Food Di-

rect Subsidy Policy in China Based on Institutional Economics", *Chinese Agricultural Mechanization*, 2010, 4.

24. Zhao Deyu and Gu Haiying, "Regional Differences in Direct Subsidization to Grain Producers in China and the Reasons", *Chinese Rural Economy*, 2004, 8.

25. Li Xiang, "Economic Analysis of Grain Direct Subsidy Policy under the Background of Food Security", *Journal of Anhui Agricultural Sciences*, 2008, 36 (29).

后 记

是日已过，命亦随减，如少水鱼，斯有何乐？当勤精进，如救头燃，但念无常，慎勿放逸！这里的工作是紧张而严肃的，但又是充满挑战的。每天的工作是平凡的，却又是让人充满神圣之感。

在过去的数年里，这种生活的紧张和使命感充斥着大脑里。述而不作的时代已经远去，在这个"不发表，就完蛋"（波斯纳语）的年代，每次看到文章在核心期刊发表，就会有一种兴奋的感觉。每次给主体班学员讲好一堂课，也会觉得很有满足感。可能很多同事都讨厌这种考核，可我借用我的同学（彭鹏博士）的话说，有追求（不是欲望）的生活才可能是快乐的生活。

在这艘肩负着中国全面复兴的大船上，我们面临的学员就是大海中最优秀的水手和船长。这都时时提醒自己要"苟日新、日日新、又日新"。一位合格的党校教员，则既要做一个合格的读书人，同时还要肩负党的使命，这种双重责任使得包括自己在内的青年党校教员们都战战兢兢、如履薄冰。前年夏天，我在青海西藏调研期间，身体受寒，大病一场。感谢亲人领导同事朋友们的大力支持，不仅使得我身体康复，而且又能投入到愉快的科研教学工作中去。

本书的十二篇文章讨论的均是经济法学领域的前沿法律问题，现按照经济法体例将其整理为学术著作，既是对前期学术研究的一种回顾，也是为法学和经济学研究生们提供一本经济法学教学参考书。时间仓促，也因水平有限，还请批评指正！

张学博于掠燕湖
2016 年 11 月 22 日